KB099294

임동석중국사상100

공자가어

孔子家語

王肅 撰 / 林東錫 譯註

〈孔子〉 臺北故宮博物院 소장

象犀珠玉珍怪之物有悅於人之耳目而不適於用金石草木絲麻五穀六材有適於用而用之則弊取之則竭悅於人之耳目而適於用用之而不弊取之而不竭賢不肖之所得各因其才仁智之所見各隨其分才分不同而求無不獲者惟書乎

丁亥菊秋錄東坡李氏山房藏書記 丘堂 呂元九

"상아, 물소 뿔, 진주, 옥. 진괴한 이런 물건들은 사람의 이목은 즐겁게 하지만 쓰임에는 적절하지 않다. 그런가 하면 금석이나 초목, 실, 삼베, 오곡, 육재는 쓰임에는 적절하나 이를 사용하면 닳아지고 취하면 고갈된다. 그렇다면 사람의 이목을 즐겁게 하면서 이를 사용하기에도 적절하며, 써도 닳지 아니하고 취하여도 고갈되지 않고, 똑똑한 자나 불초한 자라도 그를 통해 얻는 바가 각기 그 자신의 재능에 따라주고, 어진 사람이나 지혜로운 사람이나 그를 통해 보는 바가 각기 그 자신의 분수에 따라주되 무엇이든지 구하여 얻지 못할 것이 없는 것은 오직 책뿐이로다!"

《소동파전집》(34) 〈이씨산방장서기〉에서 구당(丘堂) 여원구(呂元九) 선생의 글씨

책머리에

책을 펼쳐보면 "난초가 깊은 숲 속에 나서 보아주는 자가 없다 해서 향기를 내뿜지 않는 것은 아니다"(芝蘭生於深林, 不以無人而不芳)라 하였고, "좋은 약은 입에 쓰나 병 치료에는 이롭듯이, 충성된 말은 귀에 거슬리나 행동에는 유익하다"(良藥苦口利於病, 忠言逆耳利於行)라는 말도 보인다. 물론 최초 원전은 아니지만 늘 듣고 보아왔던 구절이 있음으로 해서 이 책을 읽기에는 참으로 편하다.

이처럼 공자에 관한 일화나 어록을 가장 편하게 읽을 수 있는 책을 추천하라면 나는 바로 이 《공자가어》를 들 것이다. 내용이 명확하고 문장도 순탄하여 한문에 처음 들어선 이도 차근차근 들여다보면 내용을 알 수 있을 정도이다. 게다가 일화逸話, 일사逸事의 이야기 중심이며 다른 책에서 뽑아낸 정화精華들로써 익히 알고 있는 내용이 자주 눈에 띄기 때문이다.

한때 이 책은 위나라 왕숙이 위조한 것으로 알려져 그 가치가 감손된 듯한 면이 없지 않았다. 그러나 실제 위조나 가탁, 의탁의 편찬은 책의 가치를 폄훼할 아무런 이유가 없다. 즉 중국 한위漢魏시대는 학자들이 자신이 의도한 어떤 주제가 있으면 그 주제에 맞는 많은 자료를 각 경사자집經史子集의 전적에서 발췌하여 하나의 책으로 편집하는 것이 유행하였기 때문이다. 이를테면 여인들의 이야기만을 모으고자 하면 《열녀전》이라는 이름으로 그에 맞는 일화, 고사를 수집하여 주제나 편장을 정한 다음 이를 전재하고, 공자에 관련된 이야기만 모으고자 하면 역시 그 책이름을 정한 다음 그에 맞는 내용을 각 전적에서 전재하는 것이 당연한 저술 활동이었기 때문이다. 따라서 우리가 읽고 있는 많은 고대 중국 전적 중에는 이러한 방법으로 편찬된 고전이 부지기수이다. 그 때문에 동일한 이야기가 서로 겹쳐 각 고전에 출현하며 이로써 "나는 너의 것을 베끼고, 너는 나의 것을 베끼는"(我抄你, 你抄我) 현상이 일반적이었다.

따라서 《공자가어》도 공자에 관한 일화를 모은 것으로 원래 왕숙이 공자 22세손 공맹孔猛이라는 사람의 집에 전해오던 것을 얻어 이를 정리하고 주석을 가한 것이기 때문에 설령 고대에 이미 있던 《공자가어》라는 책이름에 의탁하여 왕숙이 그 도서명의 권위를 의도적으로 이용했다 해도 별 문제가 될 것은 없다.

그리하여 송대에 이미 공자를 이해하고 그 당시의 시대 상황과 문물제도 등을 연구하는데 중요한 자료로 이 책은 인정을 받아왔다. 주자朱子는 〈사서四書〉를 집주하면서 이 책의 내용을 인용하였고, 우리나라에서도 일찍부터 이 책을 중시하여 읽어왔음은 지금도 필사본이 전하고 있는 것으로 보아 충분히 알 수 있다.

중국을 이해하고 동양을 이해하며 동양 문화를 이어갈 우리의 미래를 위해 이 책은 반드시 널리 읽히고 연구할 만한 가치가 있다고 생각한다.

임동석 부곽재에서 적음.

일러두기

1. 이 책은《공자가어孔子家語》의 여러 판본(四部備要本, 四庫全書本, 新編諸子集成本, 諸子百家叢書本, 漢文大系本 등)을 대조 비교하여 전체를 완역한 것이다.
2. 국내외의 번역본도 수집하여 참고하였으며 큰 도움을 받았다. 특히《신역공자가어新譯孔子家語》(羊春秋 注譯, 周鳳五 校閱. 三民書局 1996 臺灣 臺北)는 구체적인 주석과 번역에 많은 참고 내용을 제공해 주어 결정적인 참고자료로 널리 활용하였다. 그러나 이 책은 말미 4장(본책 331-334)이 실려 있지 않다. 이에 중주고적출판사본中州古籍出版社本(1933년 上海 新文化書社本 影印. 張綿周 標點)에 의해 보충해 넣고 역주하였다.
3. 문장은 모두 차례에 맞추어 일련번호를 부여하여 연구와 검색에 용이하도록 하였다. 그러나 편장의 구분은 절대적인 것이 아니며 일부 문장은 실제 서로 연결되어 있으나 읽기의 편의를 위하여 중간에서 분장分章한 것도 있다.
4. 각주 다음에 참고 및 관련자료 항목을 두어 다른 전적에 실려 있는 동일 문장이나 관련 자료를 가능한 한 모두 찾아 실어, 역주에서 다루지 못한 내용을 원전을 찾아 일일이 제시하여 연구와 이해에 도움이 되도록 하였다.
5. 부록에는 역대《공자가어孔子家語》관련 서발문序跋文과 왕숙전王肅傳,《사기史記》의 공자세가孔子世家를 실어 연구자의 연구에 도움이 될 수 있도록 하였다.
6. 이 책을 역주함에 참고한 주요 문헌은 아래와 같다.

◉ 참고문헌

1.《孔子家語》四部備要本 上海 中華書局 印本. 1989. 上海
2.《孔子家語》四庫全書(文淵閣本) 子部 儒家類 臺灣商務印書館 影印本
3.《孔子家語》新編諸子集成本 世界書局 1978. 臺北

4.《孔子家語》諸子百家叢書本 上海古籍出版社. 1990. 上海
5.《孔子家語》中州古籍出版社 1991. 鄭州 河南
6.《孔子家語》漢文大系本 新文豐出版社(印本) 1978. 臺北
7.《新譯孔子家語》羊春秋(注譯) 三民書局 1996. 臺北
8.《孔子家語》諸子全書本. 岳麓書社. 1993. 湖南 長沙
9.《孔子家語》李民樹(譯) 乙酉文化社 1974. 서울
10.《孔子集語》淸, 孫星衍 諸子百家叢書本. 上海古籍出版社. 1993. 上海
11.《新序》漢, 劉向 撰, 四庫全書(文淵閣本) 子部 1, 儒家類
12.《新序》漢, 劉向 撰, 四部叢刊初編 子部, 商務印書館, 1926年(上海古籍出版社, 1989年 重印本, 上海.)
13.《新譯新序讀本》葉幼明, 三民書局, 1964, 臺北.
14.《十三經注疏》藝文印書館, 1982, 臺北.
15.《論語集註》宋, 朱熹, 四部刊要本 影印本, 1981, 臺北.
16.《孟子集註》宋, 朱熹, 四部刊要本 影印本, 1981, 臺北.
17.《中庸語集註》宋, 朱熹, 四部刊要本 影印本, 1981, 臺北.
18.《大學語集註》宋, 朱熹, 四部刊要本 影印本, 1981, 臺北.
19.《太平廣記》北宋, 李昉 等, 中華書局 活字本, 1994, 北京.
20.《太平御覽》北宋, 李昉 等, 商務印書館 印本, 1980, 臺北.
21.《藝文類聚》唐, 歐陽詢 等, 文光出版社 活字本, 1977, 臺北.
22.《淵鑒類函》淸, 張英, 新興書局 影印本, 1978, 臺北.
23.《太平豈宇記》北宋, 樂史, 文海出版社, 1980, 臺北.
24.《北堂書梢》唐, 虞世南, 中國書店, 1989, 北京.
25.《水經注》後魏, 域道元, 世界書局 活字本, 1983, 臺北.
26.《初學記》唐, 徐堅 等, 鼎文書局 活字本, 1976, 臺北.

27. 《史記》 漢, 司馬遷, 鼎文書局 活字本, 1979, 臺北.
28. 《漢書》 後漢, 班固, 鼎文書局 活字本, 1979, 臺北.
29. 《隋書》 唐, 魏徵, 鼎文書局 活字本, 1979, 臺北.
30. 《吳越春秋》 漢, 趙曄, 四部備要本 臺灣商務印書局印本, 1974, 臺北.
31. 《越絶書》 漢, 袁康, 四部備要本 臺灣商務印書局印本, 1974, 臺北.
32. 《古今注》 晉, 崔豹, 四部備要本 臺灣商務印書局印本, 1974, 臺北.
33. 《中華古今注》 後唐, 馬縞(附撰), 四部備要本 臺灣商務印書局印本, 1974, 臺北.
34. 《博物志》 晉, 張華, 四部備要本 臺灣商務印書局印本, 1974, 臺北.
35. 《列女傳》 漢, 劉向, 四部備要本 臺灣商務印書局印本, 1974, 臺北.
36. 《揚子法言》 漢, 揚雄, 諸子集成本 世界書局, 1978, 臺北.
37. 《抱朴子》 晉, 葛弘, 諸子集成本 世界書局, 1978, 臺北.
38. 《晏子春秋》 張純一校註 諸子集成本 世界書局, 1978, 臺北.
39. 《呂氏春秋》 晉, 呂不韋, 諸子集成本 世界書局, 1978, 臺北.
40. 《淮南子》 漢, 劉安, 諸子集成本 世界書局, 1978, 臺北.
41. 《韓非子》 戰國, 韓非, 諸子集成本 世界書局, 1978, 臺北.
42. 《論衡》 漢, 王充, 諸子集成本 世界書局, 1978, 臺北.
23. 《太玄經》 漢, 揚雄 撰, 晉, 范望 注, 四庫全書(文淵閣) 子部 術數篇.
44. 《洪範皇極內篇》 宋, 蔡沈, 四庫全書(文淵閣) 子部 術數篇.
45. 《金樓子》 梁, 孝元皇帝, 四庫全書 子部 雜家類.
46. 《蒙求集註》 唐, 李瀚 撰, 宋, 徐子光 注, 四庫全書 類書類.
47. 《西京雜記》 漢, 劉歆 撰, 四庫全書 子部 小說家類.
48. 《關尹子》 周, 關尹喜, 四庫全書 子部 道家類.
49. 《拾遺記》 晉, 王嘉, 四庫全書 子部 道家類.

50. 《續博物志》 宋, 李石, 四庫全書 子部 道家類.
51. 《酉陽雜俎》 唐, 段成式, 四庫全書 子部 道家類.
52. 《述異記》 梁, 任昉, 四庫全書 子部 道家類.
53. 《高士傳》 晉, 皇甫謐, 史部 傳記類.
54. 《唐摭言》 五代, 王定保, 子部 小說家類.
55. 《神仙傳》 晉, 葛洪, 子部 道家類.
56. 《春秋繁露》 漢, 董仲舒, 經部 春秋類.
57. 《大戴禮記》 漢, 戴德, 經部 禮類.
58. 《文子》 周, 辛鈃, 子部 道家類.
59. 《神異經》 漢, 東方朔, 四庫全書 子部 道家類.
60. 《山海經》 晉, 郭璞, 藝文印書館 印本, 1977, 臺北.
61. 《世說新語》 南朝宋, 劉義慶, (楊勇校註本) 正文書局, 1992, 臺北.
62. 《樂府詩集》 宋, 郭茂晋, 中華書局 活字本, 1979, 北京.
63. 《玉臺新詠》 梁, 徐陵, 文光書局 印本, 1972, 臺北.
64. 《說苑》 漢, 劉向, 四庫全書 儒家類.
65. 《韓詩外傳》 漢, 韓祿, 四庫全書 儒家類.
66. 《左傳》 周, 左丘明, 十三經注疏本.
67. 《詩經全譯》 貴州出版社 全譯本.
68. 《史通全譯》 貴州出版社 全譯本.
69. 《列子全譯》 貴州出版社 全譯本.
70. 《莊子全譯》 貴州出版社 全譯本.
71. 《戰國策全譯》 貴州出版社 全譯本.
72. 《楚辭全譯》 貴州出版社 全譯本.
73. 《抱朴子內篇全譯》 貴州出版社 全譯本.

74. 《吳越春秋全譯》 貴州出版社 全譯本.
75. 《抱朴子內篇校釋》 中華書局, 1988년.
76. 《鹽鐵論譯註》 王貞珉, 吉林文史出版社, 1995년.
77. 《水經注疏》 楊守敬(等), 上海古籍出版社, 1989년.
78. 《太玄經校注》 劉韶軍, 華中師範大學出版社, 1996년.
79. 《列仙傳今譯·神仙傳今譯》 邱鶴亭, 中國社會科學研究所, 1996년.
80. 《方言》 漢, 揚雄, 國民出版社 印本, 1960, 臺北.
81. 《燕京歲時記》 淸, 富察敦崇, 廣文書局 影印本, 1981, 臺北.
82. 《新語》 漢, 陸賈, 百家總書本 印本 上海古籍出版社, 1990, 上海.
83. 《潛夫論》 東漢, 王符, 百家總書本 印本 上海古籍出版社, 1990, 上海.
84. 《國語》 周, 左丘明, 百家總書本 印本 上海古籍出版社, 1990, 上海.
85. 《文選(六臣注)》 梁, 蕭統, 華正書局 影印本, 1983, 臺北.
86. 《說文解字注》 漢, 許愼, 淸, 段玉裁 注, 漢京文化出版社 影印本, 1980, 臺北.
87. 《孔子事蹟圖》 石可, 齊魯書社. 1988. 山東 濟南
88. 《中國大百科全書》(民族·文學·哲學·歷史) 中國大百科全書出版社, 1993, 北京.
89. 《中國儒學百科全書》 中國大百科全書出版社, 1997, 北京.
90. 《三才圖會》 明, 王圻·王思義(編集) 上海古籍出版社(印本) 1988, 上海.
91. 기타 十三經, 諸子百家書 등과 工具書는 기재를 생략함.

해 제

1. 《공자가어》

《공자가어》라는 책은 한대漢代에 이미 같은 이름의 저술이 있었다. 즉 《한서漢書》 예문지藝文志 논어가論語家에 「공자가어 27권(《孔子家語》 二十七卷)」이라 하였고, 안사고顔師古 주注에 "지금의 《가어》가 아니다(非今所有家語)"라 하여 당시 전하던 《공자가어》(지금의 《공자가어》)가 아님을 밝히고 있다. 그리하여 장기간을 두고 전하는 지금의 《공자가어》는 왕숙王肅이 그 책이름을 의탁하여 위조한 것으로 여겨왔다.

그러나 정작 왕숙은 스스로 "이 책은 공자의 22세손 공맹孔猛의 집에서 얻어 자신이 전찬주해傳纂註解한 것"이라 기록하고 있다. 그 뒤 《수서隋書》 경적지經籍志에는 「공자가어 21권 왕숙해(《孔子家語》 二十一卷 王肅解)」로, 《구당서舊唐書》 경적지에는 「공자가어 10권 왕숙주(《孔子家語》 十卷 王肅注)」로 각기 '해解'와 '주注'로 실리면서 지금까지 전하고 있다.

이 책은 〈사고전서四庫全書〉와 〈사부총간四部叢刊〉 등 총서류에 판본이 올라 있으며 지금은 10권 44편으로 되어 있다.

왕숙이 이 책을 정리한 목적은 당연히 유가儒家의 발흥을 꾀하기 위한 것이었으며 특히 정현鄭玄의 학문에 반대하기 위한 것이었다.

실제 육경六經과 제자백가서에서 공자의 언행이나 일화, 어록을 모아 유가를 발흥시키기 위한 시도는 고대부터 청대까지 꾸준히 있어왔다. 즉 양梁 무제武帝의 《공자정언孔子正言》(20권), 초당 왕발王勃의 《차논어次論語》(10권) 등이 있었으며, 단지 이 두 책은 지금 전하지 않을 뿐이다. 그 뒤 양간楊簡의 《선성대훈先聖大訓》(10권), 설거薛據의 《공자집어孔子集語》(2권), 조정동曹廷棟의 《공자일화孔子逸話》(10권), 손성연孫星衍의 《공자집어孔子集語》(17권) 등이 좋은 예이다.

이처럼 공자의 언행과 어록을 모으는 것은 실로 매력적인 작업 중의 하나였으며 《한서》 예문지에 저록된 한대漢代 이전의 《공자가어》라는 이름의 책이 그 중 효시였을 것으로 보인다.

한편 역대 이래 학자들은 지금 전하는 《공자가어》는 왕숙이 위조한 것을 정론으로 삼아왔다. 그러나 근래 이학근李學勤은 〈죽간 가어와 한위 공씨 가학竹簡家語與漢魏孔氏家學〉이라는 글(〈孔子硏究〉 1987년 제2기)에서 하북河北 정현定縣 팔각랑八角廊 서한 시대 고묘에서 출토된 죽간을 근거로 하여 왕숙이 서문에서 밝힌 대로 이는 공씨 집안孔猛에게 전해오던 것으로써, "왕숙이 자서에서 공자의 22손 공맹에게 얻었다라 한 것은 믿을 수 있다"(王肅自序得自孔子二十二世孫孔猛, 當爲可信)라고 하였다. 이에 따라 지금은 왕숙이 위조한 것이 아님을 믿는 쪽으로 기울고 있다.

《공자가어》는 진한秦漢 이래 여러 전적에서 공자에 관한 일문逸文, 일화逸話, 일사逸事 등을 모은 것으로 《논어》, 《좌전》, 《국어》, 《예기》, 《순자》, 《대대례기大戴禮記》, 《장자》, 《열자》, 《한비자》, 《여씨춘추》, 《사기》, 《회남자》, 《설원》, 《신서》, 《논형論衡》 등 매우 고르게, 그리고 널리 채집하고 있다. 내용은 주로 고대 혼인, 상례, 제례, 교체郊禘, 묘조廟祧, 오제五帝 등 여러 제도는 물론 상고사, 그리고 공자의 언행, 공자의 가계家系와 탄생, 그리고 공자의 죽음과 제자의 심상心喪, 공자와 당시 군주 혹 위정자들과의 대화, 제자와의 토론 문답, 강학講學과 교육, 심지어 공문孔門 제자들 명단, 음악, 형벌, 주周나라 관람, 관혼상제 등 다양하다.

모두 10권이며 이를 다시 세분하여 (1) 상로相魯 (2) 시주始誅 (3) 왕언해王言解 (4) 대혼해大婚解 (5) 유행해儒行解 (6) 문례問禮 (7) 오의해五儀解 (8) 치사致思 (9) 삼서三恕 (10) 호생好生 (11) 관주觀周 (12) 제자행弟子行 (13) 현군賢君 (14) 변정辯政 (15) 육본六本 (16) 변물辨物 (17) 애공문정哀公問政 (18) 안회顔回 (19) 자로초견子路初見 (20) 재액在厄 (21) 입관入官 (22) 곤서困誓 (23) 오제덕五帝德 (24) 오제五帝 (25) 집비執轡 (26) 본명해本命解 (27) 논례論禮 (28) 관향사觀鄕射 (29) 교문郊問 (30) 오형해五刑解 (31) 형정刑政 (32) 예운禮運 (33) 관송冠頌 (34) 묘제廟制 (35) 변악해辨樂解 (36) 문옥問玉 (37) 굴절해屈節解 (38) 칠십이제자해七十二弟子解 (39) 본성해本姓解 (40) 종기해終記解 (41) 정론해正論解 (42) 곡례자공문曲禮子貢問 (43) 곡례자하문曲禮子夏問 (44) 곡례공서적문曲禮公西赤問 등 총 44개 주제로 구성되어 있다.

이 책은 정현의 학설을 반박하기 위하여 이루진 것으로 알려져 있으며 특히 왕숙의 주된 저술 《성증론聖證論》의 논거가 되기도 하였다. 아울러 〈문옥問玉〉편은 《제론齊論》에 편명만 전해지던 〈문왕問王, 問玉〉편을 근거로 한 것이 아닌가 하며, 〈왕언해〉편은 《대대례기大戴禮記》 고증에 방증자료로 널리 인용되고 있다.

이 책의 판본은 〈백자전서百子全書〉본의 경우 청淸 광서光緖 원년(1875)에 각본을 옮긴 것이며, 그 외 〈사부비요四部備要〉본 등이 널리 알려져 있고, 청대 손지조孫志祖의 《가어소증家語疏證》은 훌륭한 주석서로 널리 활용되고 있다.

한편 송宋 조공무晁公武의 《군재독서지郡齋讀書志》에는 다음과 같이 기록되어 있다.

"孔子家語十卷: 袁本前志卷一下論語類第十一.

右魏王肅注, 凡四十四篇, 劉向校錄止二十七篇, 後肅得此於孔子二十四世孫孔猛家."

그러나 이 기록은 오류가 있어 손맹孫猛은 《군재독서지교증郡齋讀書志校證》에서 이렇게 밝히고 있다.

【劉向校錄止二十七篇】 按《漢志》六藝略論語家作《孔子家語》二十七卷, 此'篇'當'卷'之誤. 又師古注云: 「非今所有《家語》.」 師古所云今之《家語》則王肅《家語》, 爲王肅僞託. 公武以之與《漢志》《家語》相比, 誤矣.

【肅得此於孔子二十四世孫猛家】 按王肅《孔子家語》解自序云: 「孔子二十二世孫有孔猛者, 家有其先人之書, 昔相從學, 頃還家, 方取已來.」 據此, '二十四'當'二十二'之誤, 袁本·諸衢本·《經籍考》卷十一並誤.

이상으로 보아 《공자가어》는 왕숙이 당시 대대로 이어오던 공자 가학家學의 책을 새롭게 전찬傳纂하고 자신이 주를 더하여 정리한 것임을 알 수 있다. 그 때문에 역대 저록에 각기 왕숙의 '저술'이라 하지 않고 주注, 찬撰, 해解, 전傳 등의 서로 다른 작업 개념으로 기록되어 왔던 것이다.

한편 우리나라에는 고판본으로 《공자가어》 왕숙(주) 필사본 60장이 국립도서관(古1241-12)이 전하고 있으며, 《공자집어》의 경우 송宋 설거薛據가 편찬한 판본은 사본 1책(1899) 35장(古1241-13)과 손성연孫星衍 편찬의 신활자본(1897, 光緒 23) 17권 2책(古1241-10) 및 절강서국浙江書局 목활자본 판본(1877, 광서 3) 17권 4책(古 1241-7, 8) 등이 국립도서관에 소장되어 있다.

II. 왕숙(王肅: 195~256)

왕숙의 자는 자옹子雍이며 삼국三國 위魏나라 동해東海 담郯 사람으로 유명한 왕랑(王朗: 자는 景興(?~228). 삼국시대 위나라 학자로 《易》·《春秋》·《孝經》·《周官》 등의 경서에 傳을 지었음. 《三國志》(13)에 전이 있음)의 아들이다. 그리고 사마소(司馬昭: 晉文王, 晉文帝. 晉宣帝의 둘째아들이며 이름은 昭, 자는 子上. 晉武帝 司馬炎이 진나라를 세우고 나서 文帝로 추존함. 《晉書》(2)에 紀가 있음)의 장인으로 위魏 문제文帝 조비曹丕의 황초黃初 연간에 산기황문시랑散騎黃門侍郞을 거쳐 시중侍中, 태상太常, 중령군中領軍 등의 벼슬을 역임하였다. 그리고 명제明帝 태화太和 3년(229)에 산기상시散騎常侍가 되어 비서감秘書監을 통솔하였으며 숭문관좨주崇文館祭主로서 당시, 문화, 전적典籍, 문물 제도 등을 통괄하는 지위에 오르게 되었다.

그는 어려서 송충宋忠에게 《태현경太玄經》을 배우면서 새로운 견해를 밝히기 시작하였고, 아버지의 영향으로 학문에 뜻을 두어 경사백가經史百家의 많은 전적을 섭렵하게 되었다. 특히 그는 가규賈逵와 공융孔融의 학문에 밝았으며 정현鄭玄의 학문을 극도로 배척, 새로운 학술 주장을 펴 이에 따라 《시詩》, 《서書》, 《삼례三禮》, 《좌전左傳》, 《논어論語》 등에 대한 주석서를 내었다. 그 뒤 위나라 정시 연간 사마의司馬懿와 조상曹爽의 투쟁이 격렬해지자 그는 사마씨에게 동조하였으며 사마씨가 득세하자 이에 따라 경학의 새로운 영향력을 과시하기에 이르렀다.

그는 명제 때 "식량을 비축하고 피로에 지친 백성을 쉬게 하며 요역을 감하고 농사를 장려할 것"을 건의하여 상서를 올리기도 하였다.

왕숙은 일생 저작이 상당히 많았던 것으로 알려져 있다. 《수서隋書》 경적지經籍志에 20여 종 180권의 저술이 올라 있으며 그 중 자부子部 유학儒學 관련 1종과 집부集部 1종을 제외하면 모두가 경부經部에 속하는 것으로서 경학에 깊은 뜻을 두고 있었음을 알 수 있다. 그러나 아깝게도 이들은 모두 사라지고 지금은 청대淸代 마국한馬國翰의 〈옥함산방집일서玉函山房輯逸書〉에 15종 21권이 집일輯逸되어 있다.

한편 그의 경학에 대한 관점은 대체로 3가지로 요약할 수 있다.

즉 봉건 도덕을 구현하고자 공자를 앞세워 숭상한 점이다. 공자를 지엄한 존재로 확정하여 그 대표적인 저술 《성증론聖證論》에서 세상 모든 사안의 시비는 오직 공자의 판단을 기준으로 해야 한다는 학설을 제시한 점이다. 그 다음으로는 공자와 관련된 일체 기록은 그 문자를 깊이 천착하여 의리를 밝히는 것이 중요하다는 것이다. 《공자가어》 서序에 말한 "문자를 깊이 찾아 그 실질을 궁구하여 그 상하를 살핀다"(尋文責實, 考其上下)라 한 것이 그것이다. 끝으로 고문학古文學을 위주로 한 점을 들 수 있다. 양한兩漢 시대는 고금문파의 구분이 매우 엄격하여 서로 넘나들 수 없었다. 이 때 왕숙은 고문학파의 입장을 고수하면서 당시 고금문학을 겸한 정현의 학술을 극력 반대하였던 것이다. 이에 따라 그는 《모시의박毛詩義駁》, 《모시주사毛詩奏事》 등을 저술하여 정현의 《모시》 전주箋注에 맞서 논박을 가하기도 하였다.

한편 그의 학술, 즉 《상서尙書》, 《시詩》, 《논어論語》, 《삼례三禮》, 《좌전左傳》에 대한 주석과 그 아버지 왕랑의 저술인 《역전易傳》 등은 그 뒤 사마씨의 진晉나라가 들어서자 모두 학관學官에 들게 되었고 과목마다 전공 박사博士가 세워져 그 영향이 지대하였다. 이에 따라 중국 경학사에서 한 때 중국 경학계를 휩쓸었던 정현의 '정학鄭學'과 쌍벽을 이루어 '왕학王學'이라 칭해지기도 하였다. 그러나 그는 뒤 학자들에 의해 "일부 경서를 위조했으리라"는 혐의가 대두되자 이 때문에 쟁론의 대상이 되었으며 그러한 혐의를 벗지 못한 채 《공자가어》도 역시 그가 위조한 것이라는 일반론을 확산시키기는 계기가 되고 말았다. 그러나 근래 하북河北 정현定縣 팔각랑八角廊 서한西漢시대 고묘古墓에서 출토된 《유가자언儒家者言》이라는 죽간竹簡을 근거로 이학근李學勤은 이제껏 왕숙이 위조했다고 알려진 《공자가어》와 《공총자孔叢子》는 결코 위조한 것이 아님이 확실하다고 주장하게 되었다.

끝으로 그의 전傳은 《삼국지三國志》 위서魏書 왕랑전王朗傳의 부록으로 들어 있다. (전문은 본 책 부록 〈王肅傳〉을 볼 것)

공자가어

孔子家語卷第一　　王肅注

相魯第一

孔子初仕爲中都宰(中都魯邑)制爲養生送死之節長幼異食(如禮年五十異食也)強弱異任(任謂力作之事各從所任不用弱也)男女別塗路無拾遺器不雕僞(無文飾雕畫不詐僞)爲四寸之棺五寸之椁(以木爲椁)因丘陵爲墳不封(不聚土以起墳者也)不樹(不樹松柏)行之一年而西方之諸侯則焉(魯國在東故西方諸侯皆法則)定公謂孔子曰學子此法以治魯國何如孔子對曰雖天下可乎何但魯國而已哉於是二年定公以爲司空乃別五土之性(五土之性一曰山林二曰川澤三曰丘陵四曰墳衍五曰原隰)而物各得其所生之宜(所生之物各得其宜)咸得厥所先時季氏葬昭公于墓道之南(季平子逐昭公死于乾侯平子別而葬之貶之不令近先公也)孔子溝而合諸墓焉謂季桓子曰貶君以彰己罪非禮也(桓子平子之子)今合之所以揜夫子之不臣由司空爲魯大司寇設法而不用無姦民

定公與齊侯會于夾谷孔子攝相事曰臣聞有文事者必有武備有武事者必有文備古者諸侯並出疆必具官以從請具左右司馬定公從之至會所爲壇位土階三等以遇禮相見(會遇之禮禮之簡略者也)揖讓而登獻酢既畢齊使萊人以兵鼓譟劫定公(萊人齊東夷)孔子歷階而進以公退曰士以兵之吾兩君爲好裔夷之俘敢以兵亂之(裔邊裔也夷狄)非齊君所以命諸侯也(俘軍所獲虜也言此三者何敢以兵亂兩君之好也)裔不謀夏夷不亂華(夏中國之名華夏)俘不干盟兵不偪好於神爲不祥於德爲愆義於人爲失禮君必不然齊侯心怍麾而避之有頃齊奏宮中之樂俳優侏儒戲於前孔子趨進歷階而上不盡一等曰匹夫熒侮諸侯者罪應誅請右司馬速刑焉於是斬侏儒手足異處齊侯懼有慚色將盟齊人加載書曰齊師出境而不以兵車三百乘從我者有如此盟孔子使茲無還對曰(魯大夫也)而不返我汶陽之田吾以供命者亦如之齊侯將設享禮孔子謂梁丘據曰齊魯之故吾子何不聞焉(梁丘據蓋聞齊魯之故事)事既成矣而又享之是勤執事且犧象不出門(作犧牛及象於其背爲罇)嘉樂不野合享而既具是棄禮若其不具是用秕稗(秕穀之不成者稗草之似穀者)用秕稗君辱棄禮名惡子盍圖之夫享所以昭德也不昭不如其已乃不果享齊侯歸責其羣臣曰魯以君子道輔其君而子獨以夷狄道教寡人使得罪於是乃歸所侵魯之四邑及汶陽之田(四邑鄆讙龜陰也汶陽之田本魯界)

孔子言於定公曰家不藏甲(卿大夫稱家甲鎧也)邑無百雉之城(高丈長丈曰堵三堵曰雉)古之制也今三家過制請皆損之乃使季氏宰仲由隳三都叔孫不得意於季氏因費宰公山弗擾率費人以襲魯孔子以公與季孫叔孫孟孫入于費氏之宮登武子之臺費人攻之及臺側孔子命申句須樂頎勒士衆下伐之費人北遂隳三都之城強公室弱私家尊君卑臣政化大行

初魯之販羊有沈猶氏者常朝飲其羊以詐市人有公慎氏者妻淫不制有慎潰氏奢侈踰法魯之鬻六畜者飾之以儲價及孔子之爲政也則沈猶氏不敢朝飲其羊公慎氏出其妻慎潰氏越境而徙三月則鬻牛馬者不儲價賣羊豚者不加飾男女行者別其塗道不拾遺男尚忠信女尚貞順四方客至於邑不求有司(有司常供其職客不求而有司存焉)皆如歸焉(言如歸家無所之也)

始誅第二

孔子爲魯司寇攝行相事有喜色仲由問曰由聞君子禍至不懼福至不喜今夫子得位而喜何也孔子曰然有是言也不曰樂以貴下人乎於是朝政七日而誅亂政大夫少正卯戮之于兩觀之下(兩觀闕名)尸於朝三日子貢進曰夫少正卯魯之聞人也今夫子爲政而始誅之或者爲失乎孔子曰居吾語汝以其故天下有大惡者五而竊盜不與焉一曰心逆而險二曰行僻而堅三曰言僞而辯四曰記醜而博(醜謂非義)五曰順非而澤此五者有一於人則不免君子之誅而少正卯皆兼有之其居處足以撮徒成黨(撮聚)其談說足以飾褒瑩衆其強

《孔子家語》四部備要(汲古閣) 子部. 中華書局(印本) 1989 北京

孔子家語卷第一　王肅注

相魯第一

孔子初仕。爲中都宰。中都魯邑制爲養生送死之節。長幼異食。如禮年五十異食也強弱異任。任謂力作之事各從所任不用弱也男女別塗。路無拾遺。器不雕僞。雕文飾雕爲盡不詐僞爲四寸之棺。五寸之椁。以木爲椁因丘陵爲墳。不封不聚土以起墳者也不樹。不樹松栢行之一年。而西方之諸侯則焉。魯國在東故西方諸侯皆法則定公謂孔子曰。學子此法以治魯國何如。孔子對曰。雖天下可乎。何但魯國而已哉。於是二年。定公以爲司空。乃別五土之性。五土之性一曰山林二曰川澤三曰丘陵四曰墳衍五曰原隰而物各得其所生之宜。所生之物各得其宜咸得厥所。先時。季氏葬昭公于墓道之南。季平子逐昭公死于乾侯平子別而葬之貶之不令近先公也孔子溝而合諸墓焉。謂季桓子曰。桓子平子之子貶君以彰已罪。非禮也。今合之。所以揜夫子之不臣。由司空爲魯大司寇。設法而不用。無姦民。

定公與齊侯會于夾谷。孔子攝相事。曰。臣聞有文事者必有武備。有武事者必有文備。古者諸侯並出疆。必具官以從。請具左右司馬。定公從之。至會所。爲壇位。土階三等。以遇禮相見。會遇之禮禮之簡略者也揖讓而登。獻酢既畢。齊使萊人以兵鼓謗。劫定公。萊人齊東夷當鼓曰謗孔子歷階而進。以公退。曰。士。以兵之。吾兩君爲好。裔夷之俘。敢以兵亂之。裔邊裔夷狄俘軍所獲虜也言此三者何敢以兵亂兩君之好也非齊君所以命諸侯也。裔不謀夏。夷不亂華。華夏中國之名俘不干盟。兵不偪好。於神爲不祥。於德爲僁義。於人爲失禮。君必不然。齊侯心怍。麾而避之。有頃。齊奏宮中之樂。俳優侏儒戲於前。孔子趨進。歷階而上。不盡一等。曰。匹夫熒侮諸侯者。罪應誅。請右司馬速刑焉。於是斬侏儒。手足異處。齊侯懼。有慚色。將盟。齊人加載書曰。齊師出境。而不以兵車

《孔子家語》諸子百家叢書本 上海古籍出版社 인본 1995

공자가어

孔子家語

王肅注　張緜周標點

相魯第一

孔子初仕爲中都宰，(中都，魯邑名。)制爲養生送死之節：長幼異飲，(如禮五十異粻，六十至九十，食各以漸加異也。)強弱異任，(任，謂力作之事，各從所任，不用踰也。)男女別塗，路無拾遺，器不彫僞；(不彫僞，無文節，不詐僞。已上養生之節。)爲四寸之棺，五寸之槨，(以木爲之。)因丘陵爲墳，不封(不聚土起坟。)不樹。(不植松柏。以上送死之節。)行之一年，而西方之諸侯則焉。(魯國在東，故西方諸侯皆則之。)定公謂孔子曰：「學子此法，魯國何如？」孔子對曰：「雖天下可乎？何但魯國而已哉？」於是二年，定公以爲司空。乃別五土之性，(五土：一曰山林，二曰川澤，三曰丘陵，四曰墳衍，五曰原隰。)而物各得其所生之宜，(所生之物，各宜其土。)咸得厥所。先時季氏葬昭公於墓道之南，(季平子逐昭公，死於乾侯。平子別而葬之，貶之。不令近先公也。)孔子溝而合諸墓焉。謂季桓子曰：(桓，平子之子。)「貶君以彰己罪，非禮也。今合之，所以掩夫子之不臣。」由

《孔子家語》張綿周 표점 활자본. 中州古籍出版社 1991 河南 鄭州

孔子家語

卷第一

相魯第一

王肅注

孔子初仕為中都宰、（中都魯邑）制為養生送死之節、長幼異食、（如禮年五十異食也）強弱異任、（任謂力作之事各從所任不用弱也）男女別塗、路無拾遺、器不雕僞、（無文飾雕畫不詐僞）為四寸之棺、五寸之椁、（以木爲椁）因丘陵為墳、不封、（不聚土以起墳者也）不樹、（不樹松柏）行之一年、而西方之諸侯則焉。（魯國在東故西方諸侯皆法則）定公謂孔子曰、學子此法、以治魯國何如。孔子對曰、雖天下可乎、何但魯國而已哉。於是二年、定公以為司空。乃別五土之性、（五土之性一曰山林二曰川澤三曰丘陵四曰墳衍五曰原隰）而物各得其所生之宜、（所生之物各得其宜）咸得厥所。先時季氏葬昭公于墓道之南、（季平子逐昭公死于乾侯平子別而葬之貶之不令近先公也）孔子溝而合諸墓焉。謂季桓子曰、貶君以彰己罪、非禮也、（桓子平子之子）今合之、所以揜夫子之不臣。由司空為魯大司寇。設法而不用、無姦民。

定公與齊侯會于夾谷、孔子攝相事、曰、臣聞有文事者、必有武備。有武事者、必有文備、古者諸侯並出疆、必具官以從、請具左右司馬。定公從之。至會所、為壇位土階三等、以遇禮相見、（會遇之禮禮之簡略者也）揖讓而登、獻酢既畢、齊使萊人以兵鼓譟劫定公。（萊人齊人東夷雷鼓曰譟）孔子歷階而進、以公退曰、士以兵之、吾兩君為好、裔夷之俘、敢以兵亂之、（裔邊裔夷夷狄俘軍所獲虜也言此三者何敢以兵亂兩君之好也）非齊君所以命諸侯也、裔不謀夏、夷不亂華、（華夏中國之名）俘不干盟、兵不偪好、於神為不祥、於德為僁義、於人為失禮、君必不然。齊侯心怍、麾而避之。有頃、齊奏宮中之樂、俳優侏儒戲於前。孔子趨進歷階而上、不盡一等、曰、匹夫熒侮諸侯者、罪應誅、請右司馬速刑焉。於是斬侏儒、手足異處。齊侯懼、有慚色。將

《孔子家語》新編諸子集成本 世界書局 활자본 1978 臺北

孔子家語

공자가어

史記孔子世家ニ據レバ魯定公九年、孔子年五十一、中都ノ宰ト爲レリ。

長幼異食、男女別塗ハ禮制本ト然ルナリ、禮記內則ニ見ユ。

四寸之棺五寸之槨ノ事禮記檀弓上ニ見ユ、皆木ノ厚サヲ言フナリ。

封ハ既ニ葬リテ土ヲ高ク盛ルコトナリ、周ノ制ハ士ハ高サ四尺ト爲ス。

西方ハ何本四方ニ作ル、史記亦同ジ。

孔子家語卷第一

魏 東海 王 肅 注

明 彬陽 何 孟春補注

相魯第一

孔子初仕爲中都宰。中都魯邑。補中都魯下邑。定公五年、孔子年四十七。制爲養生送死之節。長幼異食。如禮年十五異食也。補禮記。五十異粻、六十宿肉、七十二膳、八十常珍、九十飲食不離寢、膳飲從遊。強弱異任。任謂力作之事、各從所任、不用彊弱也。補任力作也。男女別塗。補記道路男子由右、女子由左。路無拾遺。器不彫僞。彫畫無文飾、不詐僞。市不貳價。補已上養生之節。爲四寸之棺。五寸之槨。以木爲槨。因丘陵爲墳。不封。不聚土以起墳者也。不樹。不樹松柏。補記庶人縣封、不封不樹、已上送死之節。行之一年。而西方之諸侯則焉。魯國在東、故西方諸侯皆取法則焉。定公。宋。補名謂孔子曰。學子此法。以治魯國何如。孔子對曰。雖天下可乎。何但魯國而已哉。於是二

《孔子家語》明, 何孟春(補注) 활자본 漢文大系

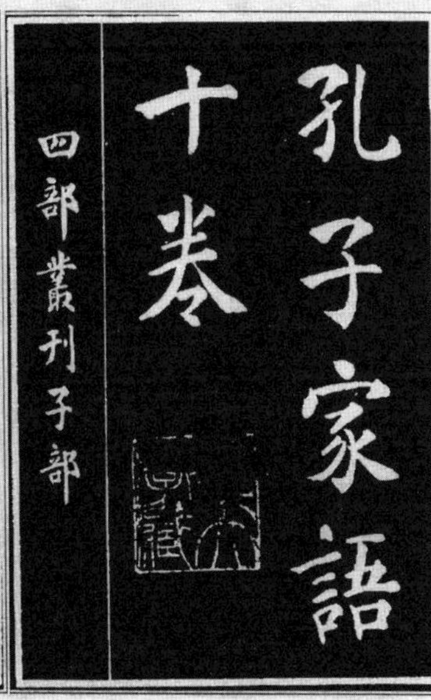

孔子家語

十卷

四部叢刊子部

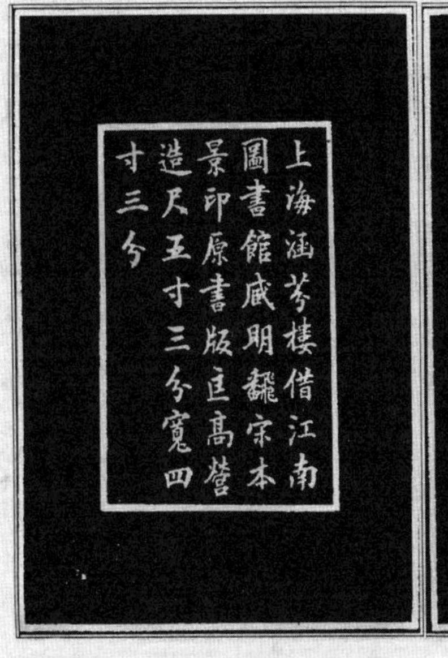

上海涵芬樓借江南圖書館藏明翻宋本景印原書版匡高營造尺五寸三分寬四寸三分

孔子家語卷第一　　王肅注

相魯第一

孔子初仕為中都宰（中都魯邑）制為養生送死之節長幼異食（如禮年五十異食也）强弱異任（任謂力作之事各從所任不用弱也）男女別塗路無拾遺器不雕偽（無文飾雕畫不詐偽）為四寸之棺五寸之椁（以木為椁）因丘陵為墳不封（不聚土以起墳者也）不樹（不樹松柏）行之一年而西方之諸侯則焉（魯國在東故西方諸侯皆法則）定公謂孔子曰學子此法以治魯國何如孔子對曰雖天下可乎何但魯國而已哉於是二年定公以為司空乃別五土之性（五土之性一曰山林二曰川澤三曰丘陵四曰墳衍五曰原隰）而物各得其所生之宜（各所生之物得其宜）咸得厥所先時季氏葬昭公于墓道之南（季平子逐昭公死于乾侯平子別而葬之貶之不令近先公也）孔子溝而合諸墓焉謂季桓子曰貶君以彰已罪非禮也（桓子平子之子）今合之所以揜夫子之不臣由司空為魯大

四部叢刊　孔子家語

《孔子家語》四部叢刊 初編 子部「書同文」전자판 北京

공자가어

者。先聖遺訓。豈可任其放失。所列篇目。皆儒者立
身行政之要義。不敢雜以墨家釋氏之旨也。願與
學者勉之。孫星衍謹記。

孔子集語卷一　　平津館原本

山東督糧道　臣　孫星衍撰

勸學一

尚書大傳略說。子曰。君子不可以不學。見人不可以不
飾。不飾無貌。無貌不敬。不敬無禮。無禮不立。夫遠而有
光者。飾也。近而逾明者。學也。譬之如圩邪。水潦集焉。菅
蒲生焉。從上觀之。誰知其非源水也。
大戴禮勸學。孔子曰。野哉。野字說苑作鯉形相近疑當作鯉　君子不
可以不學。見人不可以不飾。不飾無貌。無貌不敬。不

敬無禮。無禮不立。夫遠而有光者。飾也。近而逾明者
學也。譬之如洿邪。水潦濁焉。莞蒲生焉。從上觀之。誰
知其非源泉也
說苑建本。孔子曰。鯉。君子不可以不學。見人不可以
不飾。不飾則無根。無根則失理。失理則不忠。不忠則
失禮。失禮則不立。夫遠而有光者。飾也。近而逾明者
學也。譬之如污池。水潦注焉。菅蒲生之。從上觀之。知
其非源也
韓詩外傳一。孔子曰。君子有三憂。弗知。可無憂與。知而
不學。可無憂與。學而不行。可無憂與。
韓詩外傳六。子曰。不學而好思。雖知不廣矣。學而慢其
身。雖學不尊矣。不以誠立。雖立不久矣。誠未著而好言。
雖言不信矣。美材也。而不聞君子之道。隱小物以害大
物者。災必及身矣。
韓詩外傳六。孔子曰。可與言終日而不倦者。其惟學乎。
其身體不足觀也。勇力不足憚也。族姓不足稱也。宗祖
不足道也。而可以聞於四方而昭於諸侯者。其惟學乎。
說苑建本。孔子曰。可以與人終日而不倦者。其惟學

《孔子集語》清, 孫星衍 諸子百家叢書本 上海古籍出版社 1993 上海

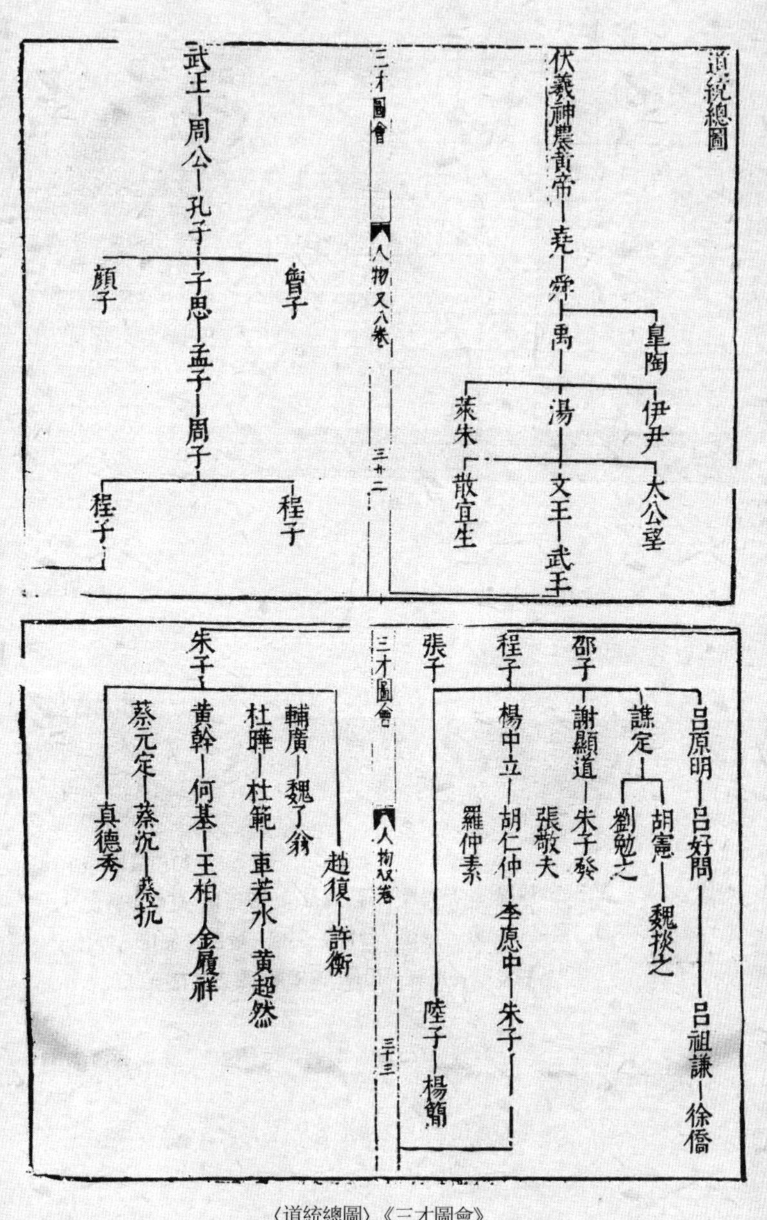
道統總圖
伏羲
神農
黃帝
堯
舜
皐陶
禹
伊尹
湯
萊朱
太公望
文王
散宜生
武王
三才圖會
人物六卷
三十二
武王
周公
孔子
曾子
子思
顏子
孟子
周子
程子
程子
邵子
程子
張子
呂原明
呂好問
呂祖謙
徐僑
譙定
胡憲
魏掞之
劉勉之
謝顯道
朱子發
張敬夫
楊中立
胡仁仲
李愿中
朱子
羅仲素
陸子
楊簡
三才圖會
人物六卷
三十三
朱子
輔廣
魏了翁
趙復
許衡
杜曄
杜範
車若水
黃超然
黃榦
何基
王柏
金履祥
蔡元定
蔡沉
蔡抗
真德秀

〈道統總圖〉《三才圖會》

차 례

36. 문옥問玉

37. 굴절해屈節解

卷九

38. 칠십이제자해七十二弟子解

39. 본성해本姓解

40. 종기해終記解

41. 정론해正論解

卷十

42. 곡례자공문曲禮子貢問

43. 곡례자하문曲禮子夏問

44. 곡례공서적문曲禮公西赤問

◎ 부록

Ⅰ. 序跋 및 傳類

孔子家語 1

卷一

1. 상로相魯

2. 시주始誅

3. 왕언해王言解

4. 대혼해大婚解

5. 유행해儒行解

6. 문례問禮

7. 오의해五儀解

卷二

8. 치사致思

10. 호생好生

卷三

11. 관주觀周

12. 제자행弟子行

13. 현군賢君

14. 변정辯政

孔子家語 ③

卷四

15. 육본六本

16. 변물辨物

17. 애공문정哀公問政

卷五

18. 안회顔回

19. 자로초견子路初見

20. 재액在厄

21. 입관入官

22. 곤서困誓

23. 오제덕五帝德

卷六

24. 오제五帝

25. 집비執轡

26. 본명해本命解

27. 논례論禮

卷七

28. 관향사觀鄕射

29. 교문郊問

30. 오형해五刑解

31. 형정刑政

32. 예禮

卷八

〈迎接道人圖〉

33. 관송冠頌

'관송冠頌'은 맹의자孟懿子와 관례冠禮에 대하여 나눈 이야기를 편명으로 삼고 있으며 고대 관례에 대하여 매우 구체적으로 설명하고 있다. 주로 《예기禮記》 관의冠義와 교특생郊特牲 및 《의례儀禮》 사관례士冠禮, 《설원說苑》 건본建本, 《순자荀子》 대략大略편 등의 내용을 재구성한 것이다.

〈野菊飛鳥七寶琺瑯瓶〉(淸) 부분

218(33-1) 郑隱公旣卽位
주 은공의 관례

주郑나라 은공隱公이 이미 즉위하고 관례冠禮를 행하면서 대부로 하여금 맹의자孟懿子를 통해 공자에게 예를 물어보도록 하였다.

공자가 말하였다.

"그 예법은 세자世子의 관례와 같다. 동쪽 계단 조阼에서 관을 쓰는 것은 그 대를 이어감을 드러내는 것이며, 객위客位에서 술을 마시는 것은 그가 성인成人이 되어 임무를 더하는 것이며, 삼가례三加禮를 행하여 더욱 높여 주는 것은 그 뜻을 깨닫도록 유도하는 것입니다. 그리고 관례를 통해 자字를 지어 주는 것은 그 이름을 공경한다는 의미입니다. 아무리 천자의 맏아들일지라도 선비와 똑같이 행하여 그 예를 변경하지 아니하는 것은 천하의 누구라도 태어날 때부터 귀한 사람은 없다고 여기기 때문이며, 관례를 치르면서 반드시 그 조상의 사당에서 관향祼享의 제사를 지내는 것은 예로써 이끌기 위한 것이며, 금석金石의 악기로써 절주를 맞추는 것은 자신은 낮고 선조는 높기 때문에 감히 제멋대로 일을 처리할 수 없음을 보여 주기 위한 것입니다."

周公(姬旦)

맹의자가 물었다.

"천자가 관례를 치르지 않은 채 즉위를

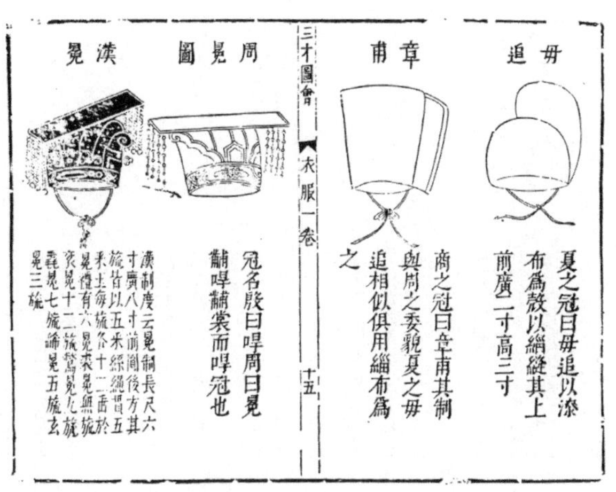

毋追冠 章甫冠 등 고대 모자《三才圖會》

하게 되면 어른이 된 뒤에 다시 관례를 행합니까?"

공자가 말하였다.

"옛날, 왕세자王世子가 비록 어리지만 즉위만 하면 남의 임금이 되어 높아지는 것입니다. 임금이란 성인이 된 사람의 일을 다스리는 자인데 어찌 관례를 행하겠습니까?"

맹의자가 말하였다.

"그렇다면 제후의 관례는 천자와 다릅니까?"

공자가 말하였다.

"임금이 죽으면 세자가 주상主喪이 됩니다. 이는 관례를 치른 것이나 마찬가지이므로 임금과 다를 것이 없지요."

맹의자가 말하였다.

"지금 주나라 임금의 관례는 예가 아닙니까?"

공자는 이렇게 대답하였다.

"제후로서 관례를 치르는 것은 하夏나라 말엽에서부터 처음 시작되었지요. 그리하여 오늘날까지 내려오는 동안 아무런 비평도 없었습니다.

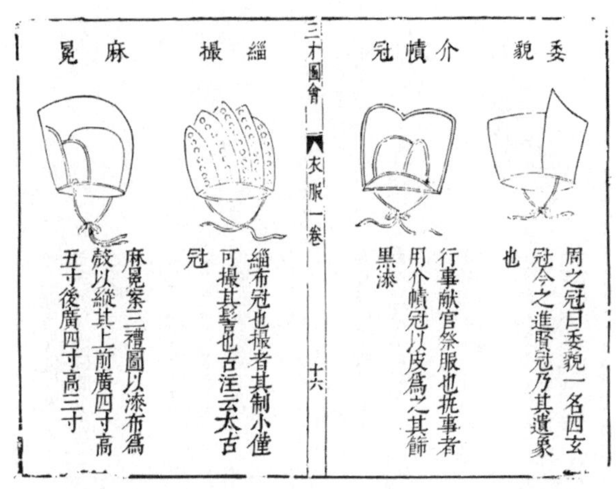

委貌冠, 介幘冠, 緇撮冠, 麻冕 등 고대 모자《三才圖會》

천자의 관례는 무왕武王이 죽고 성왕成王이 열세 살에 임금 자리를 잇게 되자 주공周公이 총재의 직책으로써 천하의 정치를 섭정하게 되었지요. 여름 6월에 무왕의 장례를 치르고 성왕은 관례를 행한 다음 종묘에 고하였으며, 그 다음에 제후들을 접견하여 역시 임금이 있음을 보여 준 것이지요. 그 관례는 주공이 축옹祝雍에게 송축의 글을 짓도록 명하기를 '축사는 알아들을 수 있도록 쓰되 너무 유치해서도 안 된다'라고 하였지요. 이에 축옹은 '임금으로 하여금 백성들에게 가까이 하도록 하며, 자신의 수壽는 훨씬 더 오래 누리도록 해 주실 것이며, 시간을 아끼도록 해 주시며, 재물에 혜택을 주시며, 어진 사람을 친히 여기고 능한 사람에게 일을 맡길 수 있도록 해 주시옵소서'라고 축사를 쓴 다음, '아름다운 달, 길한 날에 왕이 비로소 원복元服을 입습니다. 왕께서는 어릴 때의 뜻을 버리시고 곤직袞職에 복무하며, 하늘의 명을 공경하여 온 천하에 법이 되소서. 그대의 조상을 따라서 길이길이 다함이 없으리라'라고 송축하였으니 이것이 주공의 제도였습니다."

邾隱公旣卽位, 將冠, 使大夫因孟懿子問禮於孔子, 子曰:「其禮如世子之冠, 冠於阼者, 以著代也. 醮於客位, 加其有成, 三加彌尊, 導喩其志. 冠而字之, 敬其名也. 雖天子元子, 猶士也, 其禮無變, 天下無生而貴者故也. 行冠事必於祖廟, 以祼享之, 禮以將之, 以金石之樂節之, 所以自卑而尊先祖, 示不敢擅.」

懿子曰:「天子未冠卽位, 長亦冠也?」

孔子曰:「古者, 王世子雖幼, 其卽位則尊爲人君. 人君治成人之事者, 何冠之有?」

懿子曰:「然則諸侯之冠, 異天子與?」

孔子曰:「君薨而世子主喪, 是亦冠也已, 人君無所殊也.」

懿子曰:「今邾君之冠, 非禮也?」

孔子曰:「諸侯之有冠禮也, 夏之末造也, 有自來矣, 今無譏焉. 天子冠者, 武王崩, 成王年十有三而嗣立, 周公居冢宰, 攝政以治天下, 明年夏六月, 旣葬, 冠成王而朝于祖, 以見諸侯, 亦有君也. 周公命祝雍作頌曰:『祝王達而未幼.』祝雍辭曰:『使王近於民, 遠於年, 嗇於時, 惠於財, 親賢而任能.』其頌曰:『令月吉日, 王始加元服; 去王幼志, 服袞職, 欽若昊命, 六合是式, 率爾祖考, 永永無極.』此周公之制也.」

【邾隱公】 이름은 益. 주나라의 군주. 邾는 춘추시대 제후국으로 曹姓이며 子爵의 조그만 나라였음. 뒤에 楚나라에게 망함. 지금의 山東 鄒縣 경내.

【將冠】 관례를 치를 준비를 함. 고대 남자가 20살이 되면 관례(성인식)를 치름.

【孟懿子】 仲孫何忌. 仲孫何綦로도 쓰며 孟僖子의 아들. 노나라 대부로 의는 시호. 《左傳》 昭公, 定公, 哀公 시대 집권하였던 인물.

【阼】 동쪽 계단. 주인이 서는 위치를 말함.

【著代】 부친임을 밝힘.
【醮】 관례 때 술을 받아 홀로 마시는 것을 말함. 마신 다음 잔을 권하지 않음.
【客位】 서쪽 계단이나 서쪽 위치.
【三加】 처음 緇布를 쓰고 다음에 皮弁을 쓰며 그 다음에 爵弁을 쓰는 것.
【字】 관례 때에 본명과 相補的인 뜻으로 따로 이름을 지어 그 때부터 이름을 쓰지 아니하고 자를 부름. 《禮記》 曲禮(上)에 "男子二十冠而字"라 하였고, 檀弓(上)에는 "幼名, 冠字"라 함.
【元子】 천자나 제후의 적장자.
【祼】 '관'으로 읽으며 鬱金香과 기장으로 만든 술을 땅에 부음. '灌鬯'이라고도 함.
【薨】 천자의 죽음을 '崩'이라 하며 제후의 죽음을 '薨'이라 함.
【末造】 末世. 末葉.
【冢宰】 六卿 중의 우두머리. 太宰라고도 함.
【祝雍】 이름이 雍인 司祝의 관리. 제사를 담당한 관리로 이름이 雍인 사람.
【遠於年】 長壽함을 말함.
【令月】 吉月.
【元服】 帽子. 혹은 검은 복장이라고도 함. '元'은 '玄'과 같음.
【六合】 천지와 사방. 온 세계, 온 천하, 온 우주를 말함.

참고 및 관련 자료

1. 《禮記》 郊特牲

冠義: 始冠之, 緇布之冠也. 大古冠布, 齊則緇之. 其緌也, 孔子曰: 「吾未之聞也. 冠而敝之可也. 適子冠於阼, 以著代也. 醮於客位, 加有成也. 三加彌尊, 喩其志也. 冠而字之, 敬其名也. 委貌, 周道也. 章甫, 殷道也. 毋追, 夏后氏之道也. 周弁, 殷冔, 夏收. 三王共皮弁素積. 無大夫冠禮, 而有其昏禮. 古者, 五十而后爵, 何大夫冠禮之有? 諸侯之有冠禮, 夏之末造也. 天子之元子, 士也. 天下無生而貴者也. 繼世以立諸侯, 象賢也. 以官爵人, 德之殺也. 死而諡, 今也; 古者生無爵, 死無諡.」

219(33-2) 懿子曰諸侯之冠
제후의 관례

맹의자가 말하였다.

"제후의 관례에서 그 손님과 주인이 된 경우 어떻게 행합니까?"

공자가 말하였다.

"공公의 지위에 있는 사람이 관례를 할 때에는 경卿이 손님이 되고 중개하는 사람이 없이 공 자신이 직접 주인이 됩니다. 그리하여 손님을 맞아서 읍을 하고 동쪽 계단에 올라 북쪽 자리에 섭니다. 그때 쓰는 단술은 사士의 연향燕饗과 같이 삼헌三獻의 예로써 합니다. 이 단술로 하는 예를 마치면 동쪽 뜰로 스스로 내려갑니다. 그러나 제후로서 공公의 작위가 아니면서 자신이 주인 노릇을 하는 자는 이와 다릅니다. 뜰에 내려와 스스로 서쪽 계단에 자리를 잡고 현단玄端과 피변皮弁으로 하여 조복朝服이나 소필素畢과는 달리 하여야 합니다. 공의 작위일 경우 네 차례로 관을 쓰며 현면玄冕의 제목을 입습니다. 손님에게 주는 폐물은 속백과 승마로 합니다. 왕태자王太子와 서자의 관례도 이를 기준으로 하며 천자일지라도 자신이 주인 노릇을 하게 되면 그 예가 대개 선비와 다름이 없으며, 그 연향宴饗하는 절차와 손님 대접하는 절차도 모두 이와 같습니다."

맹의자가 말하였다.

"처음 관례를 할 때에 반드시 치포관緇布冠부터 쓰는 것은 무슨 까닭입니까?"

공자가 말하였다.

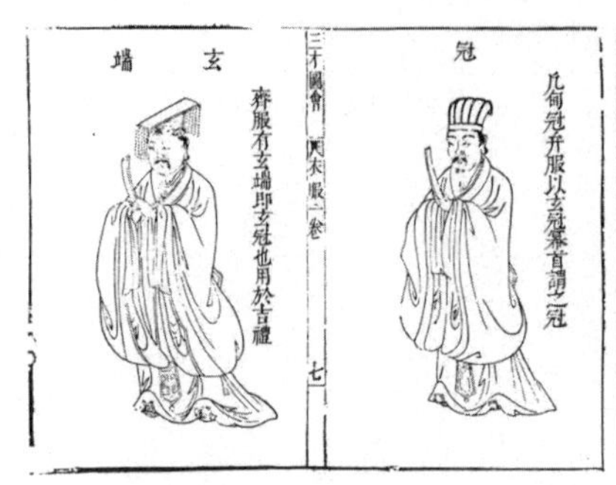

冠과 玄端《三才圖會》

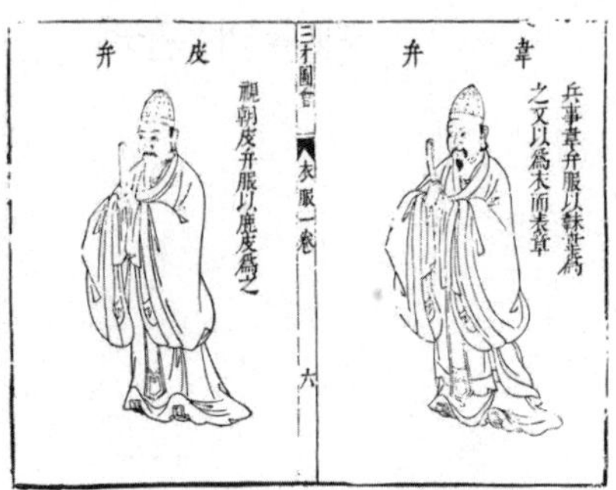

韋弁과 皮弁《三才圖會》

"옛 법을 잊지 않음을 나타내는 것입니다. 태고 때에는 삼베로 갓을 만들어 썼는데 재계할 때는 이를 검게 물들였지요. 모자에 끈을 단 이유에 대하여는 나도 듣지 못하였지만 오늘날에 와서는 관을 쓰되 이를 떼어 버려도 됩니다."

맹의자가 말하였다.

"삼왕三王 시대의 관은 각기 어떻게 달랐습니까?"

공자가 말하였다.

"주周나라 때에는 변弁을 썼고 은殷나라 때에서는 조哻를 썼으며, 하夏나라 때에는 수收를 썼으나 이는 모두 한가지입니다. 삼왕 시대에 똑같이 썼던 것은 피변皮弁과 소유素緌, 위모委貌로서 이는 모두 주나라 때 제도가 되었으며, 장보章甫는 은나라 제도이고 무추毋追는 하후씨夏后氏 때의 제도입니다."

懿子曰:「諸侯之冠, 其所以爲賓主何也?」

孔子曰:「公冠, 則以卿爲賓, 無介, 公自爲主, 迎賓揖升, 自阼立于席北, 其醴也則如士饗之以三獻之禮. 旣醴, 降自阼階. 諸侯非公而自爲主者, 其所以異, 皆降自西階, 玄端與皮弁, 異朝服

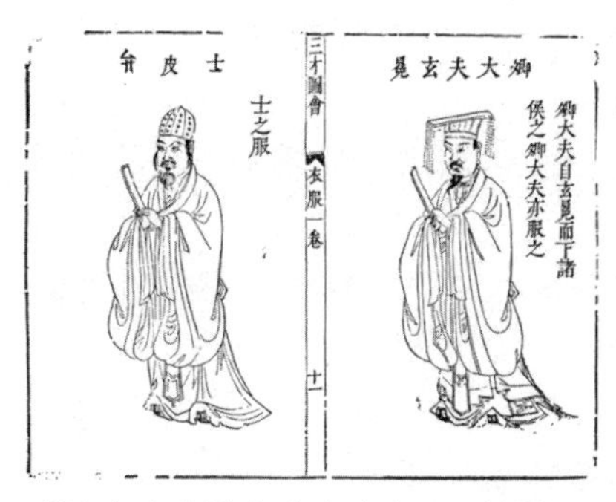

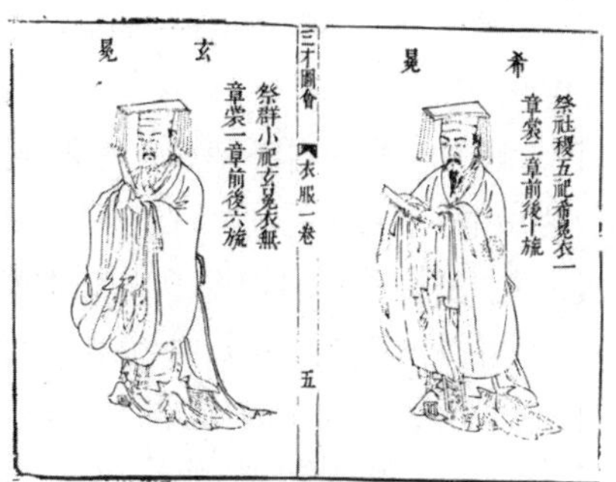

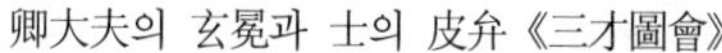
卿大夫의 玄冕과 士의 皮弁《三才圖會》

希冕과 玄冕《三才圖會》

素韠, 公冠四, 加玄冕祭, 其酬幣于賓, 則束帛乘馬, 王太子庶子之冠擬焉, 皆天子自爲主. 其禮與士無變, 饗, 食賓也, 皆同.」

懿子曰: 「始冠, 必加緇布之冠, 何也?」

孔子曰: 「示不忘古, 太古冠布, 齋則緇之. 其緌也, 吾未之聞, 今則冠而幣之可也.」

懿子曰: 「三王之冠, 其異何也?」

孔子曰: 「周弁·殷冔·夏收, 一也. 三王共皮弁, 素緌委貌, 周道也; 章甫, 殷道也; 毋追, 夏后氏之道也.」

【公冠】 公爵의 작위를 가진 자의 冠禮.

【介】 빈주의 말을 전달하는 사람. 《禮記》 聘義에 "聘禮, 上公七介, 侯伯五介, 子男三介"라 함.

【醴】 의식을 치를 때 쓰는 단술.

【三獻】 첫잔을 初獻爵이라 하며 이어서 亞獻爵, 三獻爵이라 함.

【非公】 諸侯로서 公爵의 작위가 아니라 侯, 伯, 子, 男의 작위인 경우.

【玄端】 검은 천으로 짠 옷. 諸侯와 大夫, 士의 제례복. 관례나 혼례 때 입음.

【皮弁】 모자 이름. 사슴 가죽으로 만들며 조회 때 입는 常服.

【服素鞸】'鞸'은 '韠'고 같음. 무릎을 가리는 천. 흰색의 무릎 가리개를 착용함을 말함.

【公冠四】 공작 지위의 관례에는 緇布, 皮弁, 爵弁, 玄冠의 네 번 모자를 차례로 갈아 씀.

【玄冕】 웃옷은 무늬는 없으며 아래옷은 黻의 자수를 놓은 옷. 천자가 종묘와 사당에서 제사를 지낼 때 입음.

【祭】 제복을 착용함을 말함.

【齋則緇之】 재계할 때 검은색으로 물들인 옷을 입음.

【緌】 '유'로 읽으며 모자 끝에 매단 끈.

【幣】 '敝'와 같음. 더 이상 입지 않음.

【周弁·殷哻·夏收】 모두 각 시대의 모자 이름. 《儀禮》 士冠禮 注에 "弁名出於槃. 槃. 大也, 言所以自光大也; 冔名出於幠. 幠, 覆也, 言所以自覆飾也. 收, 言所以收斂髮也"라 하여, 조(哻)는 다른 기록에는 후(冔)로 되어 있음. 《釋名》에는 "冔, 殷冠名也"라 함.

【素緌】 흰색의 갓끈.

【委貌】 주나라 때의 모자 이름.

【章甫】 은나라 때의 모자 이름.

【毋追】 하나라 때의 모자 이름.

참고 및 관련 자료

1. 《儀禮》 士冠禮와 《禮記》 郊特牲 등을 참조할 것.

34. 묘제廟制

'묘제廟制'는 고대 천자와 그 이하 각 신분에 따른 묘당廟堂 설치의 제도에 대한 공자의 설명이다. 주로 《예기禮記》 왕제王制와 제법祭法편의 내용을 재구성한 것이다.

〈大禹像〉 山東 嘉祥縣 武梁祠(東漢 畫像石)

220(34-1) 衛將軍文子將立三軍之廟於其家
각 신분과 작위에 따른 사당

위衛나라 장군 문자文子가 자신의 채읍에 삼군三軍의 사당을 세우면서 자고子羔로 하여금 공자를 찾아뵙도록 하였다. 공자는 이렇게 말하였다.

"나라의 사당을 개인 집에 세운다는 것은 옛날의 예법이 아니다. 나로서는 알 수 없다."

자고가 말하였다.

"감히 여쭙건대 존비와 상하에 따라 사당을 세우는 일에 대하여 들려주실 수 있습니까?"

공자가 말하였다.

"천하에 왕이 있어 땅을 나누어 제후를 세워 주어 조종祖宗의 사당을 설치한 것은 친소와 귀천의 많고 적은 수효를 구별하기 위한 것이었다. 이런 까닭으로 천자는 칠묘七廟를 세우는데 바로 삼소三昭와 삼목三穆, 그리고 태조太祖의 사당을 합해 모두 일곱이라는 뜻이다. 태조와 고조高祖 이하는 가까운 조상의 사당은 매월 제사를 지내고, 먼 조상은 조묘祧廟라 하는데 두 가지를 세우며 형상享嘗의 제사만으로 끝낸다.

제후는 오묘五廟를 세우는데 이소二昭와 이목二穆, 그리고 태조의 사당을 합하여 다섯이다. 조고祖考의 사당에는 향상의 제사만으로 끝낸다.

대부는 삼묘三廟를 세우는데 일소一昭와 일목一穆, 그리고 태조의 사당을 합하여 셋이다. 여기서 황고皇考의 사당은 향상만으로 끝낸다.

사士의 사당은 일묘一廟이며 고묘考廟를 말한다. 왕고王考는 사당이 없이 합하여 향상의 제사만으로 끝낸다.

서인은 사당을 세우지 않는다. 이들은 사시의 제향을 침실寢室에서 지낸다. 이는 유우씨有虞氏 때로부터 주周나라에 이르기까지 변함이 없다.

무릇 고조 이하 아버지까지 4대를 함께 하는 교郊라는 제사는 하늘을 함께 배향하며, 체禘라 부르는 제사는 모두가 5년에 한 번 대제大祭를 지내는 것으로 하였다. 그러나 태조에 해당하는 자라면 그 사당은 헐어 버리지 않는다. 태조의 공덕에 미치지 못하는 선조의 경우 비록 체제나 교제를 올릴지라도 그 사당은 헐어 버려야 한다. 옛날에 조祖는 공이 있음을 말하며 종宗이란 덕이 있음을 말하여 이를 일러 조종祖宗이라 불렀으니 그 사당은 허물지 않는다."

衛將軍文子將立三軍之廟於其家, 使子羔訪於孔子, 子曰: 「公廟設於私家, 非古禮之所及, 吾弗知.」

子羔曰: 「敢問尊卑上下, 立廟之制, 可得而聞乎?」

孔子曰: 「天下有王, 分地建國, 設祖宗, 乃爲親疏·貴賤·多少之數, 是故天子立七廟, 三昭三穆與太祖之廟七. 太祖近廟, 皆月祭之. 遠廟爲祧, 有二祧焉, 享嘗乃止. 諸侯立五廟, 二昭二穆與太祖之廟而五, 曰祖考廟, 享嘗乃止. 大夫立三廟, 一昭一穆與太廟而三, 曰皇考廟, 享嘗乃止. 士立一廟, 曰考廟, 王考無廟, 合而享嘗乃止. 庶人無廟, 四時祭於寢, 此自有虞以至于周之所不變也. 凡四代帝王之所謂郊者, 皆以配天, 其所謂禘者, 皆五年大祭之所及也. 應爲太祖者, 則其廟不毁. 不及太祖, 雖在禘郊, 其廟則毁矣. 古者祖有功而宗有德, 謂之祖宗者, 其廟皆不毁.」

【衛將軍文子】 이름은 彌牟. 衛나라의 경. 대부.

【三軍】 주나라 때 제후국들은 三軍을 보유할 수 있었으며 상, 중, 하, 혹은 좌, 중, 우 삼군을 말함. 여기서는 그들의 사당을 세우고자 한 것임.

【家】 자신의 채읍. 식읍.

【子羔】 高柴(B.C.521～?) 字는 子羔. 孔子의 弟子로 30세 아래였다 함. 衛나라 사람으로 일찍이 費 땅과 郈 땅의 宰를 지냄. 심히 못생겨 공자가 그를 어리석은 사람인 줄 착각하였음. 《論語》 先秦篇에 "柴也愚, 參也魯, 師也辟, 由也喭." "子路使子羔爲費宰. 子曰: 「賊夫人之子.」 子路曰: 「有民人焉, 有社稷焉, 何必讀書, 然後爲學?」 子曰: 「是故惡夫佞者.」"라 하였음.

【七廟】 천자는 7개의 사당을 설치하여 칠대 선조를 모심. 즉 考廟, 王考廟, 皇考廟, 玄考廟와 祖考廟, 文王廟, 武王廟임.

【太祖】 文王을 가리킴.

【近廟·遠廟】 近廟는 高祖 이하 그 아래 조상의 종묘를 뜻하며, 遠廟는 高祖 이상 그 위의 조상묘를 말함.

【祧】 제왕이 칠묘를 설치하고 그 세대별에 따라 신주를 모심을 '祧'라 하며 그 중 '二祧'는 따로 文王과 武王의 위패를 말함.

【享嘗】 춘하추동 네 계절의 제사.

【五廟】 제후는 考廟, 王考廟, 皇考廟의 사당만을 설치하여 매월 제사를 지내며, 玄考廟와 祖考廟는 네 계절만 제사를 지냄.

【祖考廟】 그 나라의 시조의 사당을 말함.

【三廟】 대부는 考廟, 王考廟, 皇考廟 세 개의 사당만 설치할 수 있음.

【皇考廟】 증조부의 사당.

【考廟】 아버지의 사당.

【王考廟】 조부의 사당.

【合而享嘗】 이들을 합하여 네 계절 별로 제사를 모심.

【祭於寢】 침궁(안방)에서 제사를 모심.

【禘】 제사 이름. 郊祭와 殷祭, 時祭 등 세 종류가 있음. 가장 성대하였던 祭祀로 원래 天子만이 행할 수 있었음. 魯나라는 諸侯國이었음에도 이러한 제사를 지냈음.

【太祖】 개국 군주를 말함.

【祖宗】 원래 공이 있는 자를 '祖'라 하며, 덕이 있는 자를 '宗'이라 함. 흔히 周 文王과 武王을 가리킴.

참고 및 관련 자료

1. 《禮記》 王制

天子七廟, 三昭三穆, 與太祖之廟而七. 諸侯五廟, 二昭二穆, 與太祖之廟而五. 大夫三廟, 一昭一穆, 與太祖之廟而三. 士一廟, 庶人祭于寢.

221(34-2) 子羔問曰
조와 종

자고子羔가 여쭈었다.

"〈제전祭典〉에 '옛날 유우씨有虞氏는 전욱顓頊을 조祖로 하고, 요堯를 종宗으로 하였으며, 하후씨夏后氏 역시 전욱을 조로 하고 우禹를 종으로 하였으며, 은殷나라는 설契을 조로 하고 탕湯을 종으로 하였고, 주周나라는 문왕文王을 조로 하고 무왕武王을 종으로 하였다'라 하였습니다. 이 네 가지 조와 종을 따진다면 혹은 서로 그 대수를 달리 하고 있습니다. 혹 아버지나 할아버지 대의 공이 있어 그 사당을 세운 것은 맞다고 할 수 있지만, 유우씨가 요를 종으로 하고 하나라가 전욱을 조로 한 것 같은 예는 모두가 아주 먼 원대에 공덕이 있던 자들입니다. 그런데도 그 사당을 그대로 존속해 두는 것이 옳습니까?"

宋 李公麟의 〈孝經圖〉 제사 모습을 그린 것

공자가 말하였다.

"훌륭하다! 네가 들어 알고 있는 내용이여. 이를테면 은나라와 주나라 조종은 그 사당을 헐어 버릴 수가 없다. 기타 조종에 있어서도 공과 덕이 다르지 않다면

召公(姬奭)《三才圖會》

아무리 대수가 달라졌다 해도 그 공덕에 대하여 역시 의심할 것이 없다. 《시詩》에 '저 무성한 감당나무, 자르지도 말고 베지도 말라. 소백邵伯이 쉬었던 곳이라네'라 하였으니 주나라 사람이 소백을 사랑함은 그가 쉬어간 나무까지도 공경을 다하고 있다. 그런데 하물며 조종의 그 공덕을 가히 사당을 세워 높이 받들지 않을 수 있겠느냐?"

子羔問曰:「〈祭典〉云:『昔有虞氏祖顓頊而宗堯, 夏后氏亦祖顓頊而宗禹, 殷人祖契而宗湯, 周人祖文王而宗武王.』此四祖四宗, 或乃異代, 或其考祖之有功德, 其廟可也; 若有虞宗堯, 夏祖顓頊, 皆異代之有功德者也; 亦可以存其廟乎?」

孔子曰:「善! 如汝所聞也. 如殷周之祖宗, 其廟可以不毁; 其他祖宗者, 功德不殊, 雖在殊代, 亦可以無疑矣.《詩》云:『蔽芾甘棠, 勿翦勿伐, 邵伯所憩.』周人之於邵公也, 愛其人猶敬其所舍之樹, 況祖宗其功德, 而可以不尊奉其廟焉?」

【有虞氏】 舜임금의 씨족. 순임금을 가리킴. 흔히 虞舜이라 함.
【顓頊】 五帝의 하나.
【堯】 역시 五帝의 하나. 이상 《史記》 五帝本紀 참조.
【異代】 조상의 代數가 각기 다름. 혹 遠代도 있고 혹 近代로 있음을 말함.
【蔽芾甘棠】《詩經》 召南 甘棠의 구절.
【邵伯】 周나라 초기 문왕의 서자. 姬奭. 邵 땅을 식읍으로 받아 邵伯이라 함. 감당나무 아래에서 백성들의 억울한 일을 들으며 선정을 베풀었음.

참고 및 관련 자료

1. 《禮記》 祭法

有虞氏禘黃帝而郊嚳, 祖顓頊而宗堯. 夏后氏亦禘黃帝而郊鯀, 祖顓頊而宗禹. 殷人禘嚳而郊冥, 祖契而宗湯. 周人禘嚳而郊稷, 祖文王而宗武王.

35. 변악해辨樂解

'변악해辨樂解'는 음악의 변별에 대한 해설이라는 뜻으로 주로 음악에 대한 전반적인 내용과 고사를 다루고 있다. 《한시외전韓詩外傳》과 《설원說苑》 수문修文편, 《예기禮記》 악기樂記의 기록을 전재한 것이다.

〈裸體雙性浮彫彩陶壺〉 1974 青海 樂都縣 출토

222(35-1) 孔子學琴於師襄子
공자의 음악 수업

공자가 사양자師襄子에게 거문고를 배우고 있었다. 양자가 말하였다.

"나는 비록 경磬을 치는 관원이지만 거문고에도 능함이 있어서 이제 그대는 이미 거문고를 학습하였으니 다른 것을 더 배워도 되겠습니다."

공자가 말하였다.

"나는 아직 그 기법을 터득하지 못하였습니다."

그러고 나서 얼마 지나 양자가 말하였다.

"이미 그 기법을 익혔으니 다음 단계로 나갈 수 있습니다."

공자가 말하였다.

"나는 아직 그 뜻을 터득하지 못하였습니다."

얼마 지나 양자가 다시 이렇게 말하였다.

"이미 그 뜻을 터득하였으니 이제는 다른 것을 배우십시오."

공자가 말하였다.

"나는 아직 그 사람을 터득하지 못하였습니다."

그러고 나서 또 얼마 지났다. 공자는 깊이 생각하기도 하고, 무엇을 우뚝하게 높이 바라보는 듯도 하고 또 멀리 내다보는 듯도 하였다. 그리고 양자에게 말하였다.

"나는 이제야 비로소 그 사람이 누구인지 알게 되었습니다. 가까이 보면 검은색이며 키가 훤칠하게 크고, 멀리 바라보면 끝이 아득하여 사방을 모두 뒤덮고 있으니 이는 문왕文王이 아니면 그 능히 그렇게 할 수 있겠습니까?"

양자는 자리를 피하면서 공손히 손을 가슴에 대고 이렇게 대답하였다.
"군자께서는 성인이십니다. 이 곡조가 바로 전해 오는 〈문왕조文王操〉입니다."

孔子學琴於師襄子, 襄子曰:「吾雖以擊磬爲官, 然能於琴, 今子於琴已習, 可以益矣.」

孔子曰:「丘未得其數也.」

有間, 曰:「已習其數, 可以益矣.」

孔子曰:「丘未得其志也.」

有間, 曰:「已習其志, 可以益矣.」

孔子曰:「丘未得其爲人也.」

有間, 孔子有所謬然思焉, 有所睾然高望而遠眺.

曰:「丘迨得其爲人矣. 近黮而黑, 頎然長, 曠如望羊, 奄有四方, 非文王其孰能爲此?」

師襄子避席葉拱而對曰:「君子, 聖人也, 其傳曰〈文王操〉.」

【師襄子】魯나라 樂官. 공자가 그에게 음악을 배움. 《史記》 孔子世家 및 《淮南子》 主術訓 참조.

【數】기능. 연주 技法을 말함.

【謬然】깊이 생각하는 모습. 《史記》에는 '穆然'으로, 《韓詩外傳》에는 '黙然'으로 되어 있음.

【望羊】멀리 보는 모습. 疊韻連綿語. '望洋', '望陽' 등으로도 표기함.

【葉拱】두 손으로 가슴을 어루만짐. 공경을 표시함을 말함.

【文王操】周나라 聖君 文王(姬昌)이 지은 음악 곡조. '操'는 곡을 말함.

참고 및 관련 자료

1.《韓詩外傳》卷五

孔子學鼓琴於師襄子而不進. 師襄子曰:「夫子可以進矣.」孔子曰:「丘已得其曲矣, 未得其數也.」有間, 曰:「夫子可以進矣.」曰:「丘已得其數矣, 未得其意也.」有間, 復曰:「夫子可以進矣.」曰:「丘已得其人矣, 未得其類也.」有間, 曰:「邈然遠望, 洋洋乎! 翼翼乎! 必作此樂也. 默然思, 戚然而悵. 以王天下, 以朝諸侯者, 其惟文王乎?」師襄子避席再拜曰:「善. 師以爲文王之操也.」故孔子持文王之聲, 知文王之爲人. 師襄子曰:「敢問何以知其文王之操也?」孔子曰:「然. 夫仁者好偉, 和者好粉, 智者好彈, 有慇懃之意者好麗. 丘是以知文王之操也.」

2.《史記》孔子世家

孔子學鼓琴師襄子, 十日不進. 師襄子曰:「可以益矣.」孔子曰:「丘已習其曲矣, 未得其數也.」有閒, 曰:「已習其數, 可以益矣.」孔子曰:「丘未得其志也.」有閒, 曰:「已習其志, 可以益矣.」孔子曰:「丘未得其爲人也.」有閒, 有所穆然深思焉, 有所怡然高望而遠志焉. 曰:「丘得其爲人, 黯然而黑, 幾然而長, 眼如望羊, 如王四國, 非文王其誰能爲此也!」師襄子席再拜, 曰:「師蓋云文王操也.」

3.《淮南子》主術訓

孔子學鼓琴於師襄, 而諭文王之志, 見微以知明矣.

4.《孔子集語》六藝(下)

韓詩外傳五: 孔子學鼓琴於師襄子而不進. 師襄子曰:「夫子可以進矣!」孔子曰:「丘已得其曲矣, 未得其數也.」有間, 曰:「夫子可以進矣!」曰:「丘已得其數矣, 未得其意也.」有間, 復曰:「夫子可以進矣!」曰:「丘已得其人矣, 未得其類也.」有間, 曰:「邈然遠望, 洋洋乎! 翼翼乎! 必作此樂也, 默然思, 戚然而悵, 以王天下, 以朝諸侯者, 其惟文王乎?」師襄子避席再拜曰:「善! 師以爲文王之操也.」故孔子持文王之聲, 知文王之爲人. 師襄子曰:「敢問何以知其文王之操也?」孔子曰:「然. 夫仁者好偉, 和者好粉, 智者好彈, 有慇懃之意者好麗. 丘是以知文王之操也.」

223(35-2) 子路鼓琴孔子聞之
공자의 거문고 소리

자로子路가 거문고를 타고 있었다. 공자가 이를 듣고 염유冉有에게 말하였다.

"심하도다, 자로의 재주 없음이여! 무릇 문왕文王이 음악을 제정할 때 적중한 소리로 절조를 맞추어 그 소리가 남쪽으로는 흘러들어갔으나 북쪽으로는 들어가지 않은 것이다. 무릇 남쪽이라는 곳은 만물이 나서 자라는 고향이며 북쪽은 만물이 죽는 살벌한 지역이다. 그러므로 군자의 소리는 따뜻하고 부드럽고 가운데를 지키는 것으로 이로써 만물을 생육하고 길러내되, 근심의 감정은 그 마음에 보태지 않도록 하며, 포악하고 모진 행동은 자신의 몸에 담아 두지 않는 것이다. 그렇게 하는 음악을 일러 나라를 평안히 다스리는 풍화라 하는 것이다. 소인의 음악은 그렇지 않다. 잔혹하고 첨예하여 살벌한 기운을 상징한다. 그리하여 중화中和의 느낌은 마음에 실려 있지 않으며, 온화한 행동은 그 몸에 담아두지 못한다. 무릇 그러한 음악을 일러 난을 일으키는 풍화라 한다. 옛날에 순舜은 오현금五絃琴을 타면서 남풍南風의 시를 지었다. 그 시에 '남풍이 훈훈하게 불어오도다. 우리 백성이 노여움을 풀어 주리라. 남풍이 이 때 맞추어 불어오도다. 우리 백성의 재물이 풍성히 해 주리라'라 하였다. 오직 이러한 교화를 닦았기에 그 흥興은 솟아올랐던 것이다. 그 덕은 마치 샘물과 같아 지금까지 흘러오고 있으며 왕공王公과 대인들이 이를 찬술하여 잊지 않고 있는 것이다.

한편 은殷나라 주紂는 북비北鄙의 음악을 좋아하여 그 모든 것이 잔폐함이 갑작스러웠다. 그리하여 지금까지 왕공과 대인들이 이를 거론하여 경계로 삼는 것이다. 무릇 순은 포의布衣의 평민 신분으로 덕을 쌓고 화합을 이루었기에 마침내 제위에 오른 것이며, 주는 원래부터 천자의 몸으로서 음탕하고 포악한 행동만 하였기 때문에 마침내 망하고 만 것이니 이는 각기 닦은 바에 따라 그런 일이 생긴 것이 아니겠느냐? 지금 자로由는 필부의 하찮은 존재로서 선왕의 좋은 음악에 뜻을 두지 않고 저 망국의 소리를 익히고 있으니 어찌 능히 그 칠척七尺의 몸을 보전할 수 있겠느냐?"

염유가 자로에게 일러 주자 자로는 두려워하며 스스로 후회하였다. 조용히 생각에 잠겨 밥도 먹지 않아 뼈만 남을 정도로 야위었다.

공자가 말하였다.

"허물이 있어 능히 고쳤으니 진보가 있을 것이로다!"

子路鼓琴, 孔子聞之, 謂冉有曰:「甚矣, 由之不才也! 夫先王之制音也, 奏中聲以爲節, 流入於南, 不歸於北. 夫南者生育之鄕, 北者殺伐之域, 故君子之音溫柔居中, 以養生育之氣, 憂愁之感, 不加于心也; 暴厲之動, 不在于體也. 夫然者, 乃所謂治安之風也. 小人之音則不然, 亢麗微末, 以象殺伐之氣, 中和之感, 不載於心; 溫和之動, 不存于體. 夫然者, 乃所以爲亂之風. 昔者, 舜彈五弦之琴, 造南風之詩, 其詩曰:『南風之薰兮, 可以解吾民之溫兮; 南風之時兮, 可以阜吾民之財兮.』唯修此化, 故其興也勃焉. 德如泉, 流至于今, 王公大人, 述而弗忘. 殷紂好爲北鄙之聲, 其廢也忽焉, 至于今, 王公大人擧以爲戒. 夫舜起布衣, 積德含和, 而終以帝; 紂爲天子, 荒淫暴亂, 而終以亡, 非各所修之致乎? 由今也匹夫之徒, 曾無意于先王之制, 而習亡國之聲, 豈能保其六七尺之體哉?」

冉有以告子路, 子路懼而自悔, 靜思不食, 以至骨立.

夫子曰: 「過而能改, 其進矣乎!」

【子路】 仲由. 공자 제자.
【冉有】 冉求. 자는 子有. 공자 제자. 季氏 집안의 宰를 지냈음.
【中聲】 소리가 화음을 잘 이룸.
【亢麗】 잔혹함.
【微末】 첨예함.
【南風】 禹舜 시대 지은 음악 가사라 함.
【北鄙】 紂가 좋아하였던 음악으로 음란하였다 함.
【骨立】 심하게 초췌하거나 파리한 모습을 형용함.

참고 및 관련 자료

1. 《說苑》 修文篇

子路鼓瑟有北鄙之聲, 孔子聞之曰: 「信矣, 由之不才也!」 冉有侍, 孔子曰: 「求來, 爾奚不謂由夫先王之制音也? 奏中聲, 爲中節; 流入於南, 不歸於北. 南者, 生育之鄕, 北者, 殺伐之域; 故君子執中以爲本, 務生以爲基, 故其音溫和而居中, 以象生育之氣. 憂哀悲痛之感, 不加乎心, 暴厲淫荒之動, 不在乎體, 夫然者, 乃治存之風, 安樂之爲也. 彼小人則不然, 執末以論本, 務剛以爲基, 故其音湫厲而微末, 以象殺伐之氣. 和節中正之感, 不加乎心, 溫儼恭莊之動, 不存乎體, 夫殺者, 乃亂亡之風, 奔北之爲也. 昔舜造南風之聲, 其興也勃焉, 至今王公述無不釋; 紂爲北鄙之聲, 其廢也忽焉, 至今王公以爲笑. 彼舜以匹夫, 積正合仁, 履中行善, 而卒以興, 紂以天子, 好慢淫荒, 剛厲暴賊, 而卒以滅. 今由也匹夫之徒, 布衣之醜也, 旣無意乎先王之制, 而又有亡國之聲, 豈能保七尺之身哉?」 冉有以告子路, 子路曰: 「由之罪也! 小人不能耳陷, 而入於斯, 宜矣, 夫子之言也!」 遂自悔, 不食七日而骨立焉, 孔子曰: 「由之改過矣.」

224(35-3) 周賓牟賈侍坐於孔子
무라는 음악

주빈모가周賓牟賈가 공자를 모시고 앉아 있었는데 공자가 그와 더불어 이야기하던 중 음악에 대한 것에 이르게 되었다.

"무릇 무武라는 음악은 준비와 경계를 오랫동안 함을 나타내고 있는데 무엇 때문인가?"

주빈모가가 대답하였다.

"병사들의 그 사기를 얻지 못할까 걱정하기 때문입니다."

"읊어 보면 감탄스럽고 입 안에 침을 흘릴 정도이니 어찌 그런가?"

주빈모가가 대답하였다.

"맡은 전투를 수행하지 못할까 해서 그런 것입니다."

"그 음악은 뛰고 용맹을 드날리는 모습으로 시작하는 것이 너무 일찍부터 하는데 이는 무엇 때문인가?"

주빈모가가 대답하였다.

"전투에서 시기를 놓치지 않으려는 것입니다."

"춤추는 무사들이 오른쪽 무릎은 땅에 대고 왼쪽 발은 높이 드는 것은 무슨 까닭인가?"

주빈모가가 대답하였다.

"이것은 무의 자세는 아닙니다."

"그 소리의 방탕함이 상商을 탐내는 듯한 것은 무슨 까닭인가?"

주빈모가가 대답하였다.

"이는 정당한 무의 소리가 아닙니다."

공자가 말하였다.

"이것이 무음武音이 아니면 무슨 소리인가?"

그가 대답하였다.

"유사有司가 그 전해 내려오는 것을 놓친 것입니다."

공자가 말하였다.

"그렇다! 나도 장홍萇弘에게 들으니 그대의 말과 같았다. 만일 유사가 그 전해 오던 것을 놓치지 않았다면 무왕武王의 뜻이 황란하였을 것이다."

그러자 주빈모가는 일어서서 자리를 피하며 이렇게 청하였다.

"무릇 무의 음악에 대하여 준비하고 경계하기를 오래 한 것은 그 이치를 모두 알았습니다. 그러나 감히 여쭙건대 이 무라는 음악은 너무 오래 서 있은 다음에야 끝나니 이는 어찌 된 것입니까?"

공자가 말하였다.

"앉아라! 내 너에게 말해 주마. 무릇 음악이란 성취를 상징하는 것이다. 방패를 잡고 산처럼 서 있는 것은 무왕의 일이요, 나는 듯 뛰는 듯한 것은 태공太公의 뜻이요, 무를 마칠 때 모두 앉는 것은 주공周公과 소공邵公의 정치이다. 또 이 무라는 음악은 처음엔 북쪽으로 나아가고 두 번째는 상商나라를 멸하고 세 번째는 남쪽으로 돌아오며, 네 번째는 남쪽으로 끝을 정하고, 다섯 번째는 협陜 땅을 나누어 주공은 왼편에 소공은 오른편에 앉게 하고, 여섯 번째로 끝마치고 난 뒤에는 천자를 존경하는 표시를 하는 것이다. 다음으로 여러 사람들을 진작시켜 사방으로 정벌을 나서는 것은 중국中國의 위엄을 성대히 펼쳐 보이는 것이며, 협 땅을 나누어 행진해 나가는 것은 빨리 그들을 구제하기 위한 것이며, 끝마치고도 오랫동안 그대로 서 있는 것은 제후들이 오기를 기다림을 뜻하는 것이다.

지금 너는 아직 목야牧野의 이야기를 듣지 못하였느냐? 무왕이 은殷나라를 정벌하고 돌아와 상商으로 돌아와서는 수레에서 내려오기도 전에 황제黃帝의 자손을 계薊 땅에 봉하고, 요堯의 후손은 축祝 땅에 봉하고, 순舜의 후손은 진陳 땅에 봉하였다. 그리고 수레에서 내려와서는 하후씨夏后氏의 후손을 기杞 땅에 봉하고, 은나라 후손은 송宋 땅에 봉하였다.

왕자 비간比干의 묘소를 봉하였으며, 갇혀 있던 기자箕子를 풀어 주었으며, 사람을 시켜 상용商容을 찾아 그 지위를 회복해 주도록 하고, 서민의 부역을 덜어 주고, 선비의 봉록을 곱절로 올려 주었다. 이윽고 하수河水를 건너 서쪽으로 와서는 전투에 사용했던 말들을 화산華山 남쪽에서 풀어 주어 다시는 전쟁에 사용하지 않을 것임을 보여 주었고, 전쟁 물자를 나르던 소들은 모두 도림桃林 들에 풀어 버려 다시는 그러한 전쟁에 쓰지 않았으며, 수레와 갑옷은 희생의 피를 발라 창고에 갈무리하여 다시는 더 사용하지 않을 것임을 보여 주었다. 그리고 방패와 창은 거꾸로 하여 이를 호랑이 가죽에 싸 버렸다. 군사를 인솔하던 선비들은 제후로 삼아 이를 명하기를 마치 건탁鞬橐처럼 활과 화살을 감추는 자루와 같은 역할을 하도록 불렀다. 이렇게 한 연후에야 천하 사람들은 무왕이 다시는 무기를 쓰지 않을 것임을 알게 되었던 것이다. 그리고 군사들을 흩어 각기 교사郊射를 익히도록 하되 왼편은 〈이수貍首〉라는 음악으로 하고, 오른쪽은 〈추우騶虞〉라는 음악에 맞추어 활쏘기를 익히도록 하였다. 이리하여 가죽을 뚫는 살상의 활쏘기는 사라지게 되었던 것이다. 이렇게 하여 사람들이 면류관을 쓰고 홀을 꽂게 되니 호분虎賁의 병사들은 차고 있던 칼을 풀어 버리게 되었다. 또 교사郊祀에 후직后稷을 모시자 백성들이 자신의 아버지를 존경할 줄 알게 되었고, 명당明堂에 배향하자 백성들이 효도라는 것을 알게 되었다. 조근朝覲이 있은 연후에 제후들은 신하 노릇이 무엇인 줄 알게 되었으며, 천자가 직접 농사를 지어 보임으로써 백성들이 농산물을 통하여 다투어 어버이를 공경해야 함을 알게 되었다.

이상 여섯 가지는 천하의 대교大教이다. 삼로三老와 오경五更을 태학太學에서 봉양하면서 천자가 친히 왼쪽 어깨를 드러내어 희생을 베어 국물을 들어 노인에게 먹여 주며 잔을 잡고 술로 입을 가시도록 해 주었다. 면류관을 쓰고 방패를 잡은 것은 제후들에게 공경하라는 뜻을 가르쳐 주기 위함이었다. 이렇게 하여 주나라의 도는 사방으로 뻗어나가기 시작하였고 그 예악은 서로 소통되었다. 그러니 이 무武라는 음악이 느리고 오래 끌 수 있는 것이 또한 당연하지 않겠느냐?"

周賓牟賈侍坐於孔子, 孔子與之言及樂, 曰:「夫武之備誡之以久何也?」

對曰:「病疾不得其衆.」

「詠歎之, 淫液之, 何也?」

對曰:「恐不逮事.」

「發揚蹈厲之已蚤, 何也?」

對曰:「及時事.」

「武坐致右而軒左, 何也?」

對曰:「非武坐.」

「聲淫及商, 何也?」

對曰:「非武音也.」

孔子曰:「若非武音, 則何音也?」

對曰:「有司失其傳也」

孔子曰:「唯! 丘聞諸萇弘, 亦若吾子之言是也, 若非有司失其傳, 則武王之志荒矣.」

賓牟賈起, 免席而請曰:「夫武之備誡之以久, 則旣聞命矣. 敢問遲矣, 而又久立於綴, 何也?」

子曰:「居! 吾語爾. 夫樂者, 象成者也. 總干而山立, 武王之事也; 發揚蹈厲, 太公之志也; 武亂皆坐, 周邵之治也. 且夫武始成而北出, 再成而滅商, 三成而南反, 四成而南國是疆, 五成而分陜, 周公左, 邵公右, 六成而復綴以崇其天子焉, 衆夾振焉而四伐, 所以盛威於中國; 分陜而進, 所以事蚤濟; 久立於綴, 所以待諸侯之至也. 今汝獨未聞牧野之語乎? 武王克殷而反商之政, 未及下車, 則封黃帝之後於薊, 封帝堯之後於祝, 封帝舜之後於陳, 下車又封夏后氏之後於杞, 封殷之後於宋, 封王子比干之墓,釋箕子之囚, 使人行商容之舊以復其位, 庶民弛政, 庶士倍祿, 旣濟河西, 馬散之華山之陽, 而弗復乘; 牛散之桃林之野, 而弗復服, 車甲則釁之而藏之諸府庫, 以示弗復用. 倒載干戈, 而包之以虎皮, 將率之士, 使爲諸侯, 命之曰鞬櫜, 然後天下知武王之不復用兵也. 散軍而修郊射, 左射以貍首, 右射以騶虞, 而貫革之射息也; 裨冕搢笏, 而虎賁之士脫劍; 郊祀后稷, 而民知尊父焉, 配明堂而民知孝焉, 朝覲然後諸侯知所以臣; 耕籍然後民知所以敬親. 六者, 天下之大敎也. 食三老五更於太學, 天子袒而割牲, 執醬而饋, 執爵而酳, 冕而總干, 所以敎諸侯之弟也. 如此, 則周道四達, 禮樂交通, 夫武之遲久, 不亦宜乎?」

【周賓牟賈】 사람 이름. 《禮記》에는 '賓牟賈'로 되어 있음.

【武】 주나라 때의 舞樂. 무왕이 紂를 토벌할 때 군사들의 사기를 북돋우기 위하여 사용하였던 음악이라 함.

【病疾不得其衆】 武王이 紂를 벌할 때 많은 민중의 지지를 얻지 못하면 어쩌나 하고 근심과 우려를 하였음을 말함.

【武坐致右而軒左】 춤을 추는 모습이 때로는 오른 무릎을 땅에 대기도 하고 왼쪽 발을 높이 쳐들기도 함.

【萇弘】 周 敬王의 대부. 晉나라 六卿의 혼란에 연루되어 趙鞅이 周나라를 책하자 주나라에서는 두려워 장홍을 죽여 버렸음. 장홍은 이 억울한 죽음으로 그의 피가 굳어 옥이 되었다 함.

【武亂皆坐】 周公과 邵公의 文德을 상징하여 춤을 춤.

【分陜】 주공과 소공이 陜을 기준으로 하여 그 동쪽은 주공이 다스리고 그 서쪽은 소공이 다스리기로 함.

【分陜而進】 여기서의 '分陜'은 '分夾'의 오기. 방울을 울려 그 사이를 나누어 앞으로 나옴을 말함.

【牧野】 孟津(盟津)의 들. 武王이 紂를 치고자 하자 8백 제후가 이곳에서 회맹함. 지금의 河南 孟縣.

【薊】 지명. 지금의 북경시 서남쪽. 燕나라의 도읍지였음.

【祝】 지명. 祝其. 춘추시대의 협곡으로 지금의 山東 萊蕪縣.《史記》周本紀에 "乃褒封神農之後於焦, 黃帝之後於祝, 帝堯之後於薊"라 함.

【陳】 고대 제후국 이름. 嬀姓. 武王이 殷을 멸하고 舜임금의 후손을 세워 준 것. 宛丘(河南 淮陽)에 도읍하였으며 뒤에 楚나라에게 망함.《史記》陳蔡世家 참조.

【夏后氏】 禹가 舜에게 선양을 받아 세운 왕조를 夏라 함.《史記》夏本紀에 "禹於是遂卽天子位, 南面朝天下, 國號曰夏后"라 함.

【杞】 춘추시대 나라 이름. 夏禹의 후손을 봉한 제후국.《史記》陳杞世家에 "周武王克殷紂, 求禹之後, 得東樓公, 封之於杞, 以奉夏后氏祀"라 함.

【宋】 殷商의 후예. 은나라의 제사를 잇도록 周公 旦이 微子 啓(開)를 봉했던 제후국.《史記》宋微子世家에 "周公旣承成王命誅武庚, 殺管叔, 放蔡叔, 乃命微子開代殷後, 奉其先祀, 作微子之命以申之, 國於宋"이라 함.

【比干】 은나라 紂王의 숙부. 紂의 炮烙之刑을 간언하다가 심장이 도려지는 죽음을 당함.《韓詩外傳》(4) 및《史記》宋微子世家 참조.

【箕子】 商代의 귀족으로 箕(지금의 山西 太谷縣 동북)에 봉하여 箕子라 부름. 자는 公侯伯子男의 작위 명칭.

【商容】 紂의 신하.《尙書》武成篇에 "釋箕子囚, 封比干墓, 式商容閭"라 함.

【華山之陽】 華山의 남쪽. 지금의 陝西 華陰縣.

【桃林】 화산의 동쪽에 있음.《尙書》武成篇에 "乃偃武修文, 歸馬於華山之陽, 放牛於桃林之野"라 함.

【韃櫜】 활과 화살을 넣는 통과 자루.

【郊射】 천자가 郊祭를 지내며 아울러 무사들로 하여금 활쏘기 대회를 열어 武備를 잊지 않도록 함.

【貍首】 逸詩의 시편. 射禮에 사용하던 노래라 함.

【騶虞】《詩經》召南의 편명.《禮記》射義에 "天子以騶虞爲節, 諸侯以貍首爲節"이라 함.

【裨冕】 사당에 들어갈 때 쓰는 禮服과 모자.

【虎賁】 용사의 통칭.

【明堂】 제왕이 정교를 선포하는 곳. 조회, 祭祀, 敎學, 養老 등의 큰 행사를 치르는 곳을 말함.

【朝覲】 신하가 군왕께 자신의 영지에 대한 성과를 보고 드리는 일. 봄에 뵙는 것을 '朝'라 하며 가을에 뵙는 것을 '覲'이라 함.

【耕籍】 '耕藉'. 천자가 직접 밭을 가는 일. '藉(籍)'은 명의상 천자의 농토로 봄에 천하의 농업을 장려하기 위하여 직접 밭가는 의식을 치름.

【三老五更】 일종의 양로 제도로 고대 국가와 마을에 노인을 숭상하여 자문을 구하여 일을 처리함. 《禮記》 文王世子에 "遂設三老五更, 群老之席位焉"이라 하였고, 《漢書》 禮樂志에 "養三老五更於辟雍"이라 함.

【太學】 고대 국가의 교육기관. '國學'이라고도 하며 殷나라 때는 '序'라 하였고 周나라 때는 '庠'이라 하였음. 《孟子》 梁惠王(上)에 "設爲庠序學校以敎之: 庠者, 養也; 校者, 敎也; 序者, 射也. 夏曰校; 殷曰序; 周曰庠; 學則三代共之, 皆所以明人倫也"라 함.

【天子袒而割牲】 고대 양로경로의 의식. 천자가 직접 노인들을 위하여 왼쪽 어깨를 드러내고 희생을 잡음.

【總干】 방패를 들어 춤을 춤.

참고 및 관련 자료

1. 《禮記》 樂記

賓牟賈侍坐於孔子, 孔子與之言及樂. 曰: 「夫武之備戒之已久, 何也?」 對曰: 「病不得衆也.」 「咏歎之, 淫液之, 何也?」 對曰: 「恐不逮事也.」 「發揚蹈厲之已蚤, 何也?」 對曰: 「及時事也.」 「武坐致右憲左, 何也?」 對曰: 「非武坐也.」 「聲淫及商何也?」 對曰: 「非武音也.」 子曰: 「若非武音則何音也?」 對曰: 「有司失其傳也. 若非有司失其傳, 則武王之志荒矣.」 子曰: 「唯! 丘之聞諸萇宏, 亦若吾子之言是也.」 賓牟賈起, 免席而請曰: 「夫武之備戒之已久, 則旣聞命矣, 敢問: 遲之遲而又久, 何也?」 子曰: 「居! 吾語女. 夫樂者, 象成者也; 總干而山立, 武王之事也; 發揚蹈厲, 大公之志也. 武亂皆坐, 周召之治也. 且夫武, 始而北出, 再成而滅商. 三成而南, 四成而南國是疆, 五成而分周公左召公右, 六成復綴, 以崇天子. 夾振之而駟伐, 盛威於中國也. 分夾而進, 事蚤濟也. 久立於綴, 以待諸侯之至也. 且女獨未聞牧野之語乎? 武王克殷, 反商. 未及下車而封黃帝之後於薊, 封帝堯之後於祝, 封帝舜之後於陳. 下車而封夏后氏之後於杞, 投殷之後於宋. 封王子比干之墓: 釋箕子之囚, 使之行商容而復其位. 庶民弛政, 庶士倍祿. 濟河而西, 馬, 散之華山之陽, 而弗復乘; 牛, 散之桃林之野, 而弗復服. 車甲血半而藏之府庫, 而弗復用. 倒載干戈, 包以虎皮; 將帥之士, 使爲諸侯; 各之曰『建櫜』. 然後, 知武王之不復用兵也. 散軍而郊射, 左射貍首, 右射騶虞, 而貫革之射息也. 裨冕搢笏, 而虎賁之士說劍也. 祀乎明堂而民知孝. 朝覲, 然後諸侯知所以臣; 耕藉, 然後諸侯知所以敬. 五者, 天下之大教也. 食三老五更於大學, 天子袒而割牲, 執醬而饋, 執爵而酳, 冕而總干, 所以教諸侯之弟也. 若此, 則周道四達, 禮樂交通. 則夫武之遲久, 不亦宜乎?」

36. 문옥問玉

'문옥問玉'은 첫 장 자공子貢의 질문인 옥玉을 중히 여기는 문제에 대한 공자의 대답을 편명으로 삼은 것이다. 《순자荀子》 법행편法行篇, 《예기禮記》 빙의聘義 및 경해經解, 공자한거孔子閒居, 중니연거仲尼燕居 등의 내용을 채록한 것이다.

〈人面魚紋彩陶盆〉 半坡문화 1955 서안 반파 출토

225(36-1) 子貢問於孔子曰

군자가 옥을 중히 여기는 까닭

자공子貢이 공자에게 여쭈었다.

"감히 여쭙건대 군자는 옥玉을 귀하게 여기고, 민珉을 천하게 여긴다고 하는데 이것은 무슨 까닭입니까? 옥은 수가 적고 민은 흔하기 때문입니까?"

공자가 말하였다.

"옥은 적게 나기 때문에 귀하게 여기고, 민은 흔하기 때문에 천하게 여기는 것이 아니다. 무릇 옛날의 군자는 덕을 옥에 비유하였다. 따뜻하면서도 윤택한 것은 인仁이며, 치밀하면서도 견고한 것은 지智이며, 날카로우면서 다치게 하지 않음은 의義이며, 드리워서 매달 수 있는 것은 예禮이며, 두드리면 그 소리가 맑고 길며 끝마칠 때에는 음악 소리같이 울려 흠이 있어도 좋은 옥이 아닐 수 없으며 좋은 옥이라 해도 흠이 없을 수 없으니 이는 충忠이며, 맑고 투명한 빛이 그 결에까지 비침은 신信이며, 기운이 흰 무지개와 같은 것은 천天을 상징하며, 정신이 산과 물에 나타나는 것은 지地를 상징하며, 서로의

〈玉龍〉 1973 內蒙古 翁牛特旗 출토

상견례에 규장珪璋을 패용하면 어떤 일도 통달하게 되니 이는 덕德이며, 천하 사람들이 귀하게 여기지 않는 이가 없으니 이는 도道이다. 《시詩》에 '군자를 생각하니 그 따뜻함이 옥과 같도다'라 하였으니 이 때문에 군자가 귀하게 여기는 것이다"

子貢問於孔子曰:「敢問君子貴玉而賤珉, 何也? 爲玉之寡而珉之多歟?」

孔子曰:「非爲玉之寡, 故貴之; 珉之多, 故賤之. 夫昔者君子比德於玉, 溫潤而澤, 仁也; 縝密以栗, 智也; 廉而不劌, 義也; 垂之如墜, 禮也; 叩之其聲淸越而長, 其終則詘然樂矣, 瑕不掩瑜, 瑜不掩瑕, 忠也; 孚尹旁達, 信也; 氣如白虹, 天也; 精神見于山川, 地也; 珪璋特達, 德也; 天下莫不貴者, 道也.《詩》云:『言念君子, 溫其如玉.』故君子貴之也.」

【珉】 옥석의 일종. '玟'으로도 표기함. 美石에 불과한 것이라 함.
【縝密】 무늬가 세밀함.
【栗】 굳고 딱딱함. 견고함. 강도가 높음.
【廉而不劌】 능각이 날카롭지만 사람을 다치게 하지는 않음. 《老子》 58장에 "是以聖人方而不割, 廉而不劌"라 함.
【詘然】 갑자기 그치거나 끊어지는 모양. 《禮記》 聘義 注에 "詘, 絶止貌也"라 함.
【瑕·瑜】 '瑕'는 허물, 흠집. '瑜'는 좋은 옥.
【孚尹】 옥색이 맑고 투명함을 말함.
【旁達】 각 측면에 노출되어 어디에도 숨겨짐이 없는 상태.
【言念君子】 《詩經》 秦風 小戎의 구절.

참고 및 관련 자료

1. 《荀子》 法行

子貢問於孔子曰:「君子之所以貴玉而賤珉者, 何也? 爲夫玉之小而珉之多邪?」孔子曰:「惡! 賜, 是何言也! 夫君子豈多而賤之, 少而貴之哉! 夫玉者, 君子比德焉. 溫潤而澤, 仁也; 縝栗而理, 知也; 堅剛而不屈, 義也; 廉而不劌, 行也; 折而不橈, 勇也; 瑕適並見, 情也. 扣之, 其聲淸揚而遠聞, 其止輟然, 辭也; 故雖有珉之雕雕, 不若玉之章章. 《詩》曰:『言念君子, 溫其如玉.』此之謂也.」

2. 《禮記》 聘義

子貢問於孔子曰:「敢問君子貴玉而賤碈者何也? 爲玉之寡而碈之多與?」孔子曰:「非爲碈之多, 故賤之也, 玉之寡, 故貴之也. 夫昔者君子比德於玉焉. 溫潤而澤, 仁也; 縝密以栗, 知也; 廉而不劌, 義也; 垂之如隊, 禮也; 叩之其聲淸越以長, 其終詘然, 樂也; 瑕不揜瑜·瑜不揜瑕, 忠也; 孚尹旁達, 信也; 氣如白虹, 天也; 精神見於山川, 地也; 圭璋特達, 德也. 天下莫不貴者, 道也. 詩云:『言念君子, 溫其如玉.』故君子貴之也.」

226(36-2) 孔子曰入其國
육경과 정치 교화

공자가 말하였다.

"그 나라에 들어가 보면 그 교화를 알 수 있다. 그 사람됨이 온화하고 돈후하면 이는 《시詩》의 교화이며, 서로 소통이 되고 먼 앞일을 안다면 이는 《서書》를 통해 교화된 것이며, 널리 일이 실행되고 선량하게 변하였다면 이는 《악樂》을 통해 교화된 것이며, 깨끗하고 정미하다면 이는 《역易》을 통해 교화된 것이며, 공경하고 씩씩하다면 이는 《예禮》에 의해 교화된 것이며, 말이 사실과 맞다면 이는 《춘추春秋》에 의한 교화이다. 그러므로 《시》를 놓치면 어리석게 되고, 《서》를 놓치면 남을 속이게 되며, 《악》을 놓치면 사치하게 되며, 《역》을 놓치면 도둑질을 하게 되고, 《예》를 놓치면 번거롭게 되며, 《춘추》를 놓치면 난이 일어나게 된다. 그 사람됨이 온화하고 돈후하며 어리석지 않다면 이는 《시》에 대하여 깊은 자이며, 사리에 소통하고 먼 앞일을 알아 남을 속이지 않는다면 이는 《서》에 깊은 자이며, 광범히 실행하며 선량하게 변하도록 하되 사치하지 않다면 이는 《악》에 깊은 자이며, 깨끗하면서도 정밀하여 도둑질을 하지 않는다면 이는 《역》에 깊은 자이며, 공손하고 장엄하면서도 번거롭지 않다면 이는 《예》에 깊은 자이며, 하는 말이 모두 사실에 부합하고 혼란을 일으키지 않는다면 이는 《춘추》에 깊은 자이다."

孔子曰:「入其國, 其敎可知也; 其爲人也, 溫柔敦厚,《詩》敎也; 疏通知遠,《書》敎也; 廣博易良,《樂》敎也; 潔靜精微,《易》敎也; 恭儉莊敬,《禮》敎也; 屬辭比事,《春秋》敎也. 故《詩》之失愚,《書》之失誣,《樂》之失奢,《易》之失賊,《禮》之失煩,《春秋》之失亂. 其爲人也, 溫柔敦厚而不愚, 則深於《詩》者矣; 疏通知遠而不誣, 則深於《書》者矣; 廣博易良而不奢, 則深於《樂》者矣; 潔靜精微而不賊, 則深於《易》者矣; 恭儉莊敬而不煩, 則深於《禮》者矣; 屬辭比事而不亂, 則深於《春秋》者矣.」

【溫柔敦厚】《詩經》의 내용과 의미를 말함. 풍간으로 되어 있으므로 이렇게 표현한 것.

【屬辭比事】《춘추》가 月과 年으로 이어지되 사건이 서로 연결됨을 말함.

참고 및 관련 자료

1. 《禮記》 經解

孔子曰:「入其國, 其敎可知也. 其爲人也: 溫柔敦厚, 詩敎也; 疏通知遠, 書敎也; 廣博易良, 樂敎也; 絜靜精微, 易敎也; 恭儉莊敬, 禮敎也; 屬辭比事, 春秋敎也. 故詩之失, 愚; 書之失, 誣; 樂之失, 奢; 易之失, 賊; 禮之失, 煩; 春秋之失, 亂. 其爲人也: 溫柔敦厚而不愚, 則深於詩者也. 疏通知遠而不誣, 則深於書者也. 廣博易良而不奢, 則深於樂者也. 絜靜精微而不賊, 則深於易者也. 恭儉莊敬而不煩, 則深於禮者也. 屬辭比事而不亂, 則深於春秋者也.」

227(36-3) 天有四時
삼대의 덕

“하늘에 사시가 있어 이 춘하추동의 바람과 비, 서리와 이슬은 가르침이 되지 않는 것이 없다. 땅은 만물의 정신과 기운을 싣고 있어 번개와 우레를 토해 내고 거두어 만물의 형상을 만들어 내니 역시 가르침이 되지 않는 것이 없다.

밝고 밝은 덕이 자기 몸에 있어 기운과 뜻이 신과 같아 사물이 있으면 장차 나타나니 그 조짐은 반드시 먼저 나타난다. 이 까닭으로 천지의 가르침은 성인과 더불어 서로 동참하게 되는 것이다. 《시詩》에 ‘높고 높기는 산꼭대기로서 하늘 끝에 닿은 듯, 그 산꼭대기에 신이 내려와 신후申侯와 중산보仲山甫를 낳았도다. 신후와 중산보는 주나라의 날개가 되어 사방 나라를 번속으로 삼고 사방 나라에 덕을 널리 폈도다’라 하였으니 이는 문왕과 무왕의 덕이다. 그리고 ‘그 문덕을 베풀어 사국四國을 평화롭게 하도다’라 하였으니 이는 태왕太王 덕이다. 무릇 삼대三代의 왕들은 반드시 훌륭한 명성이 있게 마련이니 ‘밝고 밝은 천자는 그 명망 끊일 수 없어라’라 하였으니 이것이 삼대의 덕이다.”

「天有四時, 春夏秋冬, 風雨霜露, 無非教也; 地載神氣, 吐納雷霆, 流形庶物, 無非教也. 清明在躬, 氣志如神, 有物將至, 其兆必先. 是故天地之教, 與聖人相參. 其在《詩》曰: 『嵩高惟嶽, 峻極于天. 惟嶽降神, 生甫及申. 惟申及甫, 惟周之翰. 四國于蕃,四方于宣.』此文武之德也.『矢其文德, 協此四國.』此太王之德也. 凡三代之王, 必先其令問,《詩》云:『明明天子, 令問不已.』三代之德也.」

【流形】 만물에 유포되어 형태를 이룸.《周易》乾卦에 "雲行雨施, 品物流形"이라 하고 注에 "品類之物, 流布成形"이라 함.
【嵩高惟嶽】 '嵩高'는 '崧高'와 같음.《詩經》大雅 崧高의 구절.
【生甫及申】 어진 신하 仲山甫(周 宣王의 신하)와 申侯를 태어나게 해 주었음.
【翰】 幹과 같음. 나라의 동량.
【矢其文德】《詩經》大雅 江漢의 구절.
【太王之德】 원문은 '文王之德'으로 되어 있으나《禮記》孔子閒居와《韓詩外傳》에 의해 바로잡음. 太王은 太公, 즉 古公亶甫(古公亶父)를 가리킴.
【明明天子】《詩經》大雅 江漢의 구절
【三代】 여기에서는 殷나라 개국 군주 湯과 周나라 文王·武王을 지칭함. 이들은 전쟁을 통하여 천하를 잡은 것이며, 舜은 治水와 덕으로 천하를 잡아 이에 거론하지 않은 것임.

참고 및 관련 자료

1.《禮記》孔子閒居

天有四時, 春秋冬夏, 風雨霜露, 無非教也. 地載神氣, 神氣風霆, 風霆流形, 庶物露生, 無非教也. 淸明在躬, 氣志如神, 嗜欲將至, 有開必先. 天降時雨, 山川出雲. 其在詩, 曰「嵩高惟嶽, 峻極于天. 惟嶽降神, 生甫及申. 惟申及甫, 惟周之翰. 四國于蕃, 四方于宣」. 此文武之德也. 三代之王也, 必先令聞, 詩云:「明明天子, 令聞不已」. 三代之德也.「弛其文德, 協此四國」. 大王之德也. 子夏蹶然而起, 負牆而立, 曰: 弟子敢不承乎?

2.《韓詩外傳》卷五

天有四時: 春夏秋冬. 風雨霜露, 無非教也. 淸明在躬, 氣志如神, 嗜欲將至, 有開必先. 天降時雨, 山川出雲. 詩曰:『崧高維嶽, 峻極于天. 維嶽降神, 生甫及申. 維申及甫, 維周之翰. 四國于蕃, 四方于宣.』此文武之德也. 三代之王也, 必先其令名. 詩曰:『明明天子, 令聞不已. 矢其文德, 洽此四國.』此大王之德也.

228(36-4) 子張問聖人之所以教
성인의 가르치는 방법

자장子張이 성인聖人이 어떻게 가르쳤는지에 대하여 여쭙자 공자가 말하였다.

"사師야! 내 너에게 말해 주마. 성인은 예악에 밝았기 때문에 이를 들어 조치하였을 뿐이란다."

자장이 다시 여쭙자 공자가 말하였다.

"사야! 너는 생각하기에 사람이 꼭 자리를 펴고 읍양揖讓하면서 오르내리고 술잔을 올리고 수작을 한 다음이라야 반드시 예라고 말하겠느냐? 또 너는 생각하기에 반드시 철조綴兆를 행하고 우약羽籥을 잡고 종고鐘鼓를 벌여 놓은 뒤에라야 악이라고 말하겠느냐? 말을 하였으면 이를 실행하는 것이 바로 예이며, 실행하고 나서 즐겁게 여기는 것이 바로 악이란다. 성인은 이 두 가지를 힘써 행하여 자신부터 공경하고 남쪽을 향해 앉아 천하를 다스렸던 것이다. 이 까닭으로 천하가 태평해지고 만백성이 순종하며, 백관이 일을 받아 처리하며 상하가 모두 예가 있게 된 것이다. 무릇 예가 흥하게 되자 여러 사람이 다스려진 것이며, 예가 폐하게 되자 여러 사람들이 혼란스러워진 것이다. 보기만 그럴싸하고 실용성이 없는 집이라 해도 아랫목과 계단은 있게 마련이며, 수레도 좌우가 있게 마련이며, 길을 걸을 때는 앞뒤 따르게 되며, 서 있을 때도 서열이 있게 마련이니 이는 옛날부터 내려오는 도리이다. 방은 있으면서 아랫목과 계단이 없다면 그 집 안에서 행동하는 데 혼란이 있을 것이며, 좌석에 위와 아래가 없다면 앉는 차례에 혼란이 있을 것이며, 수레에 좌우가 없다면 수레에 오를 수가 없을 것이며, 길을 걸을 때 앞뒤가 없다면 계단을 오를 수 없을 것이며, 줄을 섬에 차례가 없다면 문과 병풍 사이에서 당장 혼란이 일어나게 될 것이다. 그 때문에 옛날 명왕과 성인이 귀천과 장유를 변별하고 남녀와 내외를 바르게 하며, 친소와 원근을 질서 있게 하여, 감히 서로 넘나들거나 침범함이 없도록 한 것이니 이러한 것은 모두가 이러한 길로 말미암도록 하기 위한 것이었다."

子張問聖人之所以教, 孔子曰:「師乎! 吾語汝. 聖人明於禮樂, 擧而措之而已.」

子張又問, 孔子曰:「師! 爾以爲必布筵, 揖讓升降, 酌獻, 酬酢, 然後謂之禮乎? 爾以爲必行綴兆, 執羽籥, 作鐘鼓, 然後謂之樂乎? 言而可履, 禮也; 行而可樂, 樂也. 聖人力此二者, 以躬己南面. 是故天下太平, 萬民順伏, 百官承事, 上下有禮也. 夫禮之所以興, 衆之所以治也; 禮之所以廢, 衆之所以亂也. 目巧之室, 則有隩阼, 席則有上下, 車則有左右, 行則並隨, 立則有列序, 古之義也. 室而無隩阼, 則亂於堂室矣; 席而無上下, 則亂於席次矣; 車而無左右, 則亂於車上矣; 行而無並隨, 則亂於階塗矣; 列而無次序, 則亂於著矣. 昔者明王聖人辯貴賤長幼, 正男女內外, 序親疏遠近, 而莫敢相踰越者, 皆由此塗出也.」

【師】顓孫師. 子張. 공자 제자.
【酬酢】주빈 사이에 술잔을 주고받음. 조빙과 연회의 예의를 말함.
【綴兆】樂隊의 행렬 위치.
【羽籥】우는 춤출 때 사용하는 깃, 약은 음악을 연주함을 말함.

【目巧之室】 보기만 좋을 뿐 실용성이 없는 건축물.
【隩】 방의 남쪽 귀퉁이.
【著】 문과 병풍 사이의 공간을 말함.
【此塗】 이 길. 즉 예의에 맞는 도리.

참고 및 관련 자료

1. 《禮記》 仲尼燕居

子張問政, 子曰:「師乎! 前, 吾語女乎? 君子明於禮樂, 擧而錯之而已.」子張復問. 子曰:「師, 爾以爲必鋪几筵, 升降酌獻酬酢, 然後謂之禮乎? 爾以爲必行綴兆, 興羽籥, 作鐘鼓, 然後謂之樂乎? 言而履之, 禮也. 行而樂之, 樂也. 君子力此二者以南面而立, 夫是以天下太平也. 諸侯朝, 萬物服體, 而百官莫敢不承事矣. 禮之所興, 衆之所治也; 禮之所廢, 衆之所亂也. 目巧之室, 則有奧阼, 席則有上下, 車則有左右, 行則有隨, 立則有序, 古之義也. 室而無奧阼, 則亂於堂室也. 席而無上下, 則亂於席上也. 車而無左右, 則亂於車也. 行而無隨, 則亂於塗也. 立而無序, 則亂於位」

37. 굴절해屈節解

'굴절해屈節解'는 자공의 '난제존로亂齊存魯'의 작전을 두고 '대의를 위해서는 잠시 절의를 굽혀도 된다'는 명분을 설명한 것이며, 그 외에 복자천宓子賤의 고사와 원양原壤의 어머니 상에 대한 이야기를 함께 싣고 있다. 《사기史記》와 《월절서越絶書》, 《오월춘추吳越春秋》, 《여씨춘추呂氏春秋》, 《신서新序》, 《회남자淮南子》 및 《예기禮記》 단궁檀弓(下)편의 이야기를 재구성한 것이다.

〈魚紋彩陶盆〉 1995 서안 반파 출토

229(37-1) 子路問於孔子曰
장부가 세상에 살면서

자로子路가 공자에게 여쭈었다.

"제由가 듣기로 장부가 세상에 살면서 부귀하면서도 남에게 아무런 이익이 되지 못하고, 빈천한 지위에 처해서도 능히 굴절屈節을 펴는 것으로 여기지 못한다면 사람의 영역에 놓고 평론할 대상이 되지 못한다고 하더이다."

공자가 말하였다.

"군자가 자신을 행함에 반드시 통달하기를 기대해야 하니 자신에게 있어서 굽혀야 할 것이 있으면 굽히고 펴야할 것이 있으면 펴야 한다. 그러므로 굴절이란 기다림이 있기 때문이며 구신求伸이란 그 때에 맞추기 위함이다. 이 까닭으로 비록 굽힘을 당하더라도 그 절의에 손상이 없도록 하며 뜻을 이루더라도 그 의義를 침범함이 없으면 되는 것이다."

子路問於孔子曰:「由聞丈夫居世, 富貴不能有益於物, 處貧賤之地而不能屈節以求伸, 則不足論乎人之域矣.」

孔子曰:「君子之行己, 期於必達, 於己可以屈則屈, 可以伸則伸. 故屈節者可以有待, 求伸者所以及時, 是以雖受屈而毁其節, 志達而不犯於義.」

【屈節】 자신을 굽혀 남에게 순종함.
【有待】 자신을 알아줄 기회를 기다림.
【求伸】 자신이 펴야 할 때 펴기를 자신에게 요구함. 자신 있게 나섬을 말함.

230(37-2) 孔子在衛
자공의 외교술

공자가 위衛나라에 있을 때 제齊나라 전상田常이 장차 난을 일으켜 포씨鮑氏와 안씨晏氏에게 겁을 준 다음 그 군사를 노魯나라 공격에 돌릴 것이라는 소식을 듣게 되었다.

공자는 여러 제자들을 모아 놓고 이렇게 고하였다.

"노나라는 우리 부모의 나라이니 구제하지 않을 수 없다. 차마 적의 침략을 받는 것을 보고 있을 수 없다. 지금 내 전상에게 절의를 굽혀가면서라도 노나라를 구제해야겠다. 너희들 중에 누가 사신으로 가겠느냐?"

이에 자로子路가 나섰다.

"제가 제나라로 가겠습니다."

공자는 허락하지 않았다. 그 다음으로 자장子張이 청하였지만 역시 허락하지 않았으며 자석子石이 청하였으나 역시 이를 허락하지 않았다.

세 사람이 물러나와 자공子貢에게 청하며 이렇게 말하였다.

"지금 선생께서 절의를 굽혀서라도 부모의 나라를 구원하려 하시기에 우리 세 사람이 사신으로 가겠다고 청하였으나 허락을 얻지 못하였다. 이는 그대를 시키는 것이 편하다고 때를 기다리신 것이다. 그러니 그대가 어찌 가겠다고 청하지 않을 수 있겠는가?"

자공이 사신으로 가겠다고 청하자 공자의 허락을 얻어 드디어 제나라로 가서 전상을 달래었다.

"지금 그대가 노나라를 쳐서 공을 거두고자 하는 것은 실로 어려운 일입니다. 오吳나라로 군사를 돌려 쉽게 공을 세우느니만 못합니다."

전상이 불쾌하게 여기자 자공이 말하였다.

"무릇 내부에 걱정이 있는 자는 강한 적을 치고, 밖에 걱정이 있는 자는 약한 적을 치는 법이오. 내가 듣기로 그대는 세 번이나 봉封해 주려고 해도 모두 성사되지 못하고 말았다던데 이는 포씨나 안씨 같은 대신들이 그대의 명령을 듣지 않았기 때문입니다. 지금 노나라와 싸워 설사 승리를 거둔다 해도 제나라 임금의 교만함만 더 높여 줄 뿐이며, 만약 그대가 패한다면 포씨나 안씨 같은 다른 신하들이 올라가게 될 뿐, 그대의 공은 인정을 받지 못할 것입니다. 그렇게 되면 날로 임금에게 멀어질 것이며 그 포씨나 안씨 같은 대신들과는 경쟁을 하게 됩니다. 이와 같이 되면 그대의 지위는 위태로워집니다."

전상이 말하였다.

"좋소! 하지만 나는 지금 이미 군사를 노나라에 가하고 있소. 변경할 수가 없으니 어쩌면 되겠소?"

자공이 말하였다.

"군사를 늦추시오. 내가 오吳나라에게 청하여 노나라를 구원하여 제나라를 치도록 하겠소. 그대는 이를 핑계로 오나라를 칠 구실을 찾으면 될 것입니다."

전상이 허락하자 자공은 드디어 남쪽으로 오왕吳王을 찾아가 달래었다.

"왕도를 행하는 임금은 남의 나라가 끊어지도록 버려두지 아니하며 패도를 실행하는 임금은 자신을 상대할 강적이 없는 법입니다.

천 균鈞의 무거운 것도 미세한 수량銖兩의 아주 작은 양에 따라 기우는 쪽이 달라지게 마련입니다. 지금 제나라가 저 천승의 노나라를 삼키려고 이 오나라와 다투고 있으니 왕을 위하여 심히 걱정이 됩니다. 게다가 무릇 노나라를 구원하는 것은 이름을 드러내는 것이며, 사상泗上의 제후들을 위무하는 것은 포악한 제나라를 주벌하여 진晉나라를 굴복시키는 것으로써 그 이익은 막대합니다. 명분으로는 망해가는 노나라를 존속시키는 것이요, 실리로 보아서는 강한 제나라를 궁핍하게 하는 것으로써 지혜로운 자라면 의심을 하지 않을 것입니다."

오왕이 말하였다.

"훌륭하오! 그러나 우리 오나라는 항상 월越나라를 괴롭혀왔기 때문에 월왕越王은 몸을 괴롭혀가면서 군사를 길러 우리에게 보복할 마음을 품고 있소. 그대는 내가 월나라를 먼저 없애기를 기다리시오. 그런 연후에나 가능한 일이오."

자공이 말하였다.

"월나라는 질기기는 노나라에 미치지 못하고 오나라의 강하기는 제나라에 미치지 못합니다. 그런데 왕께서 제나라를 버려두고 월나라를 공격하게 되면 제나라는 틀림없이 노나라를 삼키게 될 것입니다. 왕께서는 망하는 나라를 존속시키고 끊어질 세대를 이어준다는 명분을 가지고 나섰으면서 제나라를 포기하고 대신 작은 월나라를 친다는 것은 용勇이라 할 수 없습니다. 용맹이란 어려움을 피하지 않는 것이며, 어짊이란 궁약窮約에 얽매이지 아니하는 것이며, 지혜란 그 때를 놓치지 아니하는 것이며, 의義란 남의 세대를 끊어 버리지 않는 것입니다. 지금 월나라를 그대로 존속시켜서 천하에 인으로 함을 보여 주시고 노나라를 구원하고 제나라를 침으로써 그 위세를 진晉나라에 더한다면 제후들은 틀림없이 서로 이끌고 와서 왕께 조견할 것이며, 패업은 흥성하게 성취될 것입니다. 왕께서 그토록 월나라를 미워하신다면 제가 월나라 임금을 찾아가 군사를 내어 오나라를 따르도록 할 것입니다. 이렇게 되면 실제로 월나라에 손해를 끼치면서 그 명분은 제후를 따라 제나라를 치는 것이 됩니다."

오왕은 즐거워하며 이에 자공을 월나라로 파견하였다. 월왕越王은 교외까지 나와 자공을 영접하면서 자공을 위하여 스스로 수레를 몰면서 이렇게 말하였다.

"여기는 만이蠻夷의 나라입니다. 대부께서 어찌 족히 엄연히 욕되게 이렇게 임하셨습니까!"

자공이 말하였다.

"이번에 제가 오왕을 달래어 노나라를 구제하고 제나라를 치도록 하였더니 그 뜻은 가지고 있으면서도 귀국 월나라를 겁내고 있습니다.

〈越王句踐臥薪嘗膽圖〉

그리하여 '내가 월나라를 치기를 기다린 뒤에나 가능하다'라고 합디다. 그러니 그는 기어이 귀국 월나라를 깨뜨린다는 것은 사실입니다. 그러니 남에게 보복할 뜻도 없으면서 남으로부터 의심을 산다는 것은 졸렬한 일입니다! 그리고 남에게 보복할 뜻이 있으면서 이를 남이 알도록 한다는 것은 위태로운 일입니다! 일이 시작되기도 전에 먼저 소문부터 난다면 이것은 위험한 일입니다. 이 세 가지는 실로 일을 벌일 때의 우환입니다."

월왕 구천句踐은 머리를 조아리며 말하였다.

"내가 일찍이 내 힘을 요량하지 못하고 오나라와 어려운 싸움을 일으켰다가 회계산會稽山에서 곤욕을 받아 원통함이 골수에 사무쳐 밤낮으로 입술이 타고 혀가 마르고 있습니다. 그래서 오직 오왕과 함께 싸워 죽어 버리는 것이 소원이 될 지경입니다. 지금 대부께서 다행히 오셨으니 그 이해를 일러 주십시오."

자공이 말하였다.

"오왕은 사람됨이 사나워 그 신하들조차 견뎌낼 수가 없다고 합니다. 국가는 피폐해지고 백성은 윗사람을 원망하며 대신들은 안으로 변고를 일으키려 합니다. 신하 신서申胥가 죽음으로써 간하였고 태재太宰 백비伯嚭는 그 틈을 노려 국권을 잡고 있습니다. 그렇다면 지금이 바로 오나라에 보복할 시기가 된 것입니다. 왕께서 진실로 능히 병사를 내어 그를 도와주면서 그의 뜻에 한껏 맞추어 주어 중한 보물로 그의 마음을 즐겁게 해 주며 겸손한 말로 그에게 예를 갖추어 높여 주십시오. 그렇게 되면 그는 기어코 제나라를 치려 할 것입니다. 이것이야말로 성인께서 말씀하신바 절의를 굽혀서라도 그 목적을 달성시킨다는 것입니다. 저들이 싸워서 이기지 못하면 왕의 복이요, 만약 이긴다 해도 이번에는 틀림없이 병사를 진晉나라로 향하게 할 것입니다. 그렇게 되면 제가 북쪽 진나라로 가서 진나라 임금을 뵙고 함께 오나라를 치도록 할 것입니다. 그렇게 되면 오나라는 틀림없이 약해지고 말 것입니다. 그리하여 오나라의 날랜 군사는 제나라에서 소진되고 무거운 무기는 진나라에 묶여 있게 되니 그 때 왕께서는 그들의 피폐한 틈을 제압하면 됩니다."

월왕 구천은 머리를 조아리며 허락하였다.

자공이 오나라로 돌아온 지 닷새가 되자 월나라는 대부 문종文種을 보내어 오왕에게 머리를 조아리며 이렇게 말하였다.

"우리 월나라는 국내에 있는 군사 3천 명을 모두 거느리고 오나라를 모시겠습니다."

오왕이 자공에게 고하였다.

"월왕이 몸소 과인을 섬기겠다 하니 되겠습니까?"

자공이 말하였다.

"남의 군중을 다 모아 오고 그 임금까지 따르게 한다면 이는 옳지 않습니다."

오왕은 이에 월나라 군사만 받아들이고 월왕 구천은 머물러 있도록 청하고는 드디어 국내의 군사를 모두 징발하여 제나라를 쳐서 패배시켰다.

자공은 드디어 북쪽으로 진나라 임금을 찾아뵙고 오나라의 피폐한 틈을 이용하도록 하였다. 이리하여 드디어 오나라와 진나라는 황지黃池에서 만나게 되었다. 월왕이 오나라를 습격하자 오왕은 귀국하다가 월나라와 싸움을 벌여 그만 멸망하고 말았다.

공자가 말하였다.

"무릇 제나라를 어지럽히고 노나라를 존속시키려 하였건만 오나라의 원하는 바로써 시작하였으니 너는 능히 진나라를 강하게 하고 오나라를 피폐시켰구나. 오나라를 망하게 하고 월나라를 패자로 만든 것은 자공의 유세로 말미암은 것이다. 아름다운 말은 믿음을 손상시키는 것이니 말을 삼갈지어다!"

孔子在衛, 聞齊國田常將欲爲亂, 而憚鮑·晏, 因欲移其兵以伐魯, 孔子會諸弟子以告之曰:「魯父母之國, 不可不救, 不忍視其受敵, 今吾欲屈節於田常以救魯, 二三子誰爲使?」

於是子路曰:「請往齊.」

孔子弗許; 子張請往, 又弗許; 子石請往, 又弗許.

三者退, 請子貢曰:「今夫子欲屈節以救父母之國, 吾三人請使而不獲往, 此則吾子用便之時也, 吾子盍請行焉?」

子貢請使, 夫子許之, 遂如齊說田常曰:「今子欲收功於魯, 實難; 不若移兵於吳, 則易.」

田常不悅, 子貢曰:「夫憂在內者功强, 憂在外者功弱. 吾聞子三封而三不成, 是則大臣不聽令, 戰勝以驕主, 破局以尊臣, 而子之功不與焉. 則交日疎於主, 而與大臣爭, 如此, 則子之位危矣.」

田常曰:「善! 然兵甲已加魯矣, 不可更, 如何?」

子貢曰:「緩師, 吾請於吳, 令救魯以伐齊, 子因以兵迎之.」

田常許諾, 子貢遂南說吳王曰:「王者不滅國, 霸者無强敵. 千鈞之重, 加銖兩而移. 今以齊國而私千乘之魯, 與吳爭强, 甚爲王患之. 且夫救魯以顯名, 以撫泗上諸侯, 誅暴齊以服晉, 利莫大焉. 名存亡魯, 實困强齊, 智者不疑.」

吳王曰:「善! 然吳常困越, 越王今苦身養士, 有報吳之心, 子待我先越, 然後乃可.」

子貢曰:「越之勁不過魯, 吳之强不過齊, 而王置齊而伐越, 則齊必私魯矣. 王方以存亡繼絶之名, 棄齊而伐小越, 非勇也. 勇而不避難, 仁者不窮約, 智者不失時, 義者不絶世. 今存越示天下以仁, 救魯伐齊, 威加晉國, 諸侯必相率而朝, 霸業盛矣. 且王必惡越, 臣請見越君, 令出兵以從, 此則實害越, 而名從諸侯以伐齊.」

吳王悅, 乃遣子貢之越, 越王郊迎, 而自爲子貢御, 曰:「此蠻夷之國, 大夫何足儼然辱而臨之!」

子貢曰:「今者, 吾說吳王以救魯伐齊, 其志欲之而心畏越, 曰:『待我伐越而後可.』則破越必矣. 且無報人之志, 而令人疑之, 拙矣! 有報人之意, 而使人知之, 殆乎! 事未發而先聞者危矣, 三者擧事之患矣.」

句踐頓首曰:「孤嘗不料力而興吳難, 受困會稽, 痛於骨髓, 日夜焦脣乾舌, 徒欲與吳王接踵而死, 孤之願也. 今大夫幸告以利害.」

子貢曰:「吳王爲人猛暴, 群臣不堪, 國家疲弊, 百姓怨上, 大臣內變, 申胥以諫死, 太宰嚭用事, 此則保吳之時也, 王誠能發卒佐之, 以邀射其志, 而重寶以悅其心, 卑辭以尊其禮, 則其伐齊必矣, 此聖人所謂屈節求其達者也. 彼戰不勝, 王之福; 若勝, 則必以兵臨晉, 臣還北, 請見晉君, 共攻之, 其弱吳必矣, 銳兵盡於齊, 重甲困於晉, 而王制其弊焉.」

越王頓首許諾, 子貢返五日, 越使大夫文種頓首言於吳王曰: 「越悉境內之士三千人以事吳.」

吳王告子貢曰: 「越王欲身從寡人, 可乎?」

子貢曰: 「悉人之率衆, 又從其君, 非義也.」

吳王乃受越王卒, 謝留句踐, 遂自發國內之兵以伐齊, 敗之.

子貢遂北見晉君, 令承其弊, 吳·晉遂遇於黃池, 越王襲吳之國, 吳王歸, 與越戰, 滅焉.

孔子曰: 「夫其亂齊存魯, 吳之始願, 若能强晉以弊吳, 使吳亡而越霸者, 賜之說之也. 美言傷信, 愼言哉!」

【田常】 陳恒. 田成子, 陳成子. 춘추 말 齊나라 대신으로 簡公을 죽이고 平公을 세운 다음 자신이 재상을 함. 이때부터 齊나라 실권이 田氏에게로 넘어감. 그 조상 陳氏가 제나라로 와서 田氏로 성을 바꾸어 陳·田을 혼용하여 씀. 결국 이들이 姜氏의 齊나라를 이어 전국시대 '田氏齊'가 됨. 《史記》 田敬仲完世家 참조.

【鮑晏】 齊나라의 권신. 鮑는 鮑叔의 후예들이며 晏은 晏子의 일족들.

【子石】 公孫龍. 공자의 제자로 명가의 대표적인 인물. 《公孫龍子》를 남겼으며 堅白論, 白馬非馬論 등으로 유명함.

【銖兩】 지극히 가벼운 양을 말함. 24분의 1兩을 1銖라 함.

【泗上】 泗水는 山東 曲阜를 흐르는 물. 그 곁에 있는 나라. 즉 魯나라를 말함.

【吳常困越】 吳王 夫差가 越王 句踐을 공격하여 夫椒에서 이기고 그들을 會稽山으로 몰아넣은 사건.

【會稽】 지명이며 동시에 산 이름. 지금의 紹興. 禹임금이 이곳에서 제후를 모아 회맹을 한 적이 있음. 뒤에 越나라의 도읍이 됨.

【申胥】 伍子胥. 楚나라 사람으로 平王에게 핍박을 받아 吳나라로 망명, 闔廬를 도와 초나라를 쳐 원한을 갚음. 뒤에 오왕 夫差를 도왔으나 미움을 받아 죽음을 당함. 오나라에서 그에게 申 땅을 식읍으로 주어 '申胥'라고 부른 것. 《史記》 伍子胥列傳 참조.

【太宰嚭】 오나라 대신. 伯嚭. 오왕 夫差의 총신으로 越나라 뇌물을 받고 결국 나라를 망침. 伍子胥를 참훼하였으며 오나라가 망한 뒤 월왕 句踐에게 죽음을 당함.

【文種】 월나라 대부. 자는 少禽. 范蠡와 더불어 월왕 句踐을 도와 오나라를 멸함. 《史記》 越王句踐世家 및 《吳越春秋》 句踐伐吳外傳 참조.

【黃池】 지명. 지금의 河南 封丘縣. 오왕 부차가 이곳에서 晉 定公과 회맹하여 이를 '黃池之會'라 함.

참고 및 관련 자료

1. 《史記》 仲尼弟子列傳

田常欲作亂於齊, 憚高·國·鮑·晏, 故移其兵欲以伐魯. 孔子聞之, 謂門弟子曰: 「夫魯, 墳墓所處, 父母之國, 國危如此, 二三子何爲莫出?」 子路請出, 孔子止之. 子張·子石請行, 孔子弗許. 子貢請行, 孔子許之. 遂行, 至齊, 說田常曰: 「君之伐魯過矣. 夫魯, 難伐之國, 其城薄以卑, 其地狹以泄, 其君愚而不仁, 大臣僞而無用, 其士民又惡甲兵之事, 此不可與戰. 君不如伐吳. 夫吳, 城高以厚, 地廣以深, 甲堅以新, 士選以飽, 重器精兵盡在其中, 又使明大夫守之, 此易伐也.」 田常忿然作色曰: 「子之所難, 人之所易; 子之所易, 人之所難: 而以教常, 何也?」 子貢曰: 「臣聞之, 憂在內者攻彊, 憂在外者攻弱. 今君憂在內. 吾聞君三封而三不成者, 大臣有不聽者也. 今君破魯以廣齊, 戰勝以驕主, 破國以尊臣, 而君之功不與焉, 則交日疏於主. 是君上驕主心, 下恣羣臣, 求以成大事, 難矣. 夫上驕則恣, 臣驕則爭, 是君上與主有郤, 下與大臣交爭也. 如此, 則君之立於齊危矣. 故曰不如伐吳. 伐吳不勝, 民人外死, 大臣內空, 是君上無彊臣之敵, 下無民人之過, 孤主制齊者唯君也.」 田常曰: 「善. 雖然, 吾兵業已加魯矣, 去而之吳, 大臣疑我, 柰何?」 子貢曰: 「君按兵無伐,臣請往使吳王, 令之救魯而伐齊, 君因以兵迎之.」田常許之, 使子貢南見吳王. 說曰:「臣聞之, 王者不絶世, 霸者無彊敵, 千鈞之重加銖兩而移. 今以萬乘之齊而私千乘之魯, 與吳爭彊, 竊爲王危之. 且夫救魯, 顯名也; 伐齊, 大利也. 以撫泗上諸侯, 誅暴齊以服彊晉, 利莫大焉. 名存亡魯, 實困彊齊, 智者不疑也.」吳王曰:「善. 雖然, 吾嘗與越戰, 棲之會稽. 越王苦身養士, 有報我心. 子待我伐越而聽子.」子貢曰:「越之勁不過魯, 吳之彊不過齊, 王置齊而伐越, 則齊已平魯矣. 且王方以存亡繼絶爲名, 夫伐小越而畏彊齊, 非勇也. 夫勇者不避難, 仁者不窮約, 智者不失時, 王者不絶世, 以立其義. 今存越示諸侯以仁, 救魯伐齊, 威加晉國, 諸侯必相率而朝吳, 霸業成矣. 且王必惡越, 臣請東見越王, 令出兵以從, 此實空越, 名從諸侯以伐也.」吳王大說, 乃使子貢之越. 越王除道郊迎, 身御至舍而問曰:「此蠻夷之國, 大夫何以儼然辱而臨之?」子貢曰:「今者吾說吳王以救魯伐齊, 其志欲之而畏越, 曰『待我伐越乃可』. 如此, 破越必矣. 且夫無報人之志而令人疑之, 拙也; 有報人之志, 使人知之, 殆也; 事未發而先聞, 危也. 三者擧事之大患.」句踐頓首再拜曰:「孤嘗不料力, 乃與吳戰, 困於會稽, 痛入於骨髓, 日夜焦脣乾舌, 徒欲與吳王接踵而死, 孤之願也.」遂問子貢. 子貢曰:「吳王爲人猛暴, 羣臣不堪; 國家敝以數戰, 士卒弗忍; 百姓怨上, 大臣內變; 子胥以諫死, 太宰嚭用事, 順君之過以安其私: 是殘國之治也. 今王誠發士卒佐之以徼其志, 重寶以說其心, 卑辭以尊其禮, 其伐齊必也. 彼戰不勝, 王之福矣. 戰勝, 必以兵臨晉, 臣請北見晉君, 令共攻之, 弱吳必矣. 其銳兵盡於齊, 重甲困於晉, 而王制其敝, 此滅吳必矣.」越王大說, 許諾. 送子貢金百鎰, 劍一, 良矛二. 子貢不受, 遂行. 報吳王曰:「臣敬以大王之言告越王, 越王大恐, 曰:『孤不幸, 少失先人, 內不自量, 抵罪於吳, 軍敗身辱, 棲于會稽, 國爲虛莽, 賴大王之賜, 使得奉俎豆而修祭祀, 死不敢忘, 何謀之敢慮!』」後五日, 越使大夫種頓首言於吳王曰:「東海役臣孤句踐使者臣種, 敢修下吏問於左右. 今竊聞大王將興大義, 誅彊救弱, 困暴齊而撫周室, 請悉起境內士卒三千人, 孤請自被堅執銳, 以先受矢石. 因越賤臣種奉先人藏器, 甲二十領, 鈇屈盧之矛, 步光之劍, 以賀軍吏.」吳王大說, 以告子貢曰:「越王欲身從寡人伐齊, 可乎?」子貢曰:「不可. 夫空人之國, 悉人之衆, 又從其君, 不義. 君受其幣, 許其師, 而辭其君.」吳王許諾. 乃謝越王. 於是吳王乃遂發九郡兵伐齊. 子貢因去之晉, 謂晉君曰:「臣聞之, 慮不先定不可以應卒, 兵不先辨不可以勝敵. 今夫齊與吳將戰, 彼戰而不勝, 越亂之必矣; 與齊戰而勝, 必以其兵臨晉.」晉君大恐, 曰:「爲之柰何?」子貢曰:「修兵休卒以待之.」晉君許諾. 子貢去而之魯. 吳王果與齊人戰於艾陵, 大破齊師, 獲七將軍之兵而不歸, 果以兵臨晉, 與晉人相遇黃池之上. 吳晉爭彊. 晉人擊之, 大敗吳師. 越王聞之, 涉江襲吳, 去城七里而軍. 吳王聞之, 去晉而歸, 與越戰於五湖. 三戰不勝, 城門不守, 越遂圍王宮, 殺夫差而戮其相. 破吳三年, 東向而霸. 故子貢一出, 存魯, 亂齊, 破吳, 彊晉而霸越. 子貢一使, 使勢相破, 十年之中, 五國各有變. 子貢好廢擧, 與時轉貨貲. 喜揚人之美, 不能匿人之過. 常相魯衛, 家累千金, 卒終于齊.

2.《越絶書》內傳陳成恒第九

昔者, 陳成恒相齊簡公, 欲爲亂. 憚齊邦鮑, 晏, 故徙其兵而伐魯. 魯君憂也, 孔子患之, 乃召門人弟子而謂之曰:「諸侯有相伐者尙取之, 今魯父母之邦也. 丘墓存焉. 今齊將伐之, 可無一出乎?」顔淵辭出, 孔子止之; 子路辭出, 孔子止之; 子貢辭出, 孔子遣之. 子貢行之齊, 見陳成恒曰:「夫魯, 難伐之邦, 而伐之, 過矣!」陳成恒曰:「魯之難伐, 何也?」子貢曰:「其城薄以卑, 池狹而淺, 其君愚而不仁, 其大臣僞而無用, 其士民有惡聞甲兵之心, 此不可與戰, 君不如伐吳. 吳城高以厚, 池廣以深, 甲堅以新, 士選以飽, 重器精弩在其中, 又使明大夫守. 此邦易也, 君不如伐吳.」成恒忿然作色曰:「子之所難, 人之所易也, 子之所易, 人之所難也. 而以教恒, 何也?」子貢對曰:「臣聞: 憂在內者攻彊, 憂在外者攻弱, 今君憂內, 臣聞君三封而三不成者, 大臣有不聽者也. 今君破魯以廣齊, 墮魯以尊臣, 而君之功不與焉. 是君上驕主心, 下恣群臣, 而求成大事難矣! 且夫上驕則犯, 臣驕則爭, 是君上於主有郤, 下與大臣敎爭也, 如此則君立於齊, 危於重卵矣. 臣故曰:『不如伐吳.』且夫吳, 明猛以毅而行其令, 百姓習於戰守, 將明於法, 齊之遇爲禽必矣. 今君悉擇四彊之中, 出大臣以環之, 黔首外死, 大臣內空, 是君上無彊臣之敵, 下無黔首之士, 孤立制齊者君也.」陳恒曰:「善. 雖然, 吾兵已在魯之城下, 若去而之吳, 大臣將有疑我之心, 爲之奈何?」子貢曰:「君按兵無伐, 臣請見吳王, 使之救魯而伐齊, 君因以兵迎之.」陳成恒許諾, 乃行. 子貢南見吳王, 謂吳王曰:「臣聞之: 王者不絶世, 而霸者不彊敵. 千鈞之衆, 加銖而移. 今萬乘之齊, 私千乘之魯, 而與吳爭彊, 臣切爲君恐. 且夫救魯, 顯名也, 而伐齊, 大利也. 義在存亡魯, 勇在害彊齊, 而威申晉邦者, 則王者不疑也.」吳王曰:「雖然, 我常與越戰, 棲之會稽. 夫越君, 賢主也, 苦臣勞力, 以夜接日, 內飾其政, 外事諸侯, 必將有報我之心. 子恃吾伐越而還.」子貢曰:「不可, 夫越之彊不下魯, 而吳之彊不過齊, 君以伐越而還, 卽齊也亦私魯矣. 且夫伐小越而畏彊齊者不勇, 見小利而忘大害者不智, 兩者臣無爲君取焉. 且臣聞之仁人不困厄以廣其德, 智者不棄時以擧其功, 王者不絶世以立其義. 今君存越勿毁, 親四隣以仁, 救暴困齊,威申晉邦, 以武救魯, 毋絶周室, 明諸侯以義. 如此則臣之所見溢乎負海, 必率九夷而朝, 卽王業成矣. 且大吳畏小越如此, 臣請東見越王, 使之出銳師以從下吏, 是君實空越而名從諸侯以伐也.」吳王大悅, 乃行子貢. 子貢東見越王, 越王聞之, 除道郊迎. 身御子貢至舍而問曰:「此乃僻陋之邦, 蠻夷之民也. 大夫何索? 居然而辱乃至於此.」子貢曰:「弔君故來.」越王句踐稽首再拜曰:「孤聞之: 禍餘福爲隣, 今大夫弔孤, 孤之福也. 敢遂聞其說.」子貢曰:「臣今見吳王, 告以救魯而伐齊, 其必申, 其志畏越, 曰:『嘗與越戰, 棲於會稽山上. 夫越君, 賢主也, 苦身勞力, 夜以接日, 內飾其政, 外事諸候, 必將有報我之心. 子恃我伐越而聽子.』且夫無報人之心, 而使人疑之者, 拙也. 有報人之心, 而使人知之者, 殆也. 事未發而聞者, 危也. 三者, 擧世之大忌.」越王句踐稽首再拜曰:「昔者, 孤不幸, 小失先人, 內不自量, 與吳人戰, 軍敗身辱, 遺先人恥. 遯逃出走, 比棲會稽山, 下守溟海, 唯魚鼈是見, 今大夫不辱而身見之, 又出玉聲以教孤. 孤賴先人之賜, 敢不奉教乎?」子貢曰:「臣聞之: 明王任人, 不失其能, 直士擧賢, 不容於世. 故臨財分利, 則使仁; 涉危拒難, 則使勇; 用衆治民, 則使賢; 定諸侯, 則使聖人. 臣竊練下吏之心, 兵彊而不幷弱, 勢在其上位, 而行惡令其下者, 其君幾乎. 臣竊自練可以成功至王者, 其唯臣幾乎. 今夫吳王有伐齊之志, 君無惜重器以喜其心, 毋惡卑辭以尊其禮, 則伐齊必矣. 彼戰而不勝, 則君之福也. 彼戰而勝, 必以其餘兵臨晉. 臣請北見晉君, 今共攻之, 弱吳必矣. 其騎士銳兵弊乎齊, 重器羽旄盡乎晉, 則君制其敝, 此滅吳必矣.」越王句踐稽首再拜曰:「昔者, 吳王分其人民之衆, 以殘伐吾邦, 殺敗吾民, 圖吾百姓, 夷吾宗廟. 邦爲空棘, 身爲魚鼈餌, 今孤之怨吳王, 深於骨髓, 而孤之事吳王, 如子之畏父, 弟之敬兄, 此孤之外言也. 大夫有賜, 故孤敢以疑, 請遂言之. 孤身不安牀席, 口不敢厚味, 目不視好色, 耳不聽鍾鼓者, 已三年矣. 焦脣乾嗌, 苦心勞力, 上事群臣, 下養百姓. 願一與吳交天下之兵, 於中原之野, 與吳王整襟交臂, 而奮吳越之士繼蹟連死, 士民流離, 肝腦塗地, 此孤之大願也, 如此不可得也. 今內自量, 吾國不足以傷吳, 外事諸侯, 不能也. 孤欲空邦家, 措策力, 變容貌, 易名性, 執箕帚, 養牛馬, 以臣事之, 孤雖要領不屬, 手足異處, 四支布陳, 爲鄕邑笑, 孤之意出焉. 大夫有賜, 是存亡邦而興死人也. 孤賴先人之賜, 敢不待命乎?」子貢曰:「夫吳王之爲人也, 貪功名而不知利害.」越王慥然避位曰:「在子!」子貢曰:「賜爲君觀夫吳王之爲人, 賢彊以恣下, 下不能逆, 數戰伐, 士卒不能忍. 太宰嚭爲人智而愚, 彊而弱, 巧言利辭, 以內其身, 善爲僞詐, 以事其君, 知前而不知後, 順君之過, 以安其私, 是殘國之吏, 滅君之臣也.」越王大悅. 子貢去而行, 越王送之金百鎰, 寶劍一, 良馬二,子貢不受. 遂行, 至吳. 報吳王曰:「敬以下吏之言告越王, 越王大恐, 乃懼曰:『昔孤不幸, 小失先人, 內不自量, 抵罪於縣, 君敗身辱, 遁逃出走, 棲於會稽, 邦爲空棘, 身爲魚鼈餌, 賴大王之賜, 使得奉俎豆而修祭祀. 大王之賜, 死且不忘, 何謀敢慮?』其志甚恐. 似將使使雌來.」子貢至五日, 越使果之. 曰:「東海役臣孤句踐使使臣種, 敢修下吏問於左右: 昔孤不幸, 小失先人, 內不自量, 抵罪於縣, 君敗臣辱, 遁逃出走, 棲於會稽, 邦爲空棘, 臣爲魚鼈餌, 賴大王之賜, 使得奉俎豆而修祭祀. 大王之賜, 死且不忘. 今竊聞大王將興大義, 誅彊救弱, 困暴齊而撫周室. 故使越賤臣種以先人之藏器: 甲二十領, 屈盧之矛, 步光之劍, 以賀軍吏. 大王將遂大義., 則弊邑雖小, 悉擇四彊之中, 出卒三千, 以從下吏, 孤請自被堅執銳, 以受失石.」吳王大悅, 乃召子貢而告之曰:「越使果來, 請出卒三千, 其君又從之, 與寡人伐齊, 可乎?」子貢曰:「不可, 夫空人之邦, 悉人之衆, 又從其君, 不仁也. 君受其幣, 許其師, 而辭其君.」吳王許諾. 子貢去而之晉, 謂晉君曰:「臣聞之: 慮不先政, 不可以應卒, 兵不先辨, 不可以勝敵. 今齊吳將戰, 勝則必以其兵臨晉.」晉大恐曰:「爲之奈何?」子貢曰:「修兵休卒以待吳, 彼戰而不勝, 越亂之必矣.」晉君許諾. 子貢去而之魯. 吳王果興九郡之兵, 而與齊大戰於艾陵, 大敗齊師, 獲七將. 陳兵不歸, 果與晉人相遇於黃池之上. 吳晉爭彊, 晉人擊之, 大敗吳師. 越王聞之, 涉江襲吳, 去邦七里而軍陣. 吳王聞之, 去晉從越. 越王迎之, 戰於吳湖, 三戰不勝, 城門不守, 遂圍王宮, 殺夫差而僇其相. 伐吳三年, 東鄉而霸. 故曰: 子貢一出, 存魯, 亂齊, 破吳, 彊晉霸越是也.

3.《吳越春秋》夫差內傳

十三年, 齊大夫陳成恆欲弑簡公, 陰憚高, 國, 鮑, 晏, 故前興吳伐齊, 魯君憂之. 孔子患之, 召門人而謂之曰:「諸侯有相伐者, 丘常恥之. 夫魯, 父母之國也, 丘墓在焉. 今齊將伐之, 子無意一出耶?」子路辭出, 孔子止之. 子張, 子石請行, 孔子弗許. 子貢辭出, 孔子遣之. 子貢北之齊, 見成恆, 因謂曰:「夫魯者, 難伐之國, 而君伐, 過矣.」成恆曰:「魯何難伐也?」子貢曰:「其城薄以卑, 機池狹以淺, 其君愚而不仁, 大臣無用, 士惡甲兵, 不可與戰. 君不若伐吳. 夫吳, 城厚而崇, 池廣以深, 甲堅士選, 器飽弩勁, 又使明大夫守之, 此易邦也.」成恆忿然作色, 曰:「子之所難, 人之所易. 子之所易, 人之所難. 而以教恆, 何也?」子貢曰:「臣聞君三封而三不成者, 大臣有所不聽者也. 今君又欲破魯以廣齊, 隳魯以自尊, 而君功不與焉, 是君相驕, 下恣群臣, 而求以成大事, 難矣. 且夫上驕則犯, 臣驕則爭, 此君上於王有遽, 而下與大臣交爭, 如此則君立於齊, 危如累卵. 故曰不如伐吳. 且吳王剛猛而毅, 能行其令, 百姓習於戰守, 明於法禁, 齊遇爲擒, 必矣. 今君悉四境之中, 出大臣以還之, 人民外死, 大臣內空, 是君上無强敵之臣, 下無黔首之士, 孤主制齊者, 君也.」陳恆曰: 「善. 雖然, 吾兵已在魯之城下矣, 吾去之, 吳大臣將有疑我之心, 爲之奈何?」子貢曰: 「君按兵無伐, 請爲君南見吳王, 請之救魯而伐齊, 君因以兵迎之.」陳恆許諾. 子貢南見吳王, 謂吳王曰: 「臣聞之, 王者不絶世, 而霸者無强敵. 千鈞之重, 加銖而移. 今萬乘之齊, 而私千乘之魯, 而與吳爭强, 臣竊爲君恐焉. 且夫救魯, 顯名也; 伐齊, 大利也. 義存亡魯, 害暴齊而威滅晉, 則王不疑也.」吳王曰: 「善. 雖然, 吾嘗與越戰, 棲之會稽, 入臣於吳, 不卽誅之. 三年使歸. 夫越君賢主, 若身勞力, 夜以接日, 內飾兵政, 外事諸侯, 必將有報我之心, 子待我伐越而聽子.」子貢曰: 「不可. 夫越之强, 不過於魯. 吳之强, 不過於齊. 主以伐越而不聽臣, 齊亦已私魯矣. 且畏小越而惡强齊, 不勇也. 見小利而忘大害, 不智也. 臣聞仁人不因居以廣其德, 智者不棄時以擧其功, 王者不絶世以立其意. 且夫畏越如此, 臣誠東見越王, 使出師以從下吏.」吳王大悅. 子貢東見越王, 王聞之, 除道郊迎, 身御至舍, 問曰: 「此僻狹之國, 蠻夷之民, 大夫何索然若不辱, 乃至於此?」子貢曰: 「君處故來.」越王句踐再拜稽首, 曰: 「孤聞禍與福爲鄰, 今大夫之弔, 孤之福矣. 孤敢不問其說?」子貢曰: 「臣今者見吳王, 告以救魯而伐齊, 其心畏越. 且夫無報人之志, 而使人疑之, 拙也. 有報人之意, 而使人知之, 殆也. 事未發而聞之者, 危也. 三者, 擧事之大忌也.」越王再拜, 曰: 「孤少失前人, 內不自量, 與吳人戰, 軍敗臣辱, 遁逃, 上棲會稽, 下守海濱, 唯魚鱉見矣. 今大夫辱弔而身見之, 又發玉聲以敎孤, 孤賴天之賜也. 敢不承敎?」子貢曰: 「臣聞明主任人不失其能, 直士擧賢不容於世. 故臨財分利則使仁, 涉患犯難則使勇, 用智圖國則使賢, 正天下定諸侯則使聖. 兵强而不能行其威勢, 在上位而不能施其政令於下者, 其君幾乎? 難矣! 臣竊自擇可與成功而至王者, 惟幾乎? 今吳王有伐齊晉之志. 君無愛重器以喜其心, 無惡卑辭以盡其禮. 而伐齊, 齊必戰. 不勝, 君之福也. 彼戰而勝, 必以騎兵臨晉. 騎士銳兵弊乎齊, 重寶車騎羽毛盡乎晉, 則君制其餘矣.」越王再拜, 曰: 「昔者, 吳王分其民之衆以殘吾國, 殺敗吾民, 鄙吾百姓, 夷吾宗廟, 國爲墟棘, 身爲魚鱉. 孤之怨吳, 深於骨髓; 而孤之事吳, 如子之畏父, 弟之敬兄. 此孤之死言也. 今大夫有賜, 故孤敢以報情. 孤身不安重席, 九不嘗厚味, 目不視美色, 耳不聽雅音, 旣已三年矣. 焦唇乾舌, 苦身勞力, 上事群臣, 下養百姓, 願一與吳交戰於天下平原之野, 正身臂而奮吳, 越之士繼踵連死, 肝腦途地者, 孤之願也. 思之三年, 不可得也. 今內量吾國不足以傷吳, 外事諸侯而不能也. 願空國,棄群臣, 變容貌, 易姓名, 執箕帚, 養牛馬以事之. 孤雖知要領不屬, 手足異處, 四支布陳, 爲鄕邑笑, 孤之意出焉. 今大夫有賜存亡國, 擧死人, 孤賴天賜, 敢不待令乎?」子貢曰: 「夫吳王爲人, 貪功名而不知利害.」 越王慥然避位. 子貢曰: 「臣觀吳王爲數戰伐, 士卒不恩, 大臣內引, 讒人益衆. 夫子胥爲人, 精誠中廉, 外明而知時, 不以身死隱君之過, 正言以忠君, 直行以爲國, 其臣死而不聽. 太宰嚭爲人, 智而愚, 强而弱, 巧言利辭以內其身, 善爲詭詐以事其君, 知其前而不知其後, 順君之過以安其私, 是殘國傷君之佞臣也.」 越王大悅. 子貢去, 越王送之金百鎰, 寶劍一, 良馬二, 子貢不受.(下畧)

231(37-3) 孔子弟子有宓子賤者
복자천이 선보 땅의 재가 되어

공자의 제자에 복자천宓子賤이란 사람이 있어 노魯나라에 벼슬하여 선보單父의 재宰가 되었었다. 그는 임금이 혹시 남의 참소하는 말을 듣고 자신으로 하여금 그 정치를 마음대로 행사하지 못하게 할까 걱정을 하였다. 이에 임금에게 부임 인사를 하러 가면서 임금의 측근 사관史官 두 사람만 데리고 가기를 청하였다. 그리하여 복자천은 부임한 뒤에 그곳의 관리에 하는 일마다 반드시 두 사관으로 하여금 문서에 기록하도록 경계를 시켰다. 그런데 그 사관이 붓을 잡고 적으려고 하면 복자천은 문득 사관의 팔뚝을 잡아끌었고 그 때문에 글씨가 제대로 되지 않으면 화를 내곤 하였다.

두 사관은 걱정스러워 사직하고 노나라 서울로 돌아가겠다고 하였다. 그러자 복자천은 이렇게 말하였다.

"그대들의 글씨는 심히 좋지 못하니 그대는 노력한 다음 돌아가도록 하라."

두 사관이 노나라로 돌아와 임금에게 보고하였다.

"복자천은 저희들에게 글씨를 쓰도록 하고는 팔뚝을 잡아당겨 글씨를 망치면 화를 냅니다. 이로써 읍의 관리들이 모두 웃을 지경입니다. 이 때문에 신들은 임무를 포기하고 돌아온 것입니다."

노나라 임금이 공자에게 묻자 공자가 말하였다.

"복부제는 군자입니다. 그의 재주는 패왕을 보좌할 정도인데 절의를 굽혀 선보를 다스리면서 시험해 보는 것입니다. 생각건대 이것으로써 간하는 것으로 여기지 않습니까?"

노나라 임금은 깨닫고 크게 탄식하며 말하였다.

"이것은 과연 과인이 불초한 탓이었습니다. 과인은 복부제의 행정을 혼란시키면서 그를 잘 하라고 책임을 떠맡긴 것이 잘못이었습니다. 이제 두 사관이 아니었다면 과인은 내가 무엇을 잘못했는지 알지 못하였을 것이며, 선생님이 아니었다면 스스로 깨닫지 못하였을 것입니다."

그리고 급히 자신이 아끼는 사신을 보내어 복자천에게 고하도록 하였다.

"지금부터 선보는 나의 소유가 아니니 그대의 법령에 따라 백성들을 편하게 할 수 있는 것이라면 그대가 결정하여 다스리되 5년에 한 번씩만 그 요점을 보고하면 된다."

복자천은 이 명령을 공경히 받들어 그 정치를 잘 하여 선보는 아주 잘 다스려졌다.

우선 자신부터 먼저 돈후하며, 친한 자를 가까이 하며 독실함을 숭상하고 지극한 인을 베풀며, 간곡한 성의를 보태어 충성과 믿음을 이루어 백성을 교화시켜나갔다.

제齊나라가 노나라를 공격할 때 그 길이 선보를 경유하게 되어 있었다. 그러자 선보의 노인들이 이렇게 제의하였다.

"보리가 이미 다 여물었는데 지금 제나라 군사가 몰려오면 집집마다 모두 보리를 제대로 수확하지 못할 것입니다. 그러니 우리는 백성들을 모두 풀어 부곽傅郭의 가난한 사람들에게 보리를 베어가도록 하면 그들에게 식량을 더 늘려줄 수도 있을 뿐 아니라 적에게 빼앗기지도 않는 것이 됩니다."

이렇게 세 번이나 요청하였지만 복자천은 이 말을 듣지 않았다.

이윽고 제나라 군사들이 들어와 보리를 마구 훑어 버리자 계손씨季孫氏가 이를 듣고 화를 내며 사람을 보내어 복자천을 꾸짖었다.

"백성들이 추위를 무릅쓰고 씨를 뿌리고 더위 속에 김을 매어도 제대로 먹지 못하는데 어찌 이를 불쌍히 여기지 않는가? 몰랐다면 모르거니와 이를 고한 자가 있었음에도 그대는 들어주지 않았다. 이는 백성을 위한 일이 잘못된 것이다."

복자천은 얼굴을 찌푸리며 이렇게 말하였다.

"올해 보리를 거두지 못한다 해도 내년이면 다시 심을 수 있습니다. 만약 보리를 갈지도 않은 사람에게 이를 거두게 한다면 이는 백성으로 하여금 도둑질을 즐겁게 여기도록 하는 것이 됩니다. 그리고 선보의 일년치 보리를 수확한다 해도 노나라가 더 강해지는 것도 아니며, 보리를 다 잃는다고 해도 노나라가 더 약해지는 것도 아닙니다. 만약 백성들로 하여금 자신이 심지도 않은 보리를 취해가도 되는 마음을 갖게 한다면 그 상처는 몇 세대가 흘러도 사라지지 않을 것입니다."

계손씨는 이 말을 듣고 얼굴이 붉어지면서 부끄러움을 느껴 이렇게 말하였다.

"땅 속으로 들어갈 수만 있다면 들어가기라도 하련만. 내 어찌 차마 복자천을 대할 수 있겠는가?"

3년이 지나 공자가 무마기巫馬期로 하여금 복자천의 정치를 멀리서 관찰하고 오도록 하였다. 무마기는 몰래 옷을 벗어 버리고 대신 다 떨어져 해어진 갖옷을 입고 선보 경내에 들어섰는데 마침 밤이 되어 고기를 잡는 자를 보게 되었다. 그런데 그 어부는 잡은 고기를 즉시 다시 물속으로 던져 넣는 것이었다. 무마기가 물었다.

"무릇 고기를 잡는 것은 잡자고 하는 일인데 어찌 잡은 고기를 다시 놓아주는 것이오?"

어부는 이렇게 대답하는 것이었다.

"물고기 중에 큰 것은 주鯈라 하는데 알을 밴 것으로 우리 대부께서 잡지 않고 아끼는 것이며, 아주 작은 고기는 이름을 승鱦이라 하는데 이는 아직 다 자라지 않은 것으로 우리 대부께서 더 자라기를 바라는 것입니다. 이 까닭으로 그러한 두 종류를 잡으면 바로 놓아주는 것입니다."

무마기가 돌아와서 이로써 공자에게 고하였다.

"복자천의 덕은 백성들로 하여금 어두운 밤길을 가는데도 마치 엄한 형벌이 곁에 있는 듯이 여기기에 이르렀습니다. 감히 여쭙건대 복자천은 어떻게 행하였기에 그런 경지를 얻게 된 것일까요?"

이에 공자가 말하였다.

"내가 일찍이 그와 말을 나눌 때 '이쪽 일에 정성을 다한 것은 저쪽에도 법으로 효과가 난다'라 하였는데 복자천은 이 법을 선보에서 시행한 것이리라"

孔子弟子有宓子賤者, 仕於魯, 爲單父宰, 恐魯君聽讒言, 使己不得行其政, 於是辭行, 故請君之近史二人與之俱至官, 宓子戒其邑吏, 令二史書, 方書輒掣其肘, 書不善則從而怒之.

二史患之, 辭請歸魯, 宓子曰:「子之書甚不善, 子勉而歸矣.」

二史歸報於君曰:「宓子使臣書而掣肘, 書惡以又怒臣, 邑吏皆笑之, 此臣所以去之而來也.」

魯君以問孔子, 子曰:「宓不齊, 君子也. 其才任霸王之佐, 屈節治單父, 將以自試也. 意者, 以此爲諫乎?」

公寤, 太息而歎曰:「此寡人之不肖, 寡人亂宓子之政, 而責其善者非矣. 微二史, 寡人無以知其過; 微夫子, 寡人無以自寤.」

遽發所愛之使告宓子曰:「自今已往, 單父非吾有也, 從子之制, 有便於民者, 子決爲之, 五年一言其要.」

宓子敬奉詔, 遂得行其政, 於是單父治焉.

躬敦厚, 明親親, 尚篤, 施至仁, 加懇誠, 致忠信, 百姓化之.

齊人攻魯, 道由單父, 單父之老請曰:「麥已熟矣, 今齊寇至, 不及人人自收其麥, 請放民出, 皆穫傅郭之麥, 可以益糧, 且不資於寇.」

三請而宓不聽, 俄而齊寇逮于麥, 季孫聞之怒, 使人以讓宓子曰:「民寒耕熱耘, 曾不得食, 豈不哀哉! 不知猶可, 以告者而子不聽, 非所以爲民也.」

宓子蹙然曰:「今玆無麥, 明年可樹; 若使不耕者穫, 是使民樂有寇; 且得單父一歲之麥, 於魯不加强; 喪之, 不加弱, 若使民有自取之心, 其創必數世不息.」

季孫聞之, 赧然而愧曰:「地若可入, 吾豈忍見宓子哉?」

三年, 孔子使巫馬期遠觀政焉, 巫馬期陰免衣, 衣敝裘, 入單父界, 見夜漁者, 得魚輒舍之, 巫馬期問焉, 曰:「凡漁者爲得, 何以得魚卽舍之?」

漁者曰:「魚之大者名爲鱒, 吾大夫愛之; 其小者名爲鱦, 吾大夫欲長之, 是以得二者輒舍之.」

巫馬期返, 以告孔子曰:「宓子之德, 至使民闇行, 若有嚴刑於旁, 敢問宓子何行而得?」

於是孔子曰:「吾嘗與之言曰:『誠於此者刑乎彼』, 宓子行此術於單父也.」

【宓子賤】 宓不齊. 공자의 제자.

【單父】 '선보'로 읽으며 지명. 고대 고사 선권(單卷)이 살아 마을 이름이 되었다 함. 지금의 山東 單縣.

【寤】 '悟'와 같음. 깨달음.

【傅郭】 負郭과 같음. 아주 가난한 사람을 말함. 여기서는 보리를 심지 않은 백성을 말함.

【季孫】 魯나라 桓公의 후예로 三桓의 하나.

【巫馬期】 공자 제자. 성은 巫馬, 이름은 施, 자는 子期. 혹 '巫馬旗'로도 표기함.

【鱒】 '주'로 읽으며 알을 가진 큰 물고기.

【鱦】 '승'으로 읽으며 어린 물고기. 작은 물고기.

참고 및 관련 자료

1. 《呂氏春秋》具備篇

宓子賤治亶父, 恐魯君之聽讒人, 而令己不得行其術也. 將辭而行, 請近吏二人於魯君, 與之俱至於亶父. 邑吏皆朝, 宓子賤令吏二人書. 吏方將書, 宓子賤從旁時掣搖其肘. 吏書之不善, 則宓子賤爲之怒. 吏甚患之, 辭而請歸. 宓子賤曰: 「子之書甚不善, 子勉歸矣.」 二吏歸報於君, 曰: 「宓子不可爲書.」 君曰: 「何故?」 吏對曰: 「宓子使臣書, 而時掣搖臣之肘, 書惡而有甚怒, 吏皆笑宓子, 此臣所以辭而去也.」 魯君太息而歎曰: 「宓子以此諫寡人之不肖也. 寡人之亂子, 而令宓子不得行其術, 必數有之矣. 微二人, 寡人幾過.」 遂發所愛, 而令之亶父, 告宓子, 曰: 「自今以來, 亶父非寡人之有也, 子之有也. 有便於亶父者, 子決爲之矣. 五歲而言其要.」 宓子敬諾, 乃得行其術於亶父.

2. 《新序》雜事(二)

魯君使宓子賤爲單父宰, 子賤辭去, 因請借善書者二人, 使書憲書教品, 魯君予之. 至單父, 使書, 子賤從旁引其肘, 書醜, 則怒之; 欲好書, 則又引之. 書者患之, 請辭而去. 歸以告魯君. 魯君曰: 「子賤苦吾擾之. 使不得施其善政也.」 乃命有司, 無得擅徵發單父, 單父之化大治. 故孔子曰: 「君子哉! 子賤, 魯無君子者, 斯安取斯?」 美其德也.

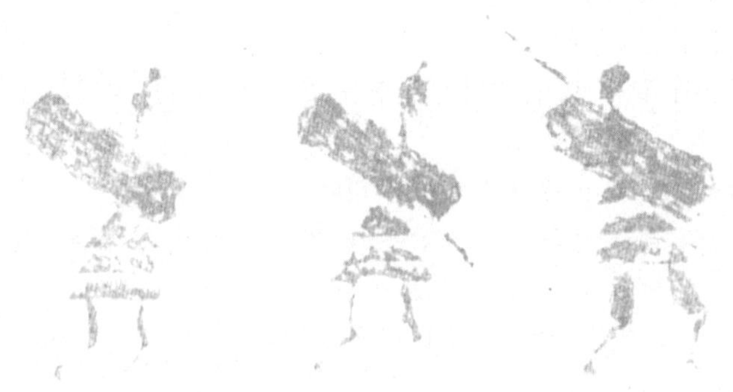

232(37-4) 孔子之舊曰原壤
어머니 상을 당한 원양

공자의 친구에 원양原壤이란 이가 있었는데 그가 어머니 상을 당하자 공자가 곽槨을 잘 다듬고 정리하여 이로써 부조를 하고자 하였다.

자로子路가 말하였다.

"제由가 옛날 선생님께 듣기로 '자신만 못한 자는 벗으로 삼지 말 것이며, 허물이 있으면 고치기를 꺼려 하지 말라' 하셨습니다. 그런데 선생님께서는 꺼려 하시니 지금 잠시 그렇게 하시지 않는 것이 어떨까요?"

공자가 말하였다.

"'사람이 죽었으면 엉금엉금 기어가서라도 구원해야지'라 하였는데 하물며 친구임에랴? 친구가 아닐지라도 나는 갈 것이다."

곽이 다 되어 보내 주자 원양은 그 곽 위에 올라앉아 이렇게 말하는 것이었다.

"오래 되었구나. 내 음악에 의탁하지 못하였던 시간이."

그리고는 이렇게 노래를 불렀다.

"이 곽 위의 무늬는 얼룩얼룩 곱구나. 그대 손을 잡으니 아리땁구나."

공자가 이를 듣고도 그를 위해 듣지 못한 체하면서 곁을 지나가자 자로가 말하였다.

"선생님께서 절개를 굽히시기가 이 지경에 이르셔서 그 허여함을 잃으셨으니 여기서 그칠 수 없겠습니까?"

공자가 말하였다.

"내 듣기로 친함이란 그 친히 함을 잃지 않는 것이며, 옛 친구라는 것은 그 옛 친구임을 잃지 않는 것이라 하더라."

孔子之舊曰原壤, 其母死, 夫子將助之以沐槨.

子路曰:「由也昔者聞諸夫子曰:『無友不如己者, 過則勿憚改.』夫子憚矣, 姑已若何?」

孔子曰:「『凡民有喪, 匍匐救之.』況故舊乎? 非友也, 吾其往.」

及爲槨, 原壤登木曰:「久矣, 予之不託於音也.」

遂歌曰:「狸首之班然, 執女手之卷然.」

夫子爲之隱, 佯不聞以過之, 子路曰:「夫子屈節而極於此, 失其與矣, 豈未可以已乎?」

孔子曰:「吾聞之, 親者不失其爲親也, 故者不失其爲故也.」

【原壤】 춘추시대 노나라 사람. 孔子의 오랜 친구. 《禮記》 檀弓篇에 그의 어머니가 죽자 孔子가 治喪을 도와준 기사가 실려 있으며, 그의 어머니가 죽었는데도 노래를 하여 儒家의 禮敎에 어긋난다고 공자가 지팡이로 그 정강이를 침. 《論語》 憲問篇에 "原壤夷俟. 子曰:「幼而不孫弟, 長而無述焉, 老而不死, 是爲賊.」以杖叩其脛"라 하였으며, 〈集註〉에 "原壤, 孔子之故人. 母死而歌, 蓋老氏之流, 自放於禮法之外者"라 함.

【沐槨】 槨을 잘 다듬고 정리함.

【無友不如己者】 《論語》 學而篇에 "子曰:「君子不重, 則不威; 學則不固. 主忠信. 無友不如己者. 過則勿憚改.」"라 함.

【凡民有喪】 《詩經》 邶風 谷風의 구절.

【狸首】 곽목에 있는 무늬. 마치 삵의 무늬 같아서 이른 말.

【親者不失其爲親也】 그대와는 골육관계이지만 그 친함의 도리를 저버리지 아니할 수 없음.

참고 및 관련 자료

1.《禮記》檀弓(下)

孔子之故人曰原壤, 其母死, 夫子助之沐槨. 原壤登木曰:「久矣予之不託於音也.」歌曰:「貍首之斑然, 執女手之卷然.」夫子爲弗聞也者而過之, 從者曰:「子未可以已乎?」夫子曰:「丘聞之, 親者毋失其爲親也, 故者毋失其爲故也.」

卷九

38. 칠십이제자해七十二弟子解

39. 본성해本姓解

40. 종기해終記解

41. 정론해正論解

〈道人觀鶴圖〉

38. 칠십이제자해七十二弟子解

'칠십이제자해七十二弟子解'는 널리 알려진 공자의 72명 제자들에 대한 이름, 자字, 관적, 행적, 덕행과 언행 등을 기록한 것으로 《사기史記》 중니제자열전仲尼弟子列傳과 대동소이하다. 그러나 인명 표기나 자 등이 일부 차이가 있어 대조와 연구에 귀한 자료로 활용되고 있다.

〈渦紋雙耳彩陶罐〉 馬家窯 문화

233(38-1) 顔回魯人字子淵

공자의 72 제자들에 대한 약전

01: 안회顔回

노魯나라 사람. 자字는 자연子淵. 나이 29세 때 머리가 희어졌으며, 31세로 일찍 죽었다. 공자는 "내 안회를 얻은 뒤부터 문인들이 날마다 더 많이 모여들고 서로 더욱 친해졌다"라 하였다. 그는 덕행으로 이름이 났으며, 공자는 그의 인仁을 칭찬하였다.

02: 민손閔損

노魯나라 사람. 자는 자건子騫. 덕행으로 이름이 났으며 공자는 그의 효도를 칭찬하였다.

03: 염경冉耕

노魯나라 사람. 자는 백우伯牛. 덕행으로 이름이 났었으나 악질惡疾이 있어 공자가 "이는 운명이로다!"라 하였다.

04: 염옹冉雍

자는 중궁仲弓. 백우伯牛의 종족이며 불초한 아버지에게서 태어났으나 덕행으로 이름이 났었다.

05: 재여宰予

자는 자아子我. 노魯나라 사람. 말재주가 있는 것으로 이름이 났었다.

06: 단목사端木賜

자는 자공子貢. 위衛나라 사람. 말재주가 있는 것으로 이름이 났었다.

07: 염구冉求

자는 자유子有. 중궁仲弓의 종족. 재예才藝가 있고 정사政事로 이름이 났었다.

08: 중유仲由

변弁 땅 사람. 자는 자로子路. 용력勇力과 재예才藝가 있었으며 정사政事로 이름이 났었다.

09: 언언言偃

노魯나라 사람. 자는 자유子游. 문학文學으로 이름이 났었다.

10: 복상卜商

위衛나라 사람. 누구도 그를 넘어설 수 없었다. 일찍이 위衛나라에 돌아와서 역사책을 읽고 있는 자의 "진晉나라 군사가 진秦나라를 치자 돼지 세 마리가 하수를 건넜다晉師伐秦, 三豕渡河"라는 구절을 보고는 자하복상이 이렇게 말하였다.

"이것은 잘못 되었다. 여기서 삼시三豕 두 글자는 틀림없이 기해己亥를 잘못 쓴 것이리라."

역사책을 읽던 자가 "진나라 사관에게 물어보겠다" 하였는데 과연 '기해'였다. 이에 위나라 사람들은 자하를 성인이라 여겼다. 공자가 죽은 뒤에 서하西河에서 가르쳤으며 위魏나라 문후文侯가 그를 스승으로 모셔 국정을 그에게 자문하였다.

11: 전손사顓孫師

진陳나라 사람. 자는 자장子張. 공자보다 48세 적었다. 용모가 잘

생겼으며 사람됨이 성질이 몹시 너그럽고 교제도 넓었다. 조용히 자신의 일에 힘썼으나 평소 인의를 실행하는 일에는 힘쓰지 않았다. 공자의 문인들이 그를 친구로 사귀면서도 공경하지는 않았다.

12: 증삼曾參

남무성南武城 사람. 자는 자여子輿. 공자보다 46세 적었다. 뜻을 효도에 두어 그 때문에 공자가 그를 근거로 《효경孝經》을 지었다. 제齊나라에서 일찍이 그를 초빙하여 경卿을 삼고자 하였으나 가지 않으면서 이렇게 말하였다.

"나는 늙은 부모를 모시고 있다. 이제 만약 남의 녹祿을 먹게 되면 녹을 주는 그 사람을 위해 걱정해야 할 것이다. 그러므로 나는 차마 부모를 멀리 떠나 남을 위해 부림을 당할 수 없다."

증삼의 계모는 전혀 그에게 은혜를 베풀지 않았지만 그는 부모에 대한 공양을 전혀 게을리 하지 않았다. 어느 날 그 아내가 부모의 밥상에 덜 익게 나물을 삶아 내놓자 그는 이로 인해 아내를 내쫓고자 하였다. 남이 이를 알고 "칠출七出이 아닌데 내쫓기까지 하다니"라고 하자 증삼은 이렇게 말하였다.

"나물을 삶는 것은 지극히 작은 일이다. 내가 그것을 푹 삶도록 명했는데 내 명령 하나 이행하지 못하는데 하물며 더 큰일이라면 어떻겠는가?"

그리고 드디어 그 아내를 내쫓아 버린 다음 죽을 때까지 다시 장가를 들지 않았다.

그 아들 원元이 아버지에게 장가를 들기를 청하자 그는 아들에게 이렇게 말하였다.

"고종高宗은 후처後妻 때문에 효기孝己를 죽였고, 윤길보尹吉甫도 후처 때문에 백기伯奇를 내쫓은 일이 있다. 나는 위로 고종에게도 미치지 못하고 중간으로는 윤길보에게도 비교할 수 없으니 어찌 그러한 잘못에서 벗어날 수 있다고 장담하겠느냐?"

13: 담대멸명澹臺滅明

무성武城 사람. 자는 자우子羽. 공자보다 49세 적었다. 군자의 자질이 있어 공자는 일찍이 그 용모가 그 재주만큼 되기를 기대하였으나 그의 재주는 공자의 희망을 충족시키지 못하였다. 그러나 그 사람됨은 공정하고 사욕이 없어 취하고 주는 일, 물러나고 나아감에 자신의 믿음대로 한 것으로 이름이 났었다. 노魯나라의 대부 임무를 수행하였다.

14: 고시高柴

제齊나라 사람. 고씨高氏의 별족別族. 자는 자고子羔. 공자보다 40세 적었다. 키가 6척을 넘지 않았고 생김도 심히 추악하였으나 사람됨은 효성에 독실하고 행동에 법도가 있었다. 젊었을 때 노魯나라에 살았던 까닭에 공자의 문하에 이름을 얻게 되었다. 벼슬은 무성武城의 재宰를 지냈다.

15: 복부제宓不齊

노魯나라 사람. 자는 자천子賤. 공자보다 49세 적었다. 벼슬은 선보單父의 재宰를 지냈으며 재주가 있고 어질고 사람을 사랑하기 때문에 백성들이 그를 차마 속이지 못하였다. 공자도 그를 훌륭하게 여겼다.

16: 번수樊須

노魯나라 사람. 자는 자지子遲. 공자보다 46세 적었고 약관의 나이에 계씨季氏에게 벼슬을 하였다.

17: 유약有若

노魯나라 사람. 자는 자유子有. 공자보다 36세 적었다. 사람됨이 강직하고 아는 것이 많았으며 옛 도를 좋아하였다.

18: 공서적公西赤

노魯나라 사람. 자는 자화子華. 공자보다 42세 적었다. 관복을 입고 조정에 나서면 모든 의전儀典에 익숙하였다.

19: 원헌原憲

송宋나라 사람. 자는 자사子思. 공자보다 36세 적었다. 성질이 깨끗하고 절개를 지켰으며 가난하였지만 도를 즐겼다. 공자가 노魯나라 사구司寇가 되었을 때 그는 공자의 가신이었다가 공자가 죽은 후에는 은퇴하여 위衛나라에 살았다.

20: 공야장公冶長

노魯나라 사람. 자는 자장子長. 사람됨이 능히 치욕을 참아냈으며 공자가 딸을 주어 사위로 삼았다.

21: 남궁도南宮韜

노魯나라 사람. 자는 자용子容. 지혜로써 자신을 다스려 세상이 맑을 때에는 나가 벼슬을 하고, 세상이 흐릴 때에는 몸을 더럽히지 않고 물러났다. 공자는 자신 형의 딸을 그의 아내를 삼도록 하였다.

22: 공석애公析哀

제齊나라 사람. 자는 계침季沈. 천하 사람들이 대부에게 가서 벼슬하는 것을 그는 비루하게 여겼다. 이 까닭으로 남의 신하에게 굽히는 일이 없었다. 공자는 이를 특별히 귀하게 여겨 감탄하였다.

23: 증점曾點

증삼曾參의 아버지. 자는 자석子晳. 당시에 예교가 행해지지 않는 것을 질시하여 스스로 이를 닦고자 하여 공자가 이를 매우 훌륭히 여겼다. 《논어論語》에 이른바 '기수沂水에 목욕하고 무우舞雩 아래에서 바람을 쐬다'라 한 것이 이것이다.

24: 안유顏由

안회顏回의 아버지. 자는 계로季路. 공자가 처음 궐리闕里에서 학문을 가르칠 때 처음부터 가르침을 받았다. 공자보다 6세 적었다.

25: 상구商瞿

노魯나라 사람. 자는 자목子木. 공자보다 29세 적었다. 특히 《역易》을 좋아하였으므로 공자는 이것을 그에게 전해 주고 기록하도록 하였다.

26: 칠조개漆雕開

채蔡나라 사람. 자는 자약子若. 공자보다 11세 적었다. 《서書》를 익혔으며 벼슬하기를 즐기지 않았다. 공자가 "그대의 나이라면 벼슬할 만하네. 장차 시간이 가고 말 걸세"라 하자, 자약은 이렇게 편지를 써서 대답하였다.

"그러나 이에 대해 아직 자신이 없습니다."

이 말에 공자는 기뻐하였다.

27: 공량유公良儒

진陳나라 사람. 자는 자정子正. 어질고도 용맹이 있었다. 공자가 천하를 돌아다닐 때 그는 항상 수레 다섯 대를 가지고 공자를 따라 다녔다.

28: 진상秦商

노魯나라 사람. 자는 부자不慈. 공자보다 4세 적었다. 그 아버지 근보堇父는 공자의 아버지 숙양흘叔梁紇과 함께 방사力士라는 소문을 들었다.

29: 안각顏刻

노魯나라 사람. 자는 자교子驕. 공자보다 50세 적었다. 공자가 위衛나라에 갈 때 마부가 되었었다. 위나라 영공靈公이 그 부인 남자南子와 같은 수레를 타고 놀이를 나가면서 환자宦者 옹량雍梁으로 하여금 배행陪行을 하고 공자로 하여금 수레를 뒤따르게 하여 거리를 나서자 공자는 이를 부끄러워하였다. 이에 안각顔刻이 "선생님께서는 무엇을 부끄러워하십니까?"라고 물었다. 이에 공자는 이렇게 탄식하였다.

"《시詩》에 '너의 신혼을 보고 내 마음을 위로한다.'하였단다." 그러고 나서 공자는 "나는 덕을 좋아하기를 예쁜 여색보다 더 좋아하는 자를 보지 못하였다"라고 하였다.

30: 사마려경司馬黎耕

송宋나라 사람. 자는 자우子牛. 성품이 조급하고 말하기를 좋아하였다. 자신의 형 환퇴桓魋의 나쁜 행실을 보고 항상 걱정하였다.

31: 무마기巫馬期

진陳나라 사람. 자는 자기子期. 공자보다 30세 적었다. 공자가 근교近郊로 놀이를 나섰을 때 공자가 수행하는 제자들에게 모두 우산을 가지고 가도록 하였다. 그런데 그 날 과연 비가 왔다. 이를 보고 무마기가 "아침에는 구름도 없었고 나설 때는 해가 났습니다. 그런데 선생님께서는 우산을 챙기라 하셨는데 어찌 비가 올 것을 아셨는지 감히 여쭙습니다." 라고 하자 공자는 이렇게 말하였다.

"어젯밤에 나는 달이 필성畢星에 걸린 것을 보았다. 《시詩》에 이르지 않았더냐? '달이 필성에 걸리면 큰비가 온다.'라 하였다. 이로써 비가 올 줄을 안 것이다."

32: 양전梁鱣

제齊나라 사람. 자는 숙어叔魚. 공자보다 39세 적었다. 나이 서른이 되어도 아들이 없어 아내를 내쫓고자 하였다. 그러자 상구商瞿가 말렸다.

"자네는 그러지 말게. 옛날 내가 서른여덟이 되도록 아들이 없어 우리 어머님께서 나를 위하여 다시 장가를 들도록 하셨으나 선생님께서 나를 제齊나라로 보내셨지. 어머님이 나를 남아 있도록 청하자 선생님께서 '걱정하지 말라. 상구 너는 마흔이 넘어 의당 다섯 장부 아들을 낳으리라'라 하셨다. 과연 그 말씀대로 되었다. 자네도 내가 보기에는 아들을 늦게 낳을 뿐이지 꼭 네 아내의 허물은 아니리라."

양전이 이 말을 좇았더니 그 후 이년 만에 아들을 낳았다.

33: 금뢰琴牢

위衛나라 사람. 자는 자개子開. 혹은 자를 장張이라고도 한다. 종로宗魯와 친한 사이였는데 종로가 죽었다는 말을 듣고 조문을 가려 하자 공자가 "그것은 의에 맞지 않는다."라고 하며 허락하지 아니하였다.

34: 염유冉儒

노魯나라 사람. 자는 자로子魚. 공자보다 50세 적었다.

35: 안신顏辛

노魯나라 사람. 자는 자류子柳. 공자보다 46세 적었다.

36: 백건伯虔

자는 해楷. 공자보다 50세 적었다.

37: 공손룡公孫龍

위衛나라 사람. 자는 자석子石. 공자보다 53세 적었다.

38: 조휼曹卹

공자보다 50세 적었다.

39: 진강陳亢

진陳나라 사람. 자는 자강子亢. 또는 자금子禽이라고도 한다. 공자보다 40세 적었다.

40: 숙중회叔仲會

노魯나라 사람. 자는 자기子期. 공자보다 50세 적었다. 그는 공선孔璇과 나이가 비슷하였다. 어릴 때부터 붓을 잡고 공자의 일을 기록하였으며 공선과 함께 번갈아 가며 공자를 좌우에서 모시고 있었다. 맹무백孟武伯이 공자를 뵙고 물었다.

"이 두 사람은 모두 어린 나이인데 학문에 있어서 어찌 장성한 사람보다도 아는 게 많습니까?"

공자가 말하였다.

"그렇소! 조금만 더 성취하면 그 성품과 같게 될 것이며 더욱 습관이 된다면 자연과 같아질 것입니다."

41: 진조秦祖

자는 자남子南이다.

42: 해점奚蒧

자는 자해子偕이다.

43: 공조자公祖玆

자는 자지子之이다.

44: 염결廉潔

자는 자조子曹이다.

45: 공서여公西與
자는 자상子上이다.

46: 재보흑宰父黑
자는 자흑子黑이다.

47: 공서감公西減
자는 자상子尙이다.

48: 양사적穰駟赤
자는 자종子從이다.

49: 염계冉季
자는 자산子産이다.

50: 설방薛邦
자는 자종子從이다.

51: 석처石處
자는 이지里之이다.

52: 현단懸亶
자는 자상子象이다.

53: 좌영左郢
자는 자행子行이다.

54: 적흑狄黑
자는 철지哲之이다.

55: 상택商澤
자는 자수子秀이다.

56: 임부제任不齊
자는 자선子選이다.

57: 영기榮祈
자는 자기子祺이다.

58: 안쾌顔噲
자는 자성子聲이다.

59: 원도原桃
자는 자적子籍이다.

60: 공견公肩
자는 자중子仲이다.

61: 진비秦非
자는 자지子之이다.

62: 칠조종漆雕從
자는 자문子文이다.

63: 연급燕級
자는 자사子思이다.

64: 공하수公夏守
자는 자승子乘이다.

65: 구정강勾井疆
자는 자맹子孟이다.

66: 보숙승步叔乘
자는 자거子車이다.

67: 석자촉石子蜀
자는 자명子明이다.

68: 방선邦選
자는 자음子飮이다.

69: 시지상施之常
자는 자상子常이다.

70: 신적申績
자는 자주子周이다.

71: 악흔樂欣
자는 자성子聲이다.

72: 안지복顔之僕
자는 자숙子叔이다.

73: 공불孔弗
자는 자멸子蔑이다. 공자의 형의 아들이다.

74: 칠조치漆雕侈
자는 자렴子斂이다.

75: 현성懸成
자는 자횡子橫이다.

76: 안상顔相
자는 자양子襄이다.

이상은 선생님의 72명 제자로서 모두가 승당입실升堂入室한 자들이다.

01: 顔回, 魯人, 字子淵, 年二十九而髮白, 三十一早死. 孔子曰: 「自吾有回, 門人日益親.」 回之德行著名, 孔子稱其仁焉.
02: 閔損, 魯人, 字子騫, 以德行著名, 孔子稱其孝焉.
03: 冉耕, 魯人, 字伯牛, 以德行著名, 有惡疾, 孔子曰: 「命也夫!」
04: 冉雍, 字仲弓, 伯牛之宗族, 生於不肖之父, 以德行著名.
05: 宰予, 字子我, 魯人, 有口才, 著名.
06: 端木賜, 字子貢, 衛人, 有口才, 著名.
07: 冉求, 字子有, 仲弓之族, 有才藝, 以政事著名.

08: 仲由, 弁人, 字子路, 有勇力才藝, 以政事著名.

09: 言偃,

魯人, 字子游, 以文學著名.

10: 卜商, 衛人, 無以尙之, 嘗返衛, 見讀史志者云:「晉師伐秦, 三豕渡河.」子夏曰:「非也. 己亥耳.」讀史志者曰問諸晉史, 果曰:「己亥.」於是衛以子夏爲聖. 孔子卒後, 敎於西河之上, 魏文侯師事之, 而諮國政焉.

11: 顓孫師, 陳人, 字子張, 少孔子四十八歲. 爲人有容貌資質, 寬冲博接, 從容自務, 居不務立於仁義之行, 孔子門人友之而弗敬.

12: 曾參, 南武城人, 字子輿, 少孔子四十六歲. 志存孝道, 故孔子因之以作《孝經》, 齊嘗聘, 欲與爲卿而不就, 曰:「吾父母老, 食人之祿, 則憂人之事, 故吾不忍遠親而爲人役.」參後母遇之無恩, 而供養不衰, 及其妻以藜烝不熟, 因出之. 人曰:「非七出也.」參曰:「藜烝, 小物耳, 吾欲使熟而不用吾命, 況大事乎?」遂出之, 終身不取妻, 其子元請焉, 告其子曰:「高宗以後妻殺孝己, 尹吉甫以後妻放伯奇, 吾上不及高宗, 中不比吉甫, 庸知其得免於非乎?」

13: 澹臺滅明, 武城人, 字子羽, 少孔子四十九歲, 有君子之姿, 孔子嘗以容貌望其才, 其才不充孔子之望. 然其爲人公正無私, 以取與去就, 以諾爲名, 任魯爲大夫也.

14: 高柴, 齊人, 高氏之別族, 字子羔, 少孔子四十歲, 長不過六尺, 狀貌甚惡, 爲人篤孝而有法正, 少居魯, 見知名於孔子之門, 仕爲武城宰.

15: 宓不齊, 魯人, 字子賤, 少孔子四十九歲, 仕爲單父宰. 有才智仁愛, 百姓不忍欺, 孔子大之.

16: 樊須, 魯人, 字子遲, 少孔子四十六歲, 弱仕於季氏.

17: 有若, 魯人, 字子有, 少孔子三十六歲, 爲人强識, 好古道也.

18: 公西赤, 魯人, 字子華, 少孔子四十二歲, 束帶立朝, 閑賓主之儀.

19: 原憲, 宋人, 字子思, 少孔子三十六歲, 清淨守節, 貧而樂道, 孔子爲魯司寇, 原憲嘗爲孔子宰. 孔子卒後, 原憲退隱, 居于衛.

20: 公冶長, 魯人, 字子長, 爲人能忍恥, 孔子以女妻之.

21: 南宮韜, 魯人, 字子容, 以智自將, 世清不廢, 世濁不洿, 孔子以兄子妻之.

22: 公析哀, 字季沈, 鄙天下多仕於大夫家者, 是故未嘗屈節人臣, 孔子特歎貴之.

23: 曾點, 曾參父, 字子晳, 疾時禮教不行, 欲修之, 孔子善焉. 《論語》所謂「浴乎沂, 風乎無雩之下.」

24: 顔由, 顔回父, 字季路, 孔子始教學於闕里而受學, 少孔子六歲.

25: 商瞿, 魯人, 字子木, 少孔子二十九歲, 特好《易》, 孔子傳之, 志焉.

26: 漆雕開, 蔡人, 字子若, 少孔子十一歲. 習《尚書》, 不樂仕. 孔子曰: 「子之齒可以仕矣, 時將過.」 子若報其書曰: 「吾斯之未能信.」 孔子悅焉.

27: 公良儒, 陳人, 字子正, 賢而有勇, 孔子周行, 常以家車五乘從.

28: 秦商, 魯人, 字不慈, 少孔子四歲, 其父董父, 與孔子父叔梁紇俱力聞.

29: 顏刻, 魯人, 字子驕, 少孔子五十歲. 孔子適衛, 子驕爲僕, 衛靈公與夫人南子同車出, 而令宦者雍梁參乘, 使孔子爲次乘, 遊過市, 孔子恥之. 顏刻曰:「夫子何恥之?」孔子曰:「《詩》云:『遘爾新婚, 以慰我心.』」乃歎曰:「吾未見好德如好色者也.」

30: 司馬黎耕, 宋人, 字子牛, 牛爲人性躁好言語, 見兄桓魋行惡, 牛常憂之.

31: 巫馬期, 陳人, 字子期, 少孔子三十歲. 孔子將近行, 命從者皆持蓋, 已而果雨. 巫馬期問曰:「旦無雲, 旣日出, 而夫子命持雨具, 敢問何以知之?」孔子曰:「昨暮, 月宿畢,《詩》不云乎:「月離於畢, 俾滂沱矣.」以此知之.」

32: 梁鱣, 齊人, 子叔魚, 少孔子三十九歲. 年三十, 未有子, 欲出其妻. 商瞿謂曰:「子未也, 昔吾年三十八無子, 吾母爲吾更取室, 夫子使吾之齊, 母欲請留吾, 夫子曰:「無憂也, 瞿過四十, 當有五丈夫.」今果然, 吾恐子自晩生耳. 未必妻之過.」從之, 二年而有子.

33: 琴牢, 衛人, 字子開, 一字張, 與宗魯友, 聞宗魯死, 欲往弔焉, 孔子弗許, 曰:「非義也.」

34: 冉儒, 魯人, 字子魚, 少孔子五十歲.

35: 顔辛, 魯人, 字子柳, 少孔子四十六歲.

36: 伯虔, 字楷, 少孔子五十歲.

37: 公孫寵, 衛人, 字子石, 少孔子五十三歲.

38: 曹卹, 少孔子五十歲.

39: 陳亢, 陳人, 字子亢, 一字子禽, 少孔子四十歲.

40: 叔仲會, 魯人, 字子期, 少孔子五十歲. 與孔琁年相比, 每孺子之執筆記事於夫子, 二人迭侍左右, 孟武伯見孔子而問曰:「此二孺子之幼也, 於學豈能識於壯哉?」孔子曰:「然! 少成則若性也, 習慣若自然也.」

41: 秦祖, 字子南.

42: 奚蒧, 字子偕.

43: 公祖玆, 字子之.

44: 廉潔, 字子曹.

45: 公西輿, 字子上.

46: 宰父黑, 字子黑.

47: 公西減, 字子尚.

48: 穰駟赤, 字子從.

49: 冉季, 字子產.

50: 薛邦, 字子從.

51: 石處, 字里之.

52: 懸亶, 字子象.

53: 左郢, 字子行.

54: 狄黑, 字哲之.

55: 商澤, 字子秀.

56: 任不齊, 字子選.

57: 榮祈, 字子祺.

58: 顔噲, 字子聲.

59: 原桃, 字子籍.

60: 公肩, 字子仲.

61: 秦非, 字子之.

62: 漆雕從, 字子文.

63: 燕級, 字子思.

64: 公夏守, 字子乘.

65: 勾井疆, 字子疆.

66: 步叔乘, 字子明.

67: 石子蜀, 字子明.

68: 邦選, 字子飲.

69: 施之常, 字子常.

70: 申績, 字子周.

71: 樂欣, 字子聲.

72: 顔之僕, 字子叔.

73: 孔弗, 字子蔑.

74: 漆雕侈, 字子斂.

75: 懸成, 字子横.

76: 顔相, 字子襄.

右件夫子七十二人弟子, 皆升堂入室者.

【顏回】《論語》雍也篇에 "子曰:「回也, 其心三月不違仁, 其餘則日月至焉而已矣.」"라 함.

【閔損】《論語》先進篇에 "子曰:「孝哉, 閔子騫! 人不間於其父母昆弟之言.」"라 함.

【冉耕】《論語》先進篇에 "伯牛有疾, 子問之, 自牖執其手, 曰:「亡之, 命矣夫! 斯人也而有斯疾也! 斯人也而有斯疾也!」"라 함.

【冉雍】《論語》雍也篇에 "子謂仲弓, 曰:「犂牛之子騂且角, 雖欲勿用, 山川其舍諸?」"라 하였고, 疏에 "仲弓父, 賤人, 而行不善"이라 함. 한편 그의 덕행에 대하여《論語》先進篇에 "德行: 顔淵, 閔子騫, 冉伯牛, 仲弓. 言語: 宰我, 子貢. 政事: 冉有, 季路. 文學: 子游, 子夏"라 함.

【宰予】《論語》先進篇에 "言語: 宰我"라 함.

【端木賜】《史記》仲尼弟子列傳에 "子貢利口巧辭, 孔子常黜其辯"이라 함.

【冉求】《論語》先進篇에 "政事: 冉有, 季路"라 함.

【仲由】《論語》公冶長篇에 "子曰:「道不行, 乘桴浮于海. 從我者, 其由與?」子路聞之喜. 子曰:「由也好勇過我, 無所取材.」"라 하였고, 〈陽貨篇〉에는 "子曰:「由也! 女聞六言六蔽矣乎?」對曰:「未也.」「居! 吾語女. 好仁不好學, 其蔽也愚; 好知不好學, 其蔽也蕩; 好信不好學, 其蔽也賊; 好直不好學, 其蔽也絞; 好勇不好學, 其蔽也亂; 好剛不好學, 其蔽也狂.」"라 함.

【三豕渡河】《呂氏春秋》察傳에 "子夏之晉, 過衛, 有讀史記者曰, 晉師三豕涉河. 子夏曰, 非也, 是己亥也. 夫己與三相近, 豕與亥相似. 至於晉而問之, 則曰晉師己亥涉河也. 辭多類非而是, 多類是而非. 是非之經, 不可不分, 此聖人之所愼也. 然則何以愼? 緣物之情及人之情以爲所聞則得之矣"라 한 내용을 말함.

【魏文侯】이름은 斯. 전국 초 魏나라의 영명한 군주.

【南宮城】노나라의 읍 이름. 지금의 山東 兗州.

【孝經】효에 관한 기록으로 13경의 하나.

【高宗】殷나라 임금 武丁. 傅說을 얻어 나라를 크게 중흥시킴.

【尹吉甫】周 宣王 때의 훌륭한 신하. 성은 兮, 이름은 甲. 尹은 관직 이름. 玁狁을 토벌하였으며《詩經》大雅의 崧高, 烝民, 韓奕, 江漢 등은 모두 이 宣王을 찬미한 것임.

【以兄子妻之】《論語》公冶長篇에 "子謂南容,「邦有道, 不廢; 邦無道, 免於刑戮.」以其兄之子妻之"라 함.

【曾點】'曾蔵'으로도 표기하며 沂浴과 舞雩의 일을 말하여 공자의 칭찬을 받은 제자. 曾參의 아버지.《論語》先進篇에 "曰:「莫春者, 春服旣成, 冠者五六人, 童子六七人, 浴乎沂, 風乎舞雩, 詠而歸.」夫子喟然歎曰:「吾與點也!」"라 함.

【闕里】지금의 山東 曲阜에 있는 마을 이름. 공자가 거처하며 강학하던 곳.

【叔梁紇】공자의 아버지. 鄹邑에서 대부를 지냈었음. 일흔이 넘어 顔徵在를 아내로 얻어 공자를 낳은 다음 공자 3살 때 죽음.

【南子】衛靈公의 부인. 송나라 公子 朝와 사통하여 태자 蒯聵가 미워하여 남자를 죽이려 하여 큰 난이 일어남.

【桓魋】宋나라의 사마환퇴(司馬桓魋). 本名은 向魋(상퇴). 宋 桓公의 後代이며 向을 桓으로 고쳤음. 공자 제자 司馬黎耕의 형.《史記》孔子世家에 의하면 孔子가 曹에서 宋으로 옮겨 큰 나무 아래에서 弟子들과 禮를 실습하고 있을 때, 桓魋가 孔子를 죽이고자 그 나무를 뽑았음. "「定公十四年, 孔子年五十六. …… 孔子遂適衛. 居十月, 去衛. 將適陳; 過匡. 匡人止孔子; 孔子使從者爲甯武子臣於衛, 然後得去. 去卽過蒲; 月餘反乎衛. 居衛月餘, 去衛過曹. 是歲魯定公卒. 孔子去曹適宋; 與弟子習禮大樹下. 宋司馬桓魋欲殺孔子, 拔其樹. 孔子去. 弟子曰:『可以速矣.』孔子曰:『天生德於予, 桓魋其如予何!』…… 孔子遂至陳; 主於司城貞子家.」"라 함.

【孟武伯】仲孫彘. 孟懿子의 아들. 노나라 哀公 때의 대부. 공자에게 孝를 물은 적이 있음.

【升堂入室】《論語》先秦篇에 "子曰:「由之瑟奚爲於丘之門?」門人不敬子路. 子曰:「由也升堂矣, 未入於室也.」"라 함.

참고 및 관련 자료

1. 孔子 제자들의 字와 이름, 貫籍, 行蹟 등은《論語》와《史記》仲尼弟子列傳 등의 기록과 차이가 있다.

2.《史記》仲尼弟子列傳

孔子曰「受業身通者七十有七人」, 皆異能之士也. 德行: 顔淵, 閔子騫, 冉伯牛, 仲弓. 政事: 冉有, 季路. 言語: 宰我, 子貢. 文學: 子游, 子夏. 師也辟, 參也魯, 柴也愚, 由也喭, 回也屢空. 賜不受命而貨殖焉, 億則屢中.

孔子之所嚴事: 於周則老子; 於衛, 蘧伯玉; 於齊, 晏平仲; 於楚, 老萊子; 於鄭, 子產; 於魯, 孟公綽. 數稱臧文仲・柳下惠・銅鞮伯華・介山子然, 孔子皆後之, 不並世.

顔回者, 魯人也, 字子淵. 少孔子三十歲.

顔淵問仁, 孔子曰: 「克己復禮, 天下歸仁焉.」

孔子曰: 「賢哉回也! 一簞食, 一瓢飮, 在陋巷, 人不堪其憂, 回也不改其樂.」 回也如愚; 退而省其私, 亦足以發, 回也不愚.」 「用之則行, 捨之則藏, 唯我與爾有是夫!」

回年二十九, 髮盡白, 蚤死. 孔子哭之慟, 曰: 「自吾有回, 門人益親.」 魯哀公問: 「弟子孰爲好學?」 孔子對曰: 「有顔回者好學, 不遷怒, 不貳過. 不幸短命死矣, 今也則亡.」

閔損字子騫. 少孔子十五歲.

孔子曰: 「孝哉閔子騫! 人不閒於其父母昆弟之言.」 不仕大夫, 不食汙君之祿. 「如有復我者, 必在汶上矣.」

冉耕字伯牛. 孔子以爲有德行.

伯牛有惡疾, 孔子往問之, 自牖執其手, 曰: 「命也夫! 斯人也而有斯疾, 命也夫!」

冉雍字仲弓.

仲弓問政, 孔子曰: 「出門如見大賓, 使民如承大祭. 在邦無怨, 在家無怨.」

孔子以仲弓爲有德行, 曰: 「雍也可使南面.」

仲弓父, 賤人. 孔子曰: 「犁牛之子騂且角, 雖欲勿用, 山川其舍諸?」

冉求字子有, 少孔子二十九歲. 爲季氏宰.

季康子問孔子曰: 「冉求仁乎?」 曰: 「千室之邑, 百乘之家, 求也可使治其賦. 仁則吾不知也.」 復問: 「子路仁乎?」 孔子對曰: 「如求.」

求問曰: 「聞斯行諸?」 子曰: 「行之.」 子路問: 「聞斯行諸?」 子曰: 「有父兄在, 如之何其聞斯行之!」 子華怪之, 「敢問問同而答異?」 孔子曰: 「求也退, 故進之. 由也兼人, 故退之.」

仲由字子路, 卞人也. 少孔子九歲.

子路性鄙, 好勇力, 志伉直, 冠雄雞, 佩豭豚, 陵暴孔子. 孔子設禮稍誘子路, 子路後儒服委質, 因門人請爲弟子.

子路問政, 孔子曰: 「先之, 勞之.」 請益. 曰: 「無倦.」

子路問: 「君子尙勇乎?」 孔子曰: 「義之爲上. 君子好勇而無義則亂, 小人好勇而無義則盜.」

子路有聞, 未之能行, 唯恐有聞.

孔子曰:「片言可以折獄者, 其由也與!」「由也好勇過我, 無所取材.」「若由也, 不得其死然.」「衣敝縕袍與衣狐貉者立而不恥者, 其由也與!」「由也升堂矣, 未入於室也.」

季康子問:「仲由仁乎?」孔子曰:「千乘之國可使治其賦, 不知其仁.」

子路喜從游, 遇長沮·桀溺·荷蓧丈人.

子路爲季氏宰, 季孫問曰:「子路可謂大臣與?」孔子曰:「可謂具臣矣.」

子路爲蒲大夫, 辭孔子. 孔子曰:「蒲多壯士, 又難治. 然吾語汝: 恭以敬, 可以執勇; 寬以正, 可以比衆; 恭正以靜, 可以報上.」

初, 衛靈公有寵姬曰南子. 靈公太子蕢聵得過南子, 懼誅出奔. 及靈公卒而夫人欲立公子郢. 郢不肯, 曰:「亡人太子之子輒在.」於是衛立輒爲君, 是爲出公. 出公立十二年, 其父蕢聵居外, 不得入. 子路爲衛大夫孔悝之邑宰. 蕢聵乃與孔悝作亂, 謀入孔悝家, 遂與其徒襲攻出公. 出公奔魯, 而蕢聵入立, 是爲莊公. 方孔悝作亂, 子路在外, 聞之而馳往. 遇子羔出衛城門, 謂子路曰:「出公去矣, 而門已閉, 子可還矣, 毋空受其禍.」子路曰:「食其食者不避其難.」子羔卒去. 有使者入城, 城門開, 子路隨而入. 造蕢聵, 蕢聵與孔悝登臺. 子路曰:「君焉用孔悝? 請得而殺之.」蕢聵弗聽. 於是子路欲燔臺, 蕢聵懼, 乃下石乞·壺黶攻子路, 擊斷子路之纓. 子路曰:「君子死而冠不免.」遂結纓而死.

孔子聞衛亂, 曰:「嗟乎, 由死矣!」已而果死. 故孔子曰:「自吾得由, 惡言不聞於耳.」是時子貢爲魯使於齊.

宰予字子我. 利口辯辭. 旣受業, 問:「三年之喪不已久乎? 君子三年不爲禮, 禮必壞; 三年不爲樂, 樂必崩. 舊穀旣沒, 新穀旣升, 鑽燧改火, 期可已矣.」子曰:「於汝安乎?」曰:「安.」「汝安則爲之. 君子居喪, 食旨不甘, 聞樂不樂, 故弗爲也.」宰我出, 子曰:「予之不仁也! 子生三年然後免於父母之懷. 夫三年之喪, 天下之通義也.」

宰予晝寢. 子曰:「朽木不可雕也, 糞土之牆不可圬也.」

宰我問五帝之德, 子曰:「予非其人也.」

宰我爲臨菑大夫, 與田常作亂, 以夷其族, 孔子恥之.

端沐賜, 衛人, 字子貢. 少孔子三十一歲.

子貢利口巧辭, 孔子常黜其辯. 問曰:「汝與回也孰愈?」對曰:「賜也何敢望回! 回也聞一以知十, 賜也聞一以知二.」

子貢旣已受業, 問曰:「賜何人也?」孔子曰:「汝器也.」曰:「何器也?」曰:「瑚璉也.」

陳子禽問子貢曰:「仲尼焉學?」子貢曰:「文武之道未墜於地, 在人, 賢者識其大者, 不賢者識其小者, 莫不有文武之道. 夫子焉不學, 而亦何常師之有!」又問曰:「孔子適是國必聞其政. 求之與? 抑與之與?」子貢曰:「夫子溫良恭儉讓以得之. 夫子之求之也, 其諸異乎人之求之也.」

子貢問曰:「富而無驕, 貧而無諂, 何如?」孔子曰:「可也; 不如貧而樂道, 富而好禮.」

田常欲作亂於齊, 憚高·國·鮑·晏, 故移其兵欲以伐魯. 孔子聞之, 謂門弟子曰:「夫魯, 墳墓所處, 父母之國, 國危如此, 二三子何爲莫出?」子路請出, 孔子止之. 子張·子石請行, 孔子弗許. 子貢請行, 孔子許之.

遂行, 至齊, 說田常曰:「君之伐魯過矣. 夫魯, 難伐之國, 其城薄以卑, 其地狹以泄, 其君愚而不仁, 大臣僞而無用, 其士民又惡甲兵之事, 此不可與戰. 君不如伐吳. 夫吳, 城高以厚, 地廣以深, 甲堅以新, 士選以飽, 重器精兵盡在其中, 又使明大夫守之, 此易伐也.」田常忿然作色曰:「子之所難, 人之所易; 子之所易, 人之所難: 而以教常, 何也?」子貢曰:「臣聞之, 憂在內者攻彊, 憂在外者攻弱. 今君憂在內. 吾聞君三封而三不成者, 大臣有不聽者也. 今君破魯以廣齊, 戰勝以驕主, 破國以尊臣, 而君之功不與焉, 則交日疏於主. 是君上驕主心, 下恣羣臣, 求以成大事, 難矣. 夫上驕則恣, 臣驕則爭, 是君上與主有卻, 下與大臣交爭也. 如此, 則君之立於齊危矣. 故曰不如伐吳. 伐吳不勝, 民人外死, 大臣內空, 是君上無彊臣之敵, 下無民人之過, 孤主制齊者唯君也.」田常曰:「善. 雖然, 吾兵業已加魯矣, 去而之吳, 大臣疑我, 柰何?」子貢曰:「君按兵無伐, 臣請往使吳王, 令之救魯而伐齊, 君因以兵迎之.」田常許之, 使子貢南見吳王.

說曰:「臣聞之, 王者不絕世, 霸者無彊敵, 千鈞之重加銖兩而移. 今以萬乘之齊而私千乘之魯, 與吳爭彊, 竊爲王危之. 且夫救魯, 顯名也; 伐齊, 大利也. 以撫泗上諸侯, 誅暴齊以服彊晉, 利莫大焉. 名存亡魯, 實困彊齊, 智者不疑也.」吳王曰:「善. 雖然, 吾嘗與越戰, 棲之會稽. 越王苦身養士, 有報我心. 子待我伐越而聽子.」子貢曰:「越之勁不過魯, 吳之彊不過齊, 王置齊而伐越, 則齊已平魯矣. 且王方以存亡繼絕爲名, 夫伐小越而畏彊齊, 非勇也. 夫勇者不避難, 仁者不窮約, 智者不失時, 王者不絕世, 以立其義. 今存越示諸侯以仁, 救魯伐齊, 威加晉國, 諸侯必相率而朝吳, 霸業成矣. 且王必惡越, 臣請東見越王, 令出兵以從, 此實空越, 名從諸侯以伐也.」吳王大說, 乃使子貢之越.

越王除道郊迎, 身御至舍而問曰:「此蠻夷之國, 大夫何以儼然辱而臨之?」子貢曰:「今者吾說吳王以救魯伐齊, 其志欲之而畏越, 曰『待我伐越乃可』. 如此, 破越必矣. 且夫無報人之志而令人疑之, 拙也; 有報人之志, 使人知之, 殆也; 事未發而先聞, 危也. 三者擧事之大患.」句踐頓首再拜曰:「孤嘗不料力, 乃與吳戰, 困於會稽, 痛入於骨髓, 日夜焦脣乾舌, 徒欲與吳王接踵而死, 孤之願也.」遂問子貢. 子貢曰:「吳王爲人猛暴, 羣臣不堪; 國家敝以數戰, 士卒弗忍; 百姓怨上, 大臣內變; 子胥以諫死, 太宰嚭用事, 順君之過以安其私: 是殘國之治也. 今王誠發士卒佐之以徼其志, 重寶以說其心, 卑辭以尊其禮, 其伐齊必也. 彼戰不勝, 王之福矣. 戰勝, 必以兵臨晉, 臣請北見晉君, 令共攻之, 弱吳必矣. 其銳兵盡於齊, 重甲困於晉, 而王制其敝, 此滅吳必矣.」越王大說, 許諾. 送子貢金百鎰, 劍一, 良矛二. 子貢不受, 遂行.

報吳王曰:「臣敬以大王之言告越王, 越王大恐, 曰:『孤不幸, 少失先人, 內不自量, 抵罪於吳, 軍敗身辱, 棲于會稽, 國爲虛莽, 賴大王之賜, 使得奉俎豆而修祭祀, 死不敢忘, 何謀之敢慮!』」後五日, 越使大夫種頓首言於吳王曰:「東海役臣孤句踐使者臣種, 敢修下吏問於左右. 今竊聞大王將興大義, 誅彊救弱, 困暴齊而撫周室, 請悉起境內士卒三千人, 孤請自被堅執銳, 以先受矢石. 因越賤臣種奉先人藏器, 甲二十領, 鈇屈盧之矛, 步光之劍, 以賀軍吏.」吳王大說, 以告子貢曰:「越王欲身從寡人伐齊, 可乎?」子貢曰:「不可. 夫空人之國, 悉人之衆, 又從其君, 不義. 君受其幣, 許其師, 而辭其君.」吳王許諾. 乃謝越王. 於是吳王乃遂發九郡兵伐齊.

子貢因去之晉, 謂晉君曰:「臣聞之, 慮不先定不可以應卒, 兵不先辨不可以勝敵. 今夫齊與吳將戰, 彼戰而不勝, 越亂之必矣; 與齊戰而勝, 必以其兵臨晉.」晉君大恐, 曰:「爲之柰何?」子貢曰:「修兵休卒以待之.」晉君許諾.

子貢去而之魯. 吳王果與齊人戰於艾陵, 大破齊師, 獲七將軍之兵而不歸, 果以兵臨晉, 與晉人相遇黃池之上. 吳晉爭彊. 晉人擊之, 大敗吳師. 越王聞之, 涉江襲吳, 去城七里而軍. 吳王聞之, 去晉而歸, 與越戰於五湖. 三戰不勝, 城門不守, 越遂圍王宮, 殺夫差而戮其相. 破吳三年, 東向而霸.

故子貢一出, 存魯, 亂齊, 破吳, 彊晉而霸越. 子貢一使, 使勢相破, 十年之中, 五國各有變.

子貢好廢舉, 與時轉貨貲. 喜揚人之美, 不能匿人之過. 常相魯衛, 家累千金, 卒終于齊.

言偃, 吳人, 字子游. 少孔子四十五歲.

子游既已受業, 爲武城宰. 孔子過, 聞弦歌之聲. 孔子莞爾而笑曰:「割雞焉用牛刀?」子游曰:「昔者偃聞諸夫子曰, 君子學道則愛人, 小人學道則易使.」孔子曰:「二三子, 偃之言是也. 前言戲之耳.」孔子以爲子游習於文學.

卜商字子夏. 少孔子四十四歲.

子夏問:「『巧笑倩兮, 美目盼兮, 素以爲絢兮』, 何謂也?」子曰:「繪事後素.」曰:「禮後乎?」孔子曰:「商始可與言《詩》已矣.」

子貢問:「師與商孰賢?」子曰:「師也過, 商也不及.」然則師愈與?」曰:「過猶不及.」
子謂子夏曰:「汝爲君子儒, 無爲小人儒.」
孔子旣沒, 子夏居西河教授, 爲魏文侯師. 其子死, 哭之失明.
顓孫師, 陳人, 字子張. 少孔子四十八歲.
子張問干祿, 孔子曰:「多聞闕疑, 愼言其餘, 則寡尤; 多見闕殆, 愼行其餘, 則寡悔. 言寡尤, 行寡悔, 祿在其中矣.」
他日從在陳蔡閒, 困, 問行. 孔子曰:「言忠信, 行篤敬, 雖蠻貊之國行也; 言不忠信, 行不篤敬, 雖州里行乎哉! 立則見其參於前也, 在輿則見其倚於衡, 夫然後行.」子張書諸紳.
子張問:「士何如斯可謂之達矣?」孔子曰:「何哉, 爾所謂達者?」子張對曰:「在國必聞, 在家必聞.」孔子曰:「是聞也, 非達也. 夫達者, 質直而好義, 察言而觀色, 慮以下人, 在國及家必達. 夫聞也者, 色取仁而行違, 居之不疑, 在國及家必聞.」
曾參, 南武城人, 字子輿. 少孔子四十六歲.
孔子以爲能通孝道, 故授之業. 作《孝經》. 死於魯.
澹臺滅明, 武城人, 字子羽. 少孔子三十九歲.
狀貌甚惡. 欲事孔子, 孔子以爲材薄. 旣已受業, 退而修行, 行不由徑, 非公事不見卿大夫.
南游至江, 從弟子三百人, 設取予去就, 名施乎諸侯. 孔子聞之, 曰:「吾以言取人, 失之宰予; 以貌取人, 失之子羽.」
宓不齊字子賤. 少孔子三十歲.
孔子謂「子賤君子哉! 魯無君子, 斯焉取斯?」
子賤爲單父宰, 反命於孔子, 曰:「此國有賢不齊者五人, 教不齊所以治者.」孔子曰:「惜哉不齊所治者小, 所治者大則庶幾矣.」
原憲字子思.
子思問恥. 孔子曰:「國有道, 穀. 國無道, 穀, 恥也.」
子思曰:「克伐怨欲不行焉, 可以爲仁乎?」孔子曰:「可以爲難矣, 仁則吾弗知也.」
孔子卒, 原憲遂亡在草澤中. 子貢相衛, 而結駟連騎, 排藜藿入窮閻, 過謝原憲. 憲攝敝衣冠見子貢. 子貢恥之, 曰:「夫子豈病乎?」原憲曰:「吾聞之, 無財者謂之貧, 學道而不能行者謂之病. 若憲, 貧也, 非病也.」子貢慙, 不懌而去, 終身恥其言之過也.
公冶長, 齊人, 字子長.
孔子曰:「長可妻也, 雖在累紲之中, 非其罪也.」以其子妻之.

南宮括字子容.

問孔子曰:「羿善射, 奡盪舟, 俱不得其死然; 禹稷躬稼而有天下?」孔子弗答. 容出, 孔子曰:「君子哉若人! 上德哉若人!」「國有道, 不廢; 國無道, 免於刑戮.」三復「白珪之玷」, 以其兄之子妻之.

公晳哀字季次.

孔子曰:「天下無行, 多爲家臣, 仕於都; 唯季次未嘗仕.」

曾蒧字晳.

侍孔子, 孔子曰:「言爾志.」蒧曰:「春服既成, 冠者五六人, 童子六七人, 浴乎沂, 風乎舞雩, 詠而歸.」孔子喟爾歎曰:「吾與蒧也!」

顔無繇字路. 路者, 顔回父, 父子嘗各異時事孔子.

顔回死, 顔路貧, 請孔子車以葬. 孔子曰:「材不材, 亦各言其子也. 鯉也死, 有棺而無槨, 吾不徒行以爲之槨, 以吾從大夫之後, 不可以徒行.」

商瞿, 魯人, 字子木. 少孔子二十九歲.

孔子傳《易》於瞿. 瞿傳楚人馯臂子弘, 弘傳江東人矯子庸疵, 疵傳燕人周子家豎, 豎傳淳于人光子乘羽, 羽傳齊人田子莊何, 何傳東武人王子中同, 同傳菑川人楊何. 何元朔中以治《易》爲漢中大夫.

高柴字子羔. 少孔子三十歲.

子羔長不盈五尺, 受業孔子, 孔子以爲愚.

子路使子羔爲費郈宰, 孔子曰:「賊夫人之子!」子路曰:「有民人焉, 有社稷焉, 何必讀書然後爲學!」孔子曰:「是故惡夫佞者.」

漆彫開字子開.

孔子使開仕, 對曰:「吾斯之未能信.」孔子說.

公伯繚字子周.

周愬子路於季孫, 子服景伯以告孔子, 曰:「夫子固有惑志, 繚也, 吾力猶能肆諸市朝.」孔子曰:「道之將行, 命也; 道之將廢, 命也. 公伯繚其如命何!」

司馬耕字子牛.

牛多言而躁. 問仁於孔子, 孔子曰:「仁者其言也訒.」曰:「其言也訒. 斯可謂之仁乎?」子曰:「爲之難, 言之得無訒乎!」

問君子, 子曰:「君子不憂不懼.」曰:「不憂不懼, 斯可謂之君子乎?」子曰:「內省不疚, 夫何憂何懼!」

樊須字子遲. 少孔子三十六歲.

樊遲請學稼, 孔子曰:「吾不如老農.」請學圃, 曰:「吾不如老圃.」樊遲出, 孔子曰:「小人哉樊須也! 上好禮, 則民莫敢不敬; 上好義, 則民莫敢不服; 上好信, 則民莫敢不用情. 夫如是, 則四方之民襁負其子而至矣, 焉用稼!」

樊遲問仁, 子曰:「愛人.」問智, 曰:「知人.」

有若少孔子四十三歲. 有若曰:「禮之用, 和爲貴, 先王之道斯爲美. 小大由之, 有所不行; 知和而和, 不以禮節之, 亦不可行也.」「信近於義, 言可復也; 恭近於禮, 遠恥辱也; 因不失其親, 亦可宗也.」

孔子旣沒, 弟子思慕, 有若狀似孔子, 弟子相與共立爲師, 師之如夫子時也. 他日, 弟子進問曰:「昔夫子當行, 使弟子持雨具, 已而果雨. 弟子問曰:『夫子何以知之?』夫子曰:『《詩》不云乎?「月離于畢, 俾滂沱矣.」昨暮月不宿畢乎?』他日, 月宿畢, 竟不雨. 商瞿年長無子, 其母爲取室. 孔子使之齊, 瞿母請之. 孔子曰:『無憂, 瞿年四十後當有五丈夫子.』已而果然. 敢問夫子何以知此?」有若默然無以應. 弟子起曰:「有子避之, 此非子之座也!」

公西赤字子華. 少孔子四十二歲.

子華使於齊, 冉有爲其母請粟. 孔子曰:「與之釜.」請益, 曰:「與之庾.」冉子與之粟五秉. 孔子曰:「赤之適齊也, 乘肥馬, 衣輕裘. 吾聞君子周急不繼富.」

巫馬施字子旗. 少孔子三十歲.

陳司敗問孔子曰:「魯昭公知禮乎?」孔子曰:「知禮.」退而揖巫馬旗曰:「吾聞君子不黨, 君子亦黨乎? 魯君娶吳女爲夫人, 命之爲孟子. 孟子姓姬, 諱稱同姓, 故謂之孟子. 魯君而知禮, 孰不知禮!」施以告孔子, 孔子曰:「丘也幸, 苟有過, 人必知之. 臣不可言君親之惡, 爲諱者, 禮也.」

梁鱣字叔魚. 少孔子二十九歲.

顔幸字子柳. 少孔子四十六歲.

冉孺字子魯, 少孔子五十歲.

曹卹字子循. 少孔子五十歲.

伯虔字子析, 少孔子五十歲.

公孫龍字子石. 少孔子五十三歲.

自子石已右三十五人, 顯有年名及受業聞見于書傳. 其四十有二人, 無年及不見書傳者紀于左:

冉季字子産.

公祖句玆字子之.

秦祖字子南.

漆雕哆字子斂.

顔高字子驕.

漆雕徒父.

壤駟赤字子徒.

商澤.

石作蜀字子明.

任不齊字選.

公良孺字子正.

后處字子里.

秦冉字開.

公夏首字乘.

奚容箴字子晢.

公肩定字子中.

顔祖字襄.

鄡單字子家.

句井疆.

罕父黑字子索.

秦商字子丕.

申黨字周.

顔之僕字叔.

榮旂字子祈.

縣成字子祺.

左人郢字行.

燕伋字思.

鄭國字子徒.

秦非字子之.

施之常字子恆.

顔噲字子聲.

步叔乘字子車.

原亢籍.

樂欬字子聲.

廉絜字庸.

叔仲會字子期.

顏何字冉.

狄黑字晳.

邦巽字子歛.

孔忠.

公西輿如字子上.

公西葴字子上.

太史公曰: 學者多稱七十子之徒, 譽者或過其實, 毁者或損其眞, 鈞之未覩厥容貌, 則論言弟子籍, 出孔氏古文近是. 余以弟子名姓文字悉取《論語》弟子問幷次爲篇, 疑者闕焉.

39. 본성해本姓解

'본성해本姓解'는 공자 집안의 세계世系와 그 부모에 대한 기록으로 공자의 탄생과 성장 및 육경六經에 대한 정리 사업 등 소왕素王으로서의 업적을 싣고 있으며, 당시까지 알려져 있던 많은 자료를 활용한 것으로 보인다. 주로 《잠부론潛夫論》, 《예기禮記》 단궁檀弓, 《사기史記》 공자세가孔子世家 등의 내용을 체계적으로 재정리한 것이다.

〈船形彩陶壺〉 仰昭 문화. 1958년 陜西 寶雞 出土

234(39-1) 孔子之先宋之後也
공자의 가계와 족보

공자의 선조는 송宋나라 후예이다. 미자微子 계啓는 제을帝乙의 맏아들이며 주紂의 서형庶兄이다. 그는 기내圻內의 제후로서 나라에 들어가 경사卿士가 되었다. 미微란 나라 이름이며, 자子는 작위이다.

처음에 주周 무왕武王이 은殷나라를 쳐서 이기고 주紂의 아들 무경武庚을 조가朝歌에 봉하여 탕왕湯王의 제사를 받들게 하였다.

무왕이 죽자 관숙管叔·채숙蔡叔·곽숙霍叔 등 세 사람이 난을 일으켰다. 이때 주공周公은 성왕成王을 도와 동쪽으로 정벌한 지 2년 만에 죄인들을 모두 잡고 이에 미자를 은나라 후예로 명하여 〈미자지명微子之命〉이란 글 한 편을 저술하고 송나라를 그대로 봉해 주었다. 다시 은나라 후손들까지 그곳으로 옮기도록 하였는데 오직 미자만이 먼저 주나라로 가서 벼슬을 한 까닭에 그를 봉해 주게 된 것이다. 아울러 그의 아우 중사仲思는 이름을 연衍, 또는 설泄이라고도 하는데 어질게 여겨 미자의 뒤를 이었기 때문에 호를 미중微仲이라 하였다.

帝乙(商)

그리하여 아들 송공宋公 계稽를 낳았으며 그 장자는 비록 작위와 직위가 바뀌어 반열에 설 때도 옛날 지위에 미치지는 못하였지만 옛날 관직의 명칭만은 그대로 부를 수 있게 되었다. 그 까닭에 미자와 미중 두 사람은 비록 송공이었지만 오히려 미微라는 칭호를 끝까지 가지고 살았다가 이 계稽에 이르러 공公이라 부르게 된 것이다.

송공宋公 계稽는 정공丁公 신申을 낳았고, 정공 신은 민공緡公 공共과 양공襄公 희熙를 낳았으며, 희는 불보하弗父何와 여공厲公 방사方祀를 낳았다. 방사 이하는 대대로 송나라의 경 벼슬을 하였다.

다시 불보하는 송보주宋父周를 낳았고, 송보주는 세자世子 승勝을 낳았으며, 승은 정고보正考甫를 낳았고, 정고보는 공보가孔父嘉를 낳았다.

대체로 다섯 세대를 지나면 친진親盡이 되고 달리 공족公族이 되는 까닭에 그 뒤로는 성姓을 공孔이라 하였다. 일명 공보孔父라고 부르는 것은 그가 살았을 때에 국가에서 준 호인데 이것을 자손들이 자기들의 성으로 삼은 것이다.

孔子之先, 宋之後也. 微子啓, 帝乙之元子, 紂之庶兄, 以圻內諸侯, 入爲王卿士, 微, 國名, 子爵. 初, 武王克殷, 封紂之子武庚於朝歌, 使奉湯祀. 武王崩, 而與管·蔡·霍三叔作難, 周公相成王東征之二年, 罪人斯得, 乃命微子於殷後, 作〈微子之命〉由之, 與國于宋, 徙殷之子孫, 唯微子先往仕周, 故封之. 賢其弟曰仲思, 名衍, 或名泄, 嗣微之後, 故號微仲. 生宋公稽, 胄子雖

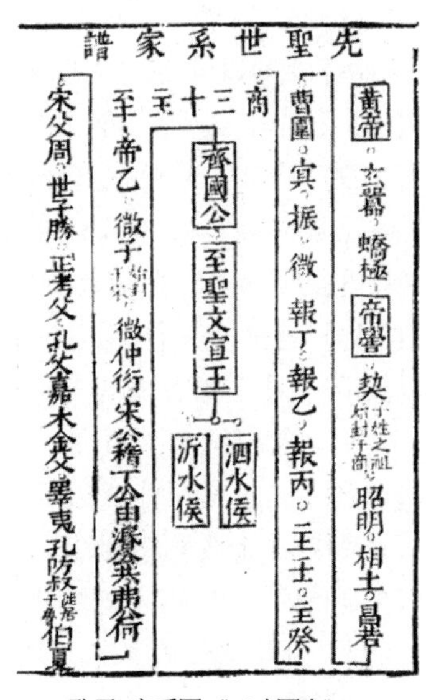

孔子 家系圖《三才圖會》

遷爵易位, 而班級不及其故者, 得以故官爲稱. 故二微雖爲宋公, 而猶以微之號自終, 至于稽乃稱公焉. 宋公生丁公申, 申公生緡公共及襄公熙, 熙生弗父何及厲公方祀, 方祀以下, 世爲宋卿. 弗父何生宋父周, 周生世子勝, 勝生正考甫, 考甫生孔父嘉, 五世親盡, 別爲公族, 故後以孔爲氏焉. 一曰孔父者, 生時所賜號也. 是以子孫遂以氏族.

【帝乙】 은나라 임금. 인형을 만들어 이를 활로 쏘면서 하늘을 쏘았다고 천도를 그르쳤다가 우레에 맞아 죽었다고 함. 《史記》 殷本紀 참조.

【元子】 천자나 제후의 적장자. 《史記》 殷本紀에 "帝乙長子曰微子啓, 啓母賤, 不得嗣"라 함.

【庶兄】 《史記》 宋微子世家에 "微子開者, 殷帝乙之首子而帝紂之庶兄也"라 함.

【圻內】 '圻'는 '畿'와 같음. 임금의 도읍지 사방 천리 이내의 땅.

【微國名子爵】 《史記》 宋微子世家에 "微子開者" 注에 "微, 畿內國名, 子, 爵也, 爲紂卿士"라 함.

【朝歌】 殷나라의 도성. 武乙이 도읍으로 정했으며 紂王이 살고 있었음.

【崩】 천자의 죽음을 崩이라 하며, 제후의 죽음을 薨이라 함.

【三叔】 周 武王의 아우. 管叔鮮, 蔡叔度, 霍叔處. 무왕이 殷을 멸하고 紂王의 아들 武庚(祿父)을 세워 殷의 제사를 받들도록 하고 이 三叔으로 하여금 은나라 유민을 감독하도록 하였으며 이를 '三監'이라 함.

【作難】 난을 일으킴. 삼감이 도리어 무경과 함께 주나라에 반기를 들었음.

【微子之命】 《尙書》 周書의 편명. 그 序에 "成王旣黜殷命, 殺武庚, 命微子啓代殷後, 作微子之命"이라 함.

【由之】 '申之'의 오기. 《史記》 宋微子世家에 "周公旣承成王命, 誅武庚, 殺管叔, 放蔡叔, 乃命微子開代殷後, 奉其先祀, 作微子之命, 以申之, 國於宋"이라 함.

【先往仕周】 《史記》 宋微子世家에 "周武王伐紂克殷, 微子乃持其祭器造於軍門, 肉袒面縛, 左牽羊, 右把茅, 膝行而前以告. 於是武王乃釋微子, 復其位如故"라 함.

【微仲】《史記》宋微子世家에 "微子開卒, 立其弟衍, 是爲微仲"이라 하여 微國의 思仲. 仲은 思仲. 微子啓(開)의 아우.
【冑子】 제왕이나 귀족의 자제.

참고 및 관련 자료

1. 《史記》孔子世家

孔子生魯昌平鄉陬邑. 其先宋人也, 曰孔防叔. 防叔生伯夏, 伯夏生叔梁紇. 紇與顏氏女野合而生孔子, 禱於尼丘得孔子. 魯襄公二十二年而孔子生. 生而首上圩頂, 故因名曰丘云. 字仲尼, 姓孔氏. 丘生而叔梁紇死, 葬於防山. 防山在魯東, 由是孔子疑其父墓處, 母諱之也. 孔子爲兒嬉戲, 常陳俎豆, 設禮容. 孔子母死, 乃殯五父之衢, 蓋其愼也. 郰人輓父之母誨孔子父墓, 然後往合葬於防焉. 孔子要絰, 季氏饗士, 孔子與往. 陽虎絀曰:「季氏饗士, 非敢饗子也.」孔子由是退. 孔子年十七, 魯大夫孟釐子病且死, 誡其嗣懿子曰:「孔丘, 聖人之後, 滅於宋. 其祖弗父何始有宋而嗣讓厲公. 及正考父佐戴·武·宣公, 三命茲益恭, 故鼎銘云:'一命而僂, 再命而傴, 三命而俯, 循牆而走, 亦莫敢余侮. 饘於是, 粥於是, 以餬余口.' 其恭如是. 吾聞聖人之後, 雖不當世, 必有達者. 今孔丘年少好禮, 其達者歟? 吾卽沒, 若必師之.」及釐子卒, 懿子與魯人南宮敬叔往學禮焉. 是歲, 季武子卒, 平子代立. 孔子貧且賤. 及長, 嘗爲季氏史, 料量平; 嘗爲司職吏而畜蕃息. 由是爲司空. 已而去魯, 斥乎齊, 逐乎宋·衛, 困於陳蔡之閒, 於是反魯. 孔子長九尺有六寸, 人皆謂之「長人」而異之. 魯復善待, 由是反魯. 魯南宮敬叔言魯君曰:「請與孔子適周.」魯君與之一乘車, 兩馬, 一豎子俱, 適周問禮, 蓋見老子云. 辭去, 而老子送之曰:「吾聞富貴者送人以財, 仁人者送人以言. 吾不能富貴, 竊仁人之號, 送子以言, 曰:'聰明深察而近於死者, 好議人者也. 博辯廣大危其身者, 發人之惡者也. 爲人子者毋以有己, 爲人臣者毋以有己.'」孔子自周反于魯, 弟子稍益進焉.

2. 《潛夫論》志氏姓

閔公子弗父何生宋父, 宋父生世子, 世子生正考父, 正考父生孔父嘉, 孔父嘉生子木金父, 木金父降爲士, 故曰滅於宋. 金父生祁父, 祁父生防叔, 防叔爲華氏所偪, 出奔魯, 爲防大夫, 故曰防叔. 叔生伯夏, 伯夏生叔梁紇, 爲郰大夫, 故曰郰叔紇, 生孔子.

235(39-2) 孔父生子木金父
숙량흘과 안징재

공보가孔父嘉는 다시 자목금보子木金父를 낳았고, 금보는 역이睪夷를 낳았고, 역이는 방숙防叔을 낳았는데 그는 화씨華氏의 난을 피하여 노魯나라로 도망하여 살았다. 방숙은 백하伯夏를 낳았고, 백하는 숙량흘叔梁紇을 낳았다. 이 숙량흘에게는 딸만 아홉이 있었고 아들이 없었다. 그의 첩이 맹피孟皮를 낳았는데 맹피는 혹 자를 백니伯尼라 하였다. 그는 발에 병이 있었다. 이에 숙량흘은 안씨顔氏 댁에 혼인을 청하였다. 안씨에게는 딸 셋이 있었는데 막내딸의 이름은 징재徵在였다.

안씨는 세 딸에게 이렇게 물었다.

"추陬 땅 대부 집안의 그 아버지와 할아버지는 비록 선비이지만 그 선대는 성왕聖王의 후예이다. 지금 숙량흘은 키는 열 자나 되며 그 힘은 당할 사람이 없다. 나는 이 사람을 몹시 탐내고 있다. 비록 나이는 많으나 성품이 엄격하여 달리 의심할 것이 없다. 너희 셋 중에 누가 이 사람에게 시집가겠느냐?"

두 딸이 아무 대답을 아니하자 막내딸 징재는 앞으로 나서며 말하였다.

"아버님 명령대로 행할 뿐인데 장차 무엇을 물으시려 합니까?"

아버지는 이렇게 말하였다.

"네가 능히 내 말대로 하겠구나."

그리고는 드디어 징재를 숙량흘의 아내로 보내게 되었다.

징재는 숙량흘에게 시집온 다음 가묘家廟에 뵙고 물러나와 남편의 나이가 자기보다 몇 갑절이나 많으니 불시에 아이가 생기면 어쩌나

〈孔子誕生圖〉 石刻畫(石可)

걱정이 되어 몰래 이구산尼丘山에서 기도를 하여 공자를 낳았던 것이다. 그 때문에 공자의 이름을 구丘라 하고 자를 중니仲尼라 하였던 것이다. 그러나 공자가 세 살 때 그 아버지 숙량흘은 죽어 방防 땅에 장례를 지냈다.

공자가 열아홉 살에 이르러 송宋나라 병관씨幷官氏에게 장가들어 일년이 지나 아들 백어伯魚를 낳았다. 백어가 태어날 때 노魯나라 임금 소공昭公이 잉어鯉 한 마리를 공자에게 선물로 보낸 일이 있었다. 공자는 그 임금이 내려준 것을 영광으로 여겨 그로 인해 아들 이름을 이鯉라 짓고 자를 백어伯魚라 하였다. 백어는 오십 세를 일기로 그 아버지 공자보다 먼저 죽었다.

孔父生子木金父，金父生睪夷，睪夷生防叔，避華氏之禍而奔魯，防叔生伯夏，伯夏生叔梁紇，雖有九女，是無子，其妾生孟皮．孟皮一字伯尼，有足病．於是乃求婚於顔氏，顔氏有三女，其小曰徵在，顔父問三女曰：「陬大夫雖父祖爲士，然其先聖王之裔，今其人身長十尺，武力絶倫，吾甚貪之，雖年長性嚴，不足爲疑，三子孰能爲之妻？」

二女莫對，徵在進曰：「從父所制，將何問焉？」

父曰：「卽爾能矣．」

遂以妻之．徵在旣往，廟見，以夫之年大，懼不時有勇，而私禱尼丘之山以祈焉，生孔子，故名丘，字仲尼．

孔子三歲而叔梁紇卒，葬於防．至十九，娶于宋之幷官氏，一歲而生伯魚，魚之生也，魯昭公以鯉魚賜孔子，榮君之貺，故因以名曰鯉，而字伯魚，魚年五十，先孔子卒．

【華氏之禍】宋 元公 10년 여러 公子들을 죽이자 대부 華氏와 向氏가 난을 일으켜 서로 공격하고 죽임.《史記》宋微子世家 참조.

【陬大夫】'陬'는 '郰'와 같음. 노나라 땅. 공자가 태어난 곳. 陬大夫는 공자의 아버지 叔梁紇이 그곳의 대부를 지내어 그렇게 칭한 것임.

【貪之】그를 좋아함.

【廟見】고대 혼례에서 며느리가 시집에 온 다음 날 시부모에게 인사를 드리지만 만약 부모가 이미 돌아가셨을 경우 석달 뒤 사당에 가서 참배를 드리며 이를 '廟見'이라 함.

【有勇】'有男'의 오기가 아닌가 함.

【尼丘】지명. 언덕 이름. 지금의 山東 曲阜 동남쪽에 있음.

【防】지명. 지금의 山東 費縣 동북쪽에 있음.

【幷官氏】'亓官氏'의 오기가 아닌가 함.

【貺】'황'으로 읽으며 '賜'와 같은 뜻.

참고 및 관련 자료

1. 《史記》 孔子世家

앞장을 참고할 것.

236(39-3) 齊太史子與適魯
소왕 공자

제齊나라 태사太史 자여子輿가 노魯나라에 갔다가 공자를 뵙게 되었다. 공자가 자여를 만나 도에 대하여 일러 주자 자여는 즐거워 하면서 이렇게 말하였다.

"나는 비루한 사람입니다. 선생님의 이름은 들었지만 그 얼굴은 뵙지 못한 지가 오래되었습니다. 이렇게 알기를 구한 것이 정말 귀중한 보배입니다. 그런데 오늘 비로소 듣고 보니 이제야 태산泰山이 얼마나 높은 줄을 알겠고, 바다가 큰 것인 줄을 알게 되었습니다. 그러나 애석한 것은 선생님께서 밝은 임금을 만나지 못한 탓으로 그 훌륭한 도덕이 백성들에게까지 미치지 못합니다. 하지만 장차 이 보배로운 덕이 후세 사람들에게는 끼쳐질 것입니다"

그리고 물러나와 남궁경숙南宮敬叔에게 이렇게 말하였다.

"지금 공자는 선성先聖의 후예로서 불보하弗父何 이래로 대대로 덕망과 겸양하는 도량이 있었기 때문에 하늘이 그에게 복을 주신 것입니다. 성탕成湯은 무덕武德으로 천하에 임금이 되었으며 죽어서도 문덕과 함께 배향하게 되었으나 은殷 고종高宗 이하에 와서는 이러한 문덕이 나타나지 않았습니다. 공자가 태어난 주周나라가 쇠퇴기에는 선왕先王의 전적이 착란錯亂하여 기강이 없어 이에 백가百家의 기록을 바탕으로 그 뜻을 상고하고 바로잡아 요순堯舜을 원조로 하여 저술하고, 문왕文王과 무왕武王을 법으로 삼아 《시詩》를 산삭刪削하고 《서書》를 지었으며, 《예禮》를 확정하고 《악樂》을 정리하였으며, 《춘추春秋》를 짓고

《역易》을 편찬하여 밝혀 후세 사람들에게 교훈을 남겨 이로써 법칙을 삼도록 하였으니 그의 문장과 도덕이 드러나게 된 것입니다. 그리하여 그에게 가르침을 받은 자는 속수束脩 이상이 3천여 명이요, 혹 하늘이 장차 공자에게 소왕素王의 자리를 주려 한 것이겠지요? 어찌 이렇게도 그 덕이 풍성하신지요!"

남궁경숙이 말하였다.

"거의 모두가 그대의 말과 같습니다. 무릇 물건이란 두 가지가 똑같이 클 수는 없는 것입니다. 제가 듣기로 성인의 후예로서 그 계세지통繼世之統은 아닐지라도 반드시 세상에 나타나 덕을 흥성히 베풀 자는 나타나게 마련입니다. 지금 공자의 도는 지극하여 장차 세상 사람에게 끝이 없이 베풀어질 것이니 비록 하늘의 복을 사양하고자 하여도 그렇게 될 수 없을 것입니다."

자공子貢이 이를 듣고 두 사람의 말을 공자에게 전해 올리자 공자는 이렇게 말하였다.

"어찌 그렇다고 하겠느냐! 세상이 어지러우면 다스리고, 막히면 이를 통하게 함이 내 뜻이기는 하나 하늘이 어찌 이에 간여해 주겠느냐?"

太史子與適魯, 見孔子, 孔子與之言道, 子與悅曰:「吾鄙人也, 聞子之名, 不睹子之形久矣, 而求知之寶貴也. 乃今而後, 知泰山之爲高, 淵海之爲大, 惜乎夫子之不逢明王, 道德不加于民, 而將垂寶以貽後世.」

遂退而謂南宮敬叔曰:「今孔子先聖之嗣, 自弗父何以來, 世有德讓, 天所祚也. 成湯以武德王天下, 其配在文, 殷宗以下, 未始有也. 孔子生於衰周, 先王典籍, 錯亂無紀, 而乃論百家之遺記, 考正其義, 祖述堯舜, 憲章文武, 刪《詩》述《書》, 定《禮》理《樂》, 制作《春秋》, 讚明《易》道, 垂訓後嗣, 以爲法式, 其文德著矣. 然凡所敎誨, 束脩以上三千餘人, 或者天將欲與素王之乎, 夫何其盛也!」

敬叔曰: 「殆如吾子之言, 夫物莫能兩大, 吾聞聖人之後, 而非繼世之統, 其必有興者焉. 今夫子之道至矣, 乃將施之無窮, 雖欲辭天之祚, 故未得耳.」

子貢聞之, 以二子之言告孔子, 子曰: 「豈若是哉! 亂而治之, 滯而起之, 自吾志, 天何與焉?」

【太史】 관직 이름. 역사 기록과 律曆을 담당하였음.

【南宮敬叔】 孟僖子의 아들. 혹 南宮适이 아닌가 함.

【成湯以武德王天下】 탕임금은 武德으로 천하에 왕이 되었음. 《史記》 殷本紀 참조.

【殷宗】 은나라 고종. 이름은 武丁. 傅說을 재상으로 삼아 은나라를 크게 중흥시켜 '高宗'이라 부름.

【刪詩】 고대 시 3천여 편을 공자가 3백 편으로 줄임. 《史記》 孔子世家에 "古者詩三千餘篇, 及至孔子, 去其重, 取可施於禮義, 上采契后稷, 中述殷周之盛, 至幽厲之缺, 始於衽席, 故曰「關雎之亂以爲風始, 鹿鳴爲小雅始, 文王爲大雅始, 淸廟爲頌始.」 三百五篇孔子皆弦歌之, 以求合韶武雅頌之音"라 함.

【述書】 공자가 《尙書》의 내용을 정리함. 孔穎達의 《尙書正義》 序 참조.

【定禮理樂】 공자가 《禮》를 확정하고 《樂》을 정리함. 역시 孔穎達의 《尙書正義》 序 참조.

【制作春秋】 공자가 《춘추》를 저술함. 《史記》 孔子世家에 "至於爲春秋, 筆則筆, 削則削, 子夏之徒不能贊一辭. 弟子受春秋, 孔子曰: 「後世知丘者以春秋, 而罪丘者亦以春秋.」"라 하였고, 《孟子》 滕文公(下)에 "孔子成春秋而亂臣賊子懼"라 함.

【讚明易道】 공자가 《周易》을 정리함. 《史記》 孔子世家에 "孔子晩而喜易, 序彖·繫·象·說卦·文言. 讀易, 韋編三絶. 曰: 「假我數年, 若是, 我於易則彬彬矣.」"라 함.

【束脩】 잘 다듬어 말려 묶은 고기. 《論語》 述而篇에 "子曰: 「自行束脩以上, 吾未嘗無誨焉.」"라 함.
【素王】 아무런 직위를 갖지 않은 왕. 공자를 지칭하는 말로 쓰임.
【繼世之統】 嫡長子의 계통으로 계속 이어옴. 즉 長子의 장자로 계속 그 가통을 이어옴음 말함.

참고 및 관련 자료

1. 《史記》 孔子世家

앞장을 참고할 것.

40. 종기해終記解

'종기해終記解'는 공자의 임종臨終과 죽은 뒤의 장례, 제자들의 상복喪服, 애공哀公의 뇌문誄文, 연燕나라 사람들의 참관 등을 다루고 있다. 주로 《예기禮記》 단궁檀弓, 《좌전左傳》, 《사기史記》 공자세가孔子世家의 내용을 정리한 것으로 보인다.

〈人形銅燈〉(戰國 齊) 1957 山東 諸城 출토

237(40-1) 孔子蚤晨作
공자의 죽음에 대한 예감과 서거

공자가 이른 새벽에 일어나 뒷짐을 지고 지팡이를 끌며 문에서 서성거리면서 노래를 부르고 있었다.

"태산泰山이 무너지려나? 대들보가 내려앉으려는가? 철인哲人이 위축을 당하려는가?"

공자가 노래를 마치고 들어가 집안에 자리를 잡고 앉자 자공子貢이 이를 듣고 말하였다.

"태산이 무너진다면 저는 장차 무엇을 우러러보아야 합니까? 대들보가 내려앉는다면 저는 장차 어디에 기대어야 합니까? 철인이 위축된다면 저는 장차 누구를 본받는다는 말입니까? 선생님께서 혹 병환이 있으신 것입니까?"

그리고 달려 들어갔다.

공자는 탄식하며 이렇게 말하였다.

"사賜야! 너는 어찌 이렇게 더디게 오느냐? 내가 어젯밤에 꿈에 두 기둥 사이에 제사 음식을 차려 놓고 앉아 있었다. 옛날의 하후씨夏后氏는 동쪽 계단에 빈소를 마련하였으니 이는 조阼로서 주인의 자리이며, 은殷나라 사람들은 서쪽 뜰에 빈소를 마련하였으니 이 빈소라는 것은 죽은 사람을 손님과 같이 대접한다는 의미에서였다. 그리고 주周나라 사람들은 서쪽 계단에 빈소를 마련하였으니 이는 그를 손님으로 여긴 것이다. 나는 은나라의 후손이다. 무릇 명왕明王이 나타나지 않았으니

〈공자의 永眠〉 石刻畫(石可)

천하에 그 누가 능히 나를 종주로 삼아 주겠느냐? 나는 아마도 머지않아 죽게 될 것이다.”

그리고 드디어 병져 눕게 되었으며 이레 만에 돌아가셨다. 그 때 나이 일흔 둘이었다.

孔子蚤晨作, 負手曳杖, 逍遙於門而歌曰:「泰山其頹乎? 梁木其壞乎? 哲人其萎乎?」

旣歌而入, 當戶而坐, 子貢聞之曰:「泰山其頹, 則吾將安仰? 梁木其壞, 吾將安杖? 哲人其萎, 吾將安放? 夫子殆將病也.」

遂趨而入. 夫子歎而言曰:「賜! 汝來何遲? 予疇昔夢坐奠於兩楹之間. 夏后氏殯於東階之上, 則猶在阼; 殷人殯於兩楹之間, 則與賓主夾之; 周人殯於西階之上, 則猶賓之. 而丘也卽殷人. 夫明王不興, 則天下其孰能宗余? 余逮將死.」

遂寢病, 七日而終, 時年七十二矣.

【梁木】 동량. 대들보. 공자 자신을 비유하여 말한 것임.
【安仰】 '安'은 의문부사.
【在阼】 阼는 빈주 사이의 상견례에서 주인이 서는 쪽. 동쪽 계단.
【逮】 '殆'와 같은 뜻으로 쓰였음.
【寢病】 臥病.

참고 및 관련 자료

1. 《禮記》 檀弓(下)

孔子蚤作, 負手曳杖, 消搖於門, 歌曰:「泰山其頹乎, 梁木其壞乎, 哲人其萎乎!」既歌而入, 當戶而坐. 子貢聞之曰:「泰山其頹, 則吾將安仰? 梁木其壞·哲人其萎, 則吾將安放? 夫子殆將病也.」遂趨而入. 夫子曰:「賜! 爾來何遲也? 夏后氏殯於東階之上, 則猶在阼也; 殷人殯於兩楹之間, 則與賓主夾之也; 周人殯於西階之上, 則猶賓之也. 而丘也殷人也. 予疇昔之夜, 夢坐奠於兩楹之間. 夫明王不興, 而天下其孰能宗予, 予殆將死也.」蓋寢疾七日而沒.

2. 《史記》 孔子世家

明歲, 子路死於衛. 孔子病, 子貢請見. 孔子方負杖逍遙於門, 曰:「賜, 汝來何其晚也?」孔子因歎, 歌曰:「太山壞乎! 梁柱摧乎! 哲人萎乎!」因以涕下. 謂子貢曰:「天下無道久矣, 莫能宗予. 夏人殯於東階, 周人於西階, 殷人兩柱間. 昨暮予夢坐奠兩柱之閒, 予始殷人也.」後七日卒. 孔子年七十三, 以魯哀公十六年四月己丑卒.

238(40-2) 哀公誄曰

애공의 뇌문

애공哀公의 뇌문誄文에 이렇게 쓰여 있다.

"하늘이 불쌍히 여기지 않으셔서 이 한 늙은이를 남겨 두시지 않으셨구나. 그리하여 나 같은 못난 사람으로 하여금 임금의 자리에 있게 하면서 보호해 주지 않으신 채 외로운 걱정만을 내게 남겨 주셨으니 아, 애통하도다! 이보尼父시여, 내 이제 법받을 사람도 없게 되었도다."

자공子貢이 말하였다.

"애공께서는 노魯나라에서 세상을 마치지 않으시겠습니까? 선생님께서 '예를 잃어버리면 세상이 어두워지고, 명분을 잃어버리면 허물이 생기느니라'라고 말씀하셨습니다. 뜻을 잃으면 어두워지며 그 잃은 바는 허물이 된다는 뜻이겠지요. 그런데 애공께서는 선생님이 살아 계실 때에는 능히 그러한 분을 들어 쓰지 못하시고 돌아가신 뒤에야 이러한 뇌문을 지으시니 이는 예라고 할 수 없습니다. 또 나 같은 못난 사람이라고 자신 한 사람만을 자칭하셨으니 이는 그 이름에 맞지 않습니다. 임금께서는 두 가지가 예에 어긋나신 것입니다."

孔子墓(산동 곡부)

哀公誄曰:「旻天不弔, 不慭遺一老, 俾屛余一人以在位, 煢煢余在疚, 於乎哀哉! 尼父無自律.」

子貢曰:「公其不沒於魯乎? 夫子有言曰:『禮失則昏, 名失則傃.』失志爲昏, 失所爲傃. 生不能用, 死而誄之, 非禮也; 稱一人, 非名. 君兩失之矣.」

【誄】誄文. 죽은 이를 위해 올리는 애도의 글.
【不弔】불쌍히 여기지 아니함.
【不慭遺】남겨 두려 하지 않음. '은(慭)'은 '願'과 같음.
【一老】공자를 가리킴.
【屛】막아 줌. 보호해 줌.
【一人】天子가 자신을 칭한 말. 哀公은 諸侯인데 스스로 일인이라 한 것은 예에 맞지 않음.
【煢煢】외로운 모습, 상태.
【於乎】'오호'로 읽으며 '嗚呼'와 같음.
【尼父】'니보'로 읽으며 공자를 가리킴.
【無自律】공자가 죽은 뒤에 법을 물어볼 곳도 법을 따를 곳도 없음.
【不沒於魯】애공은 三桓에 대하여 악감정을 가지고 있었으며 다른 제후의 힘을 빌려서라도 그들을 제거하고자 하였음. 이에 애공 26년(B.C.469) 8월, 越이 魯나라를 쳐서 삼환을 제거해 주기를 원했으나 이 싸움에 월나라가 지자 애공은 邾나라를 거쳐 越나라로 전전, 결국 子貢의 예언과 같았음.
【傃】傃은 '愆'의 이체자. 허물.

참고 및 관련 자료

1.《左傳》哀公 16년

夏四月己丑, 孔丘卒. 公誄之曰:「旻天不弔, 不慭遺一老, 俾屛余一人以在位, 煢煢余在疚. 嗚呼哀哉尼父!無自律.」子贛曰:「君其不沒於魯乎! 夫子之言曰:'禮失則昏,名失則愆.’ 失志爲昏, 失所爲愆. 生不能用, 死而誄之, 非禮也; 稱一人, 非名也. 君兩失之.」

2. 《史記》 孔子世家

哀公誄之曰: 「旻天不弔, 不憖遺一老, 俾屛余一人以在位, 煢煢余在疚. 嗚呼哀哉! 尼父, 毋自律!」 子貢曰: 「君其不沒於魯乎! 夫子之言曰: ‘禮失則昏, 名失則愆. 失志爲昏, 失所爲愆.’ 生不能用, 死而誄之, 非禮也. 稱‘余一人’, 非名也.」

3. 《禮記》 檀弓(上)

魯哀公誄孔丘曰: 「天不遺耆老, 莫相予位焉, 嗚呼哀哉! 尼父!」

春秋經傳集解僖上第五
杜氏 盡十五年
經元年春王正月齊師宋師曹師次于聶
北救邢 (齊師諸侯之師救邢次于聶北者案兵觀釁以待事也次例在莊三年聶北邢地) 夏六月邢
遷于夷儀 (邢遷如歸故以自遷爲辭夷儀邢地) 齊師宋師曹師城邢
(傳例曰救患分災禮也一事而再列三國於文不可言諸侯師故) 秋七月戊辰夫人姜
氏薨于夷齊人以歸 (傳在閔二年不言齊人殺諱之書地者明在外薨) 楚
人伐鄭 (荊始改號曰楚) 八月公會齊侯宋公鄭伯曹
伯邾人于檉 (檉宋地陳國陳縣西北有檉城公及其會而不書盟還不以盟告) 九月公
敗邾師于偃 (偃邾地) 冬十月壬午公子友帥師敗

《春秋》

239(40-3) 旣卒門人疑所以服夫子者
공자의 장례와 제자들

공자가 이미 돌아가시자 문인들은 선생님을 위하여 어떻게 복服을 입어야 하는지에 대하여 논란이 벌어졌다.

자공子貢이 이렇게 말하였다.

"옛날에 선생님께서 안회顔回를 잃으시고 마치 아들 잃은 것처럼 슬퍼하였으나 복은 입지 않으셨다. 또 그 뒤에 자로子路가 죽었을 때에도 역시 그렇게 하셨다. 지금 우리도 선생님을 위해서 애통한 마음은 부모를 잃은 것과 조금도 다름이 없지만 복은 입지 않는다."

그리하여 여러 제자들이 모두 조복弔服을 입고 거기에 질絰을 두르며, 밖에 나갈 때는 이를 허리에 매기로 하였다.

자하子夏는 이렇게 말하였다.

"집안에 있을 때에는 질絰을 매는 것이 마땅하지만 외출할 때는 이를 풀어야 한다."

이번에는 자유子游가 말하였다.

"내 선생님께 듣기로 친구의 초상에는 집 안에 있을 때에만 질을 매지만 출입할 때에는 매지 않는 것이며, 높은 자의 초상이라면 출타에 모두 질을 매는 것이 옳다고 하셨다."

공자의 상례에서 공서적公西赤이 염과 매장을 맡았다.

함唅에는 거친 쌀과 동전 3개로 하였으며, 습의襲衣는 옷을 열한 가지 썼는데 그 위에 조복朝服 한 벌을 더 입혀드렸으며, 장보관章甫冠을 씌웠고, 상환象環을 달아드렸는데 그 직경은 다섯 치이며 인장 끈을

〈孔門弟子守喪圖〉

매었다. 오동나무로 만든 관은 두께가 네 치이며 잣나무로 만든 관은 두께가 다섯 치였다. 임시 건물은 장식을 하였으며 영구에는 부채 모양의 삽翣을 두고 피披를 설치하였으니 이는 주周나라 장례 방식이다. 그리고 숭崇으로 꾸몄으니 이는 은殷나라 장례 방식이었으며, 흰색 비단실로 조旐를 꾸몄으니 이는 하夏나라 장례 방식이었다.

그리고 삼왕三王의 예를 겸하였으니 이는 선생님에 대한 존경에서 나온 것이며 또 옛날의 예법을 구비하게 하기 위함이었다.

이에 노魯나라 성 북쪽 사수泗水 위에 묻었는데 샘물이 솟아 나오지 않을 만큼의 깊이였으며, 봉분은 도끼 형상으로 넉 자 높이로 쌓았다. 그리고 주위에는 잣나무를 심어서 표지로 삼았다.

제자들은 산소 곁에 집을 짓고 심상心喪의 예를 행하였다.

이윽고 장례가 끝나자 연燕나라로부터 이를 관람하러 온 자들이 자하씨子夏氏의 집에 머물게 되었다. 그러자 자공이 그들을 보고 이렇게 물었다.

"우리들이 성인을 장례 지낸 것이요, 성인이 다른 사람을 장례 지낸 것도 아닌데 그대들은 무엇을 구경하려고 왔는가? 옛날에 우리 선생님께서 말씀하시기를 '묘의 모양이 혹은 커다란 집 모양과 같은 자도 있고, 도끼 모양과 같은 자도 있다. 그러나 나는 도끼 모양과 같은 것을 좇으련다. 말갈기 같은 봉분을 말하는 것이다'라 하셨다. 이제 하루에 세 번씩 참판斬板의 공사를 하여 봉분을 만든 것은 선생님의 평소 뜻에 맞추어 드리기 위한 것일 뿐인데 무슨 구경할 거리가 되겠는가?"

제자들의 삼년상이 끝나자 혹은 그곳에 머물러 있는 자도 있었고, 혹은 다른 곳으로 떠난 자도 있었으나 오직 자공만은 산소 곁에 여막을 짓고 6년을 시묘하였다. 이로부터 많은 제자들과 노나라 사람들이 그 무덤가에 살면서 마치 자신의 일인 양 시묘를 한 자가 백여 가나 되었으며, 이로써 마을을 이루어 그곳을 공리孔里라 하였다.

旣卒, 門人疑所以服夫子者, 子貢曰:「昔夫子之喪顔回也, 若喪其子而無服, 喪子路亦然, 今請喪夫子如喪父而無服.」

於是弟子皆弔服而加麻, 出有所之, 則由絰.

子夏曰:「入宜絰, 可也, 出則不絰.」

子游曰:「吾聞諸夫子: 喪朋友居則絰, 出則否; 喪所尊, 雖絰而出可也.」

孔子之喪, 公西赤掌殯葬焉, 唅以疏米三貝, 襲衣十有一稱, 加朝服一, 冠章甫之冠, 佩象環, 徑五寸而綦組綬, 桐棺四寸, 柏棺五寸, 飭廟置翣設披, 周也; 設崇, 殷也; 綢練設旐, 夏也. 兼用三王禮, 所以尊師且備古也. 葬於魯城北泗水上, 藏入地不及泉, 而封爲偃斧之形, 高四尺, 樹松柏爲志焉.

弟子皆家于墓, 行心喪之禮. 旣葬, 有自燕來觀者, 舍於子夏氏, 子貢謂之曰:「吾亦人之葬聖人, 非聖人之葬人, 子奚觀焉? 昔夫子言曰:『見吾封若夏屋者, 見若斧矣, 從若斧者也, 馬鬣封之謂也.』今徒一日三斬板, 而以封, 尙行夫子之志而已, 何觀乎哉?」

二三子三年喪畢, 或留或去, 惟子貢廬於墓六年, 自後群弟子及魯人處於墓如家者百有餘家, 因名其居曰孔里焉.

【服】 고대 상복을 말하며 여기서는 居喪중임을 뜻함.

【絰】 首絰과 腰絰이 있으며 질은 삼으로 만든 머리띠나 허리띠를 말함.

【公西赤】 公西華. 공자 제자. 자는 子華. 일찍이 공자를 모시고 제나라에 사신으로 간 적이 있음.

【唅】 죽은 이의 입에 곡식을 머금게 하는 것.

【甫章】 殷나라 때의 모자.

【綦組綬】 청흑색의 실로 印綬를 삼음. 印綬는 도장끈. 《禮記》 玉藻에 "孔子佩象環五寸而綦組綬"라 함.

【置翣】 삽(翣)은 나무로 짠 광주리. 너비가 3척, 높이가 2척 4촌이며, 흰 천으로 덮고 그 위에 구름무늬를 그린 다음 이를 무덤에 내려놓음.

【設披】 披는 고대의 葬具. 비단으로 관을 묶어 움직이지 않도록 고정하는 끈이라 함.

【設崇】 깃발 끝을 잘라 이빨 모양으로 설치한 것.

【旐】 출상할 때 영구를 인도하는 깃발.

【魯城】 魯나라 성. 지금의 山東 曲阜.

【泗水】 山東 曲阜를 흐르는 물.

【心喪】 제자들이 선생님을 부모처럼 여겨 마음으로 애도함을 뜻함.

【燕】 나라 이름. 지금의 북경 지역을 중심으로 발전하였으며 계(薊)를 도읍으로 하였음.

【夏屋】 큰 집을 말함. 아주 화려한 분묘를 말함.

【馬鬣】 말갈기. 봉문의 모습을 그렇게 만들었음을 말함. 보통 사람들의 분묘형식이라 함.

【斬板】 봉분을 만드는 방법. 나무판자를 대고 끈으로 둘러쳐 묶은 다음, 흙을 다져 넣고 굳어지면 그 끈을 잘라 봉분 형태를 만드는 것이라 함.
【尙】 '庶幾'와 같음.

참고 및 관련 자료

1. 《禮記》 檀弓(上)

孔子之喪, 門人疑所服. 子貢曰: 「昔者夫子之喪顏淵, 若喪子而無服; 喪子路亦然. 請喪夫子, 若喪父而無服.」 孔子之喪, 公西赤爲志焉: 飾棺・牆置翣設披, 周也; 設崇, 殷也; 綢練設旐, 夏也.
孔子之喪, 有自燕來觀者, 舍於子夏氏. 子夏曰: 「聖人之葬人與? 人之葬聖人也. 子何觀焉? 昔者夫子言之曰: 『吾見封之若堂者矣, 見若坊者矣, 見若覆夏屋者矣, 見若斧者矣.』 從若斧者焉. 馬鬣封之謂也. 今一日而三斬板, 而已封, 尙行夫子之志乎哉.」

2. 《史記》 孔子世家

孔子葬魯城北泗上, 弟子皆服三年. 三年心喪畢, 相訣而去, 則哭, 各復盡哀; 或復留. 唯子贛廬於冢上, 凡六年, 然後去. 弟子及魯人往從冢而家者百有餘室, 因命曰孔里. 魯世世相傳以歲時奉祠孔子冢, 而諸儒亦講禮鄕飮大射於孔子冢. 孔子冢大一頃. 故所居堂・弟子內, 後世因廟, 藏孔子衣冠琴車書, 至于漢二百餘年不絶. 高皇帝過魯, 以太牢祠焉. 諸侯卿相至, 常先謁然後從政.

41. 정론해正論解

'정론해正論解'는 당시 정치 인물들에 대한 정면적인 평론과 고사를 담고 있다. 주로 《좌전左傳》, 《예기禮記》, 《국어國語》, 《한시외전韓詩外傳》, 《신서新序》, 《설원說苑》, 《열녀전列女傳》 등에 실려 있는 내용을 채록한 것이다.

〈嵌貝鹿形銅鎭〉(서한) 1957 河南 陝縣 출토

240(41-1) 孔子在齊
관직의 법을 지킨 우인

공자가 제齊나라에 있을 때의 일이었다. 제나라 임금이 사냥을 나가려고 깃발로 우인虞人을 불렀으나 우인이 나타나지 않는 것이었다. 임금이 그를 잡아들이자 그 우인은 이렇게 대답하는 것이었다.

"옛날 선군께서 전렵을 하실 때에는 대부는 깃발로 불렀고, 선비는 활로 불렀으며, 우인은 피관皮冠으로 불렀었습니다. 그런데 신은 우인의 몸인데도 피관을 보지 못하였기 때문에 감히 나가지 않은 것입니다"

임금은 이에 그를 놓아주었다.

공자가 이를 듣고 말하였다.

"훌륭하도다! 도만 지키는 것이 관직의 법을 지키느니만 못한 것이다. 군자들은 이를 옳은 일이라 여기는 것이다."

孔子在齊, 齊侯出田, 招虞人以旌, 不進, 公使執之, 對曰:「昔先君之田也, 旌以招大夫, 弓以招士, 皮冠以招虞人 臣不見皮冠, 故不敢進.」

乃舍之.

孔子聞之曰:「善哉! 守道不如守官. 君子韙之.」

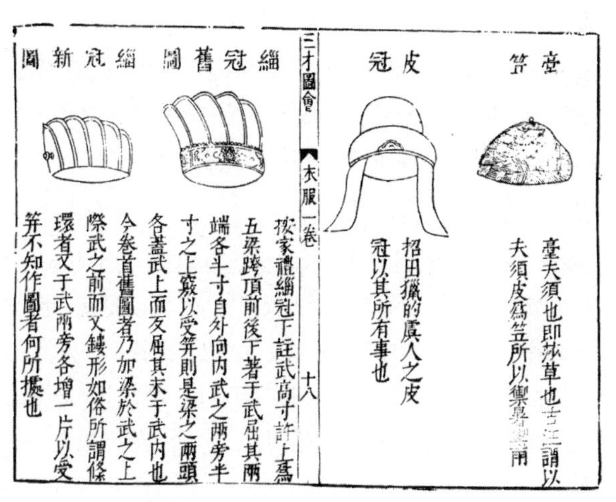
臺笠

臺夫須也即莎草也古注謂以夫須皮爲笠所以禦[illegible][illegible]雨

皮冠

招田獵的虞人之皮冠以其所有事也

三才圖會 衣服一卷 十八

緇冠舊圖

按家禮緇冠下註武高寸許上爲五梁跨頂前後下著于武屈其兩端各半寸自外向內武之兩旁半寸之上竅以受笄則是梁之兩頭各蓋武上而反屈其末于武內也今卷首舊圖者乃加梁於武之上際武之前而又鍥形如條所謂條環者又于武兩旁各增一片以受笄不知作圖者何所據也

緇冠新圖

橐冠 등 고대 모자《三才圖會》

【田】 田은 畋과 같음. 畋獵. 사냥을 나섬.

【虞人】 산택, 특히 임금의 사냥터를 관장하는 사람. 이들을 부를 때는 깃발로 불렀음.《孟子》萬章(下)에 "「以皮冠. 庶人以旃, 士以旂, 大夫以旌. 以大夫之招招虞人, 虞人死不敢往. 以士之招招庶人, 庶人豈敢往哉? 況乎以不賢人之招招賢人乎?」"라 함.

【旌】 깃발. 고대 임금의 명령이 있어 大夫를 부를 때에는 旌으로, 士를 부를 때는 弓으로, 虞人을 부를 때에는 역시 旌으로 하였다 함.

【韙】 '옳다, 잘하다, 맞는 말'이라는 뜻.

참고 및 관련 자료

1.《左傳》昭公 20년

十二月, 齊侯田于沛, 招虞人以弓, 不進. 公使執之. 辭曰:「昔我先君之田也, 旃以招大夫, 弓以招士, 皮冠以招虞人. 臣不見皮冠, 故不敢進.」乃舍之. 仲尼曰:「守道不如守官.」君子韙之.

2.《孟子》 滕文公(下)

孟子曰:「昔齊景公田, 招虞人以旌, 不至, 將殺之.『志士不忘在溝壑, 勇士不忘喪其元.』孔子奚取焉? 取非其招不往也, 如不待其招而往, 何哉? 且夫枉尺而直尋者, 以利言也. 如以利, 則枉尋直尺而利, 亦可爲與?」

3.《孟子》 萬章(下)

齊景公田, 招虞人以旌, 不至, 將殺之.『志士不忘在溝壑, 勇士不忘喪其元.』孔子奚取焉? 取非其招不往也.」曰:「敢問招虞人何以?」曰:「以皮冠. 庶人以旃, 士以旂, 大夫以旌. 以大夫之招招虞人, 虞人死不敢往. 以士之招招庶人, 庶人豈敢往哉? 況乎以不賢人之招招賢人乎? 欲見賢人而不以其道, 猶欲其入而閉之門也. 夫義, 路也; 禮, 門也. 惟君子能由是路, 出入是門也. 詩云:『周道如底, 其直如矢; 君子所履, 小人所視.』」

241(41-2) 齊國書伐魯
선생님으로부터 배운 것입니다

제齊나라 국서國書가 노魯나라를 공격해 오자 계강자季康子는 염구冉求로 하여금 좌사左師를 거느리고 이를 방어토록 하였다.

이때 번지樊遲로 우사右師를 삼았다. (그러자 번지가 말하였다.)

"능히 적을 대적하지 못하는 것이 아니라 그대를 믿지 못하기 때문입니다. 청컨대 3각의 시간을 약속하고 곧바로 성문을 넘어 돌진하겠습니다."

그의 말대로 하였더니 군사들이 따르는 것이었다. 이에 군사들이 제나라 군대로 진입하자 제나라 군대는 흩어져 도망가고 말았다. 이 싸움에 염유는 창을 잘 썼으며 그 때문에 능히 적진으로 진입할 수 있었던 것이다.

공자가 이를 듣고 말하였다.

"염유는 의로웠다."

이윽고 전투가 끝나자 계손季孫이 염유에게 물었다.

"그대는 전쟁에 대해서도 배운 일이 있는가? 그렇지 않으면 배우지 않고 저절로 그렇게 통달한 것인가?"

염유가 대답하였다.

"배웠습니다."

계손이 말하였다.

"공자를 따라 모시면서 어찌 전투에 대해서까지 배웠단 말인가?"

염유는 이렇게 대답하였다.

"이미 선생님으로부터 배웠습니다. 선생님께서는 큰 성인이시기 때문에 해박하지 않으심이 없으며 문무文武에 대해서도 겸하여 통달하십니다. 그러나 저는 그 전법에 대하여 얼핏 들었을 뿐 상세한 것은 모릅니다."

계손은 매우 기뻐하였고, 번지가 이를 공자에게 고하자 공자는 이렇게 말하였다.

"계손씨가 이제야 남의 유능함을 두고 즐겁다고 말할 줄 아는구나."

齊國書伐魯, 季康子使冉求率左師禦之, 樊遲爲右, 「非不能也, 不信者. 請三刻而踰.」

如之, 衆從之, 師入齊軍, 齊軍遁. 冉有用戈, 故能入焉.

孔子聞之曰:「義也.」

旣戰, 季孫謂冉有曰:「子之於戰, 學之乎? 性達之乎?」

對曰:「學之.」

季孫曰:「從事孔子, 惡乎學?」

冉有曰:「旣學之孔子也. 夫孔子者, 大聖無不該, 文武並用兼通, 求也適聞其戰法, 猶未之詳也.」

季孫悅, 樊遲以告孔子, 孔子曰:「季孫於是乎可謂悅人之有能矣.」

【國書】 인명. 齊나라의 경. 齊나라에는 당시 國氏가 大姓이었음.

【冉求】 자는 子有. 공자 제자. 季氏 집안의 宰를 지냈음.

【季康子】 노나라의 실권자. 季桓子의 庶子로 여러 차례 孔子에게 정치에 대한 자문을 받기도 한 인물. 《論語》 顔淵篇 참조.

【左師】 지방의 군대. 右師와 左師로 구분하였음.
【樊遲】 공자 제자.
【非不能也～而踰】 이 구절은 번지가 계강자에게 한 말로 보고 있다.
【三刻】 一刻은 15분 정도의 시간. 3각은 45분.
【季孫】 계강자를 말함.
【該】 '賅'와 같음. 모두 포괄함.

참고 및 관련 자료

1. 《左傳》 哀公 11년

十一年春, 齊爲鄎故, 國書·高無丕帥師伐我, 及淸. 季孫謂其宰冉求曰:「齊師在淸, 必魯故也, 若之何?」求曰:「一子守, 二子從公禦諸竟.」季孫曰:「不能.」求曰:「居封疆之間.」季孫告二子, 二子不可. 求曰:「若不可, 則君無出. 一子帥師, 背城而戰, 不屬者, 非魯人也. 魯之羣室衆於齊之兵車, 一室敵車優矣, 子何患焉? 二子之不欲戰也宜, 政在季氏. 當子之身, 齊人伐魯而不能戰, 子之恥也, 大不列於諸侯矣.」季孫使從於朝, 俟於黨氏之溝. 武叔呼而問戰焉. 對曰:「君子有遠慮, 小人何知?」懿子强問之, 對曰:「小人慮材而言, 量力而共者也.」武叔曰:「是謂我不成丈夫也.」退而蒐乘. 孟孺子洩帥右師, 顔羽御, 邴洩爲右. 冉求帥左師, 管周父御, 樊遲爲右. 季孫曰:「須也弱.」有子曰:「就用命焉.」季氏之甲七千, 冉有以武城人三百爲己徒卒, 老幼守宮, 次于雩門之外. 五日, 右師從之. 公叔務人見保者而泣, 曰:「事充, 政重, 上不能謀, 士不能死, 何以治民? 吾旣言之矣, 敢不勉乎!」師及齊師戰于郊. 齊師自稷曲, 師不踰溝. 樊遲曰:「非不能也, 不信子也, 請三刻而踰之.」如之, 衆從之. 師入齊軍. 右師奔, 齊人從之. 陳瓘·陳莊涉泗. 孟之側後入以爲殿, 抽矢策其馬, 曰:「馬不進也.」林不狃之伍曰:「走乎?」不狃曰:「誰不如?」曰:「然則止乎?」不狃曰:「惡賢?」徐步而死. 師獲甲首八十, 齊人不能師. 宵諜曰:「齊人遁.」冉有請從之三, 季孫弗許. 孟孺子語人曰:「我不如顔羽, 而賢於邴洩. 子羽銳敏, 我不欲戰而能默, 洩曰'驅之'.」公爲與其嬖僮汪錡乘, 皆死, 皆殯. 孔子曰:「能執干戈以衛社稷, 可無殤也.」冉有用矛於齊師, 故能入其軍. 孔子曰:「義也.」

242(41-3) 南容說仲孫何忌旣除喪
허물을 고칠 줄 아는 것이 군자

남용열南容說과 중손하기仲孫何忌 형제가 이미 복服을 벗었으나 당시 소공昭公이 국외로 축출당하여 아직 경卿의 작위를 받지 못하고 있었다.

정공定公이 즉위한 뒤에야 이에 작위에 대한 명이 내리자 그들은 이렇게 사양하였다.

"선신先臣께서 유언으로 명하시기를 '예란 곧 사람의 줄거리이니 예가 아니면 설 수가 없는 것이다. 가로家老에게 부탁하여 우리 두 신하로 하여금 반드시 공자를 섬겨 예를 배워 그 예를 정하라' 하셨습니다."

이에 정공은 그 말을 허락하여 두 아들을 공자에게 보내어 가르침을 듣도록 하였다.

공자는 이렇게 말하였다.

"능히 허물을 보충해 나갈 줄 아는 사람은 군자이다. 《시詩》에 '군자란 바로 법이며 본받아야 할 사람'이라 하였으니 이 맹희자孟僖子야말로 가히 남이 본받아야 할 사람이로다. 자신의 잘못을 징계하여 그 아들을 훈계하였으니 〈대아大雅〉에 '그 손자에게 법을 끼쳐 주고, 그 자손들을 안정되게 하라' 한 것이 바로 이런 유형이다."

南容說·仲孫何忌旣除喪, 而昭公在外, 未之命也. 定公旣位, 乃命之, 辭曰:「先臣有遺命焉:『夫禮, 人之幹也. 非禮則無以立, 囑家老使命二臣, 必事孔子而學禮, 以定其位.』」

公許之. 二子學於孔子, 孔子曰:「能補過者君子也.《詩》云:『君子是則傚.』孟僖子可則傚矣. 懲己所病, 以誨其嗣,〈大雅〉所爲『詒厥孫謀, 以燕翼子.』是類也夫!」

【南容說】南宮敬叔. 孟僖子의 아들. '說'은 '열'로 읽으며 이름. 중손하기와 형제간. 맹희자의 상을 당하여 형제가 함께 상복을 입어 상기를 마쳤음을 말함.
【仲孫何忌】仲孫何綦로도 쓰며 孟懿子. 孟僖子의 아들.
【昭公】魯나라 군주. 季孫에 의해 축출 당하였음.
【未之命】남궁경숙과 중손하기를 경대부로 임명한 적이 없음.
【定公】이름은 宋. 昭公의 아우이며 哀公의 아버지. 일찍이 齊 景公과 夾谷에서 담판을 할 때 공자가 수행하여 도왔던 임금. B.C.509~495년까지 15년간 재위함.《史記》魯周公世家 참조.
【先臣】전대 임금의 신하. 여기서는 자신의 아버지 孟僖子를 새로운 임금 定公에게 그렇게 칭한 것임.
【二臣】《左傳》昭公 7년의 기록을 참조할 것.
【君子是則是傚】《詩經》小雅 鹿鳴의 구절.
【詒厥孫謀】《詩經》大雅 文王有聲의 구절.

참고 및 관련 자료

1.《左傳》昭公 7년

九月, 公至自楚. 孟僖子病不能相禮, 乃講學之, 苟能禮者從之. 及其將死也, 召其大夫, 曰:「禮, 人之幹也. 無禮, 無以立. 吾聞將有達者曰孔丘, 聖人之後也, 而滅於宋. 其祖弗父何以有宋而授厲公. 及正考父, 佐戴·武·宣, 三命玆益共, 故其鼎銘云:『一命而僂, 再命而傴, 三命而俯, 循牆而走, 亦莫余敢侮. 饘於是, 鬻於是, 以餬余口.』其共也如是. 臧孫紇有言曰:『聖人有明德者, 若不當世, 其後必有達人.』今其將在孔丘乎! 我若獲沒, 必屬說與何忌於夫子, 使事之, 而學禮焉, 以定其位.」故孟懿子與南宮敬叔師事仲尼. 仲尼曰:「能補過者, 君子也. 詩曰『君子是則是效』, 孟僖子可則效已矣.」

243(41-4) 衛孫文子得罪於獻公
연릉계자의 충고

위衛나라 손문자孫文子가 헌공獻公에게 죄를 짓고 척戚이라는 고을에 살고 있었다. 헌공이 죽고 아직 장례를 치르기 전에 문자는 음악을 울리며 놀고 있었다.

이때 마침 연릉계자延陵季子가 진陳나라에 가는 길에 척 고을을 지나다가 이를 듣고 이렇게 말하였다.

"괴이한 일이로다! 선생님께서 이런 곳에 계시다니 마치 제비새끼가 저 위태로운 장막 위에 집을 짓고 사는 것과 같구나. 어찌 음악을 울리고 있단 말인가? 임금이 죽어 상중인데 이래도 되는 것인가?"

문자는 이에 종신토록 음악을 듣지 않았다.

공자가 이를 듣고 말하였다.

"계강자季康子는 능히 의로써 남을 바르게 하였고, 문자는 능히 자신을 극복하여 의에 복종하였으니 허물을 잘 고쳤다고 할 만하다."

衛孫文子得罪於獻公, 居戚. 公卒未葬, 文子擊鐘焉.

延陵季子適晉, 過戚, 聞之:「異哉! 夫子之在此, 猶燕之巢于幕也, 懼猶未也, 又何樂焉? 君又在殯, 可乎?」

文子於是終身不聽琴瑟.

孔子聞之曰:「季子能以義正人, 文子能克己服義, 可謂善改矣.」

鄭나라 子産《三才圖會》

【衛孫文子】 위나라 대부. 孫林父. 衛 獻公이 그와 점심 약속을 해 놓고 손림보가 기다렸으나 시간이 지나도록 소식이 없었음. 손림보가 알아보았더니 왕은 기러기 사냥 중이었다. 이 일로 손림보가 군복으로 갈아입고 찾아가 헌공을 齊나라로 쫓아 버림. 《史記》 衛康叔世家 참조.

【戚】《史記》에는 '宿'으로 되어 있으며 손림보의 채읍. 지금의 河南 濮陽縣 북쪽.

【延陵季子】 吳나라의 季札. 吳王 壽夢의 막내아들로 왕위가 자신에게 왔으나 뒤를 잇지 아니하고 형들에게 양보함. 延陵(지금의 江蘇 常州)에 봉해져 '연릉계자'라 부름. 중원 여러 나라에 초빙을 받아 다녀갔음.

【服義】 인의의 일에 복종함.

참고 및 관련 자료

1. 《左傳》 襄公 29년

自衛如晉, 將宿於戚, 聞鐘聲焉, 曰:「異哉! 吾聞之也, 辯而不德, 必加於戮. 夫子獲罪於君以在此, 懼猶不足, 而又何樂? 夫子之在此也, 猶燕之巢于幕上. 君又在殯, 而可以樂乎?」 遂去之. 文子聞之, 終身不聽琴瑟.

2.《史記》吳太伯世家

自衛如晉, 將舍於宿, 聞鍾聲, 曰:「異哉! 吾聞之, 辯而不德, 必加於戮. 夫子獲罪於君以在此, 懼猶不足, 而又可以畔乎? 夫子之在此, 猶燕之巢于幕也. 君在殯而可以樂乎?」遂去之. 文子聞之, 終身不聽琴瑟.

244(41-5) 孔子覽晉志
동호와 같은 사관

공자가 진晉나라 역사책을 읽고 있었다. 조천趙穿이 영공靈公을 죽일 때 조돈趙盾은 도망해 달아나면서 진나라의 국경을 미처 넘지 않은 채 이 소식을 듣고 돌아왔음을 두고 역사에는 "조돈이 영공을 죽였다" 라고 기록한 부분이었다.

조돈은 "그렇지 않다"고 변명하였다. 그러나 사관은 이렇게 말하였다.

"그대는 정경正卿으로서 달아났다가 국경을 넘어가지 않은 채 되돌아 왔으면서도 조천을 역적이라고 성토하지 않고 있으니, 이로 보아 영공은 그대가 죽인 것이 아니고 누가 죽였단 말인가?"

그러자 조돈은 "슬픈 일이로다. '내 품은 뜻이여! 내 스스로 이런 슬픈 일을 만들었도다'라 하였으니 이는 나를 두고 한 말이 아니겠는가?"라고 승복하였다.

공자는 이렇게 감탄하였다.

"동호董狐는 옛날의 어진 사관으로서 역사의 기록을 은폐하지 않았고, 조선자趙宣子는 옛날의 어진 대부로서 법을 위해 악한 누명을 감수하였다. 애석하도다. 그가 국경을 넘어갔더라면 이런 누명을 면할 수 있었을 것인데."

孔子覽晉志, 晉趙穿殺靈公, 趙盾亡, 未及山而還, 史書「趙盾弑君」, 盾曰:「不然.」史曰:「子爲正卿, 亡不出境, 返不討賊,非子而誰?」

盾曰:「嗚呼!『我之懷矣, 自詒伊戚.』其我之謂乎?」

孔子歎曰:「董狐, 古之良史也, 書法不隱; 趙宣子, 古之良大夫也, 爲法受惡. 惜也越境乃免.」

【晉志】 晉나라의 역사 기록. 역사서.

【趙穿】 趙盾의 동족 형제로 당시 장군이었음.

【靈公】 이름은 夷皐. 晉 襄公의 太子로 사치와 포악함이 지나쳐 누대에서 총을 쏘아 사람이 피하는 모습을 보고 즐거워하였다 함. 대신의 간언을 듣지 않다가 결국 죽음을 당함. 14년 간(B.C.620~607) 재위.

【趙盾】 '조돈'으로 읽으며, 趙宣子. 趙衰의 아들. 진나라 집정대신이 되어 권력을 장악함.

【史】 태사. 역사를 기록하는 관직.

【我之懷矣】《詩經》小雅 小明의 구절과 邶風 雄雉의 구절이 섞여 있음.

【董狐】 춘추시대 晉나라 史官. 趙穿이 靈公을 시살하였음에도 趙盾이 성토하지 않자 이에 동호는 '趙盾弑其君'이라 기록함. 孔子가 이를 두고 "董狐, 古之良史也"라 칭찬함.

【不隱】 회피하지 아니함. 은폐하지 아니함.

【受惡】 악명을 덮어씀.

참고 및 관련 자료

1.《左傳》宣公 2년

晉靈公不君, 厚斂以彫牆; 從臺上彈人, 而觀其辟丸也; 宰夫胹熊蹯不熟, 殺之, 寘諸畚, 使婦人載以過朝. 趙盾·士季見其手, 問其故, 而患之. 將諫, 士季曰:「諫而不入, 則莫之繼也. 會請先, 不入, 則子繼之.」三進, 及溜, 而後視之, 曰:「吾知所過矣, 將改之.」稽首而對曰:「人誰無過, 過而能改, 善莫大焉. 詩曰:『靡不有初, 鮮克有終.』夫如是, 則能補過者鮮矣. 君能有終, 則社稷之固也, 豈唯羣臣賴之. 又曰

『袞職有闕, 惟中山甫補之』, 能補過也. 君能補過, 袞不廢矣.」猶不改. 宣子驟諫, 公患之, 使鉏麑賊之. 晨往, 寢門闢矣, 盛服將朝. 尚早, 坐而假寐. 麑退, 歎而言曰: 「不忘恭敬, 民之主也. 賊民之主, 不忠; 棄君之命, 不信. 有一於此, 不如死也.」觸槐而死. 秋九月, 晉侯飮趙盾酒, 伏甲, 將攻之. 其右提彌明知之, 趨登, 曰: 「臣侍君宴, 過三爵, 非禮也.」遂扶以下. 公嗾夫獒焉, 明搏而殺之. 盾曰: 「棄人用犬, 雖猛何爲!」鬪且出. 提彌明死之. 初, 宣子田于首山, 舍于翳桑, 見靈輒餓, 問其病. 曰: 「不食三日矣.」食之, 舍其半. 問之. 曰: 「宦三年矣, 未知母之存否, 今近焉, 請以遺之.」使盡之, 而爲之簞食與肉, 寘諸橐以與之. 旣而與爲公介, 倒戟以禦公徒而免之. 問何故. 對曰: 「翳桑之餓人也.」問其名居, 不告而退, 遂自亡也. 乙丑, 趙穿攻靈公於桃園. 宣子未出山而復. 大史書曰: 「趙盾弑其君」, 以示於朝. 宣子曰: 「不然.」對曰: 「子爲正卿, 亡不越竟, 反不討賊, 非子而誰?」宣子曰: 「嗚呼! 詩曰『我之懷矣, 自詒伊慼.』其我之謂矣.」孔子曰: 「董狐, 古之良史也, 書法不隱. 趙宣子, 古之良大夫也, 爲法受惡. 惜也, 越竟乃免.」宣子使趙穿逆公子黑臀于周而立之. 壬申, 朝于武宮.

245(41-6) 鄭伐陳
자산의 판단

정鄭나라가 진陳나라를 공격해 그 나라로 들어서자 자산子產으로 하여금 승리의 소식을 진晉나라에게 올리도록 하였다. 그러자 진晉나라에서는 진陳나라의 잘못이 무엇인지를 묻는 것이었다. 자산이 대답하였다.

"진陳나라가 주周나라의 큰 덕을 잊어버리고 초楚나라 무리를 믿고 우리나라를 능멸하였습니다. 이에 지난해에 이러한 사실을 귀국에게 고하였으나 귀국에서는 이를 허락지 않았기 때문에 다시 동문東門의 전투를 일으킬 수밖에 없었던 것입니다. 그때 진陳나라 군사들이 길을 막고 우리나라 우물을 메우며, 나무를 마구 베는 등 횡포를 부려 우리나라에서는 크게 두려워하였습니다. 그러자 하늘이 우리의 선량함을 칭찬해 주시고 우리나라 백성들의 마음을 열어 주셨으며 저들이 죄를 알고 우리에게 항복해 왔던 것입니다. 이에 감히 그 공헌을 보고해 드리는 것입니다."

진晉나라에서 다시 물었다.

"그렇다고 어찌 작은 나라를 침략하는가?"

자산이 대답하였다.

"선왕께서 내린 명령에 그 죄가 있는 곳이라면 각기 그들을 치라고 하였습니다. 옛날에 천자에게는 천리 땅의 기圻 하나가 있으며, 열국에게는 백리 땅의 동同이 하나 있도록 하였으며, 이로부터 그 아래 작위는 감쇄해 가는 것이니 이것이 주周나라의 제도입니다. 그런데 지금은 큰 나라일 경우 몇 개의 기圻에 해당하는 땅을 가지고 있으니 만약 작은 나라를 침략하지 않고서야 어찌 그러한 경우에 이를 수 있겠습니까?"

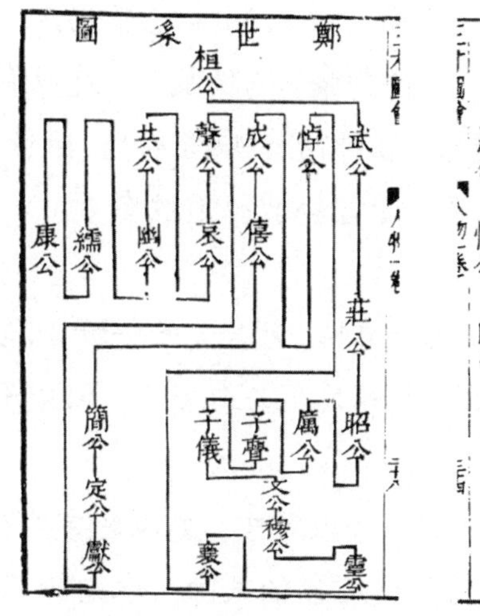

鄭나라 世系圖《三才圖會》

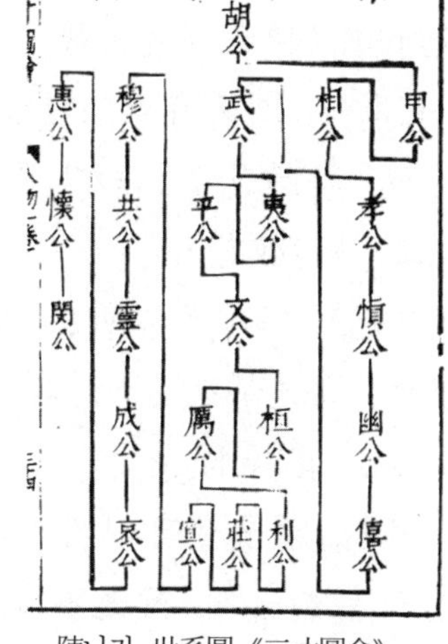

陳나라 世系圖《三才圖會》

진晉나라에서는 이렇게 말하였다.

"그 말이 순리에 맞습니다."

공자가 이를 듣고 자공子貢에게 말하였다.

"옛 글에 이런 말이 있다. 말로써 뜻을 충족하게 표현하고, 글로써 그 말 뜻을 충족하게 성취하는 것이니 말을 하지 않으면 누가 그 뜻을 알겠느냐? 그리고 말을 글로 표현하지 않는다면 그 행동이 원대할 수 없는 것이다.

진晉나라는 패자伯의 위치로서 정나라가 진陳나라를 치는 일에 대하여 그 문채가 찬란한 언사가 아니었다면 그 공을 표현할 수 없을 것이다. 제자들아, 신중히 생각하라!"

鄭伐陳, 入之, 使子産獻捷于晉, 晉人問陳之罪焉.

子産對曰: 「陳亡周之大德, 介恃楚衆, 馮陵敝邑, 是以有往年之告, 未獲命, 則又有東門之役, 當陳隧者井堙木刊, 敝邑大懼, 天誘其衷, 啓敝邑心, 知其罪, 授首於我, 用敢獻功.」

晉人曰: 「何故侵小?」

對曰: 「先王之命, 惟罪所在, 各致其辟. 且昔天子一圻 列國一同, 自是以衰, 周之制也. 今大國多數圻矣, 若無侵小, 何以至焉?」

晉人曰: 「其辭順.」

孔子聞之, 謂子貢曰: 「志有之, 言以足志, 文以足言, 不言誰知其志? 言之無文, 行之不遠. 晉爲鄭伯入陳, 非文辭不爲功, 小子愼哉!」

【子産】 이름은 僑. 鄭나라의 유명한 재상. 鄭 穆公의 손자이며 子國의 아들. 公孫氏로 불림. 혹 東里에 살아 東里子産이라 부름. 定公, 獻公, 聲公을 섬겨 약한 정나라를 부강하게 하였음. 《史記》 鄭世家 참조.

【陳亡周之大恩】 '亡'은 '忘'과 같음. 周 武王이 자신의 큰딸 大姬를 陳나라 시조 胡公에게 주어 제후국으로 봉해준 은혜를 잊고 있다는 뜻임.

【介恃】 크게 그들을 믿음.

【馮陵】 속이고 능멸함. 침범하고 모욕을 줌.

【東門之役】 楚나라와 함께 陳나라를 쳐서 그 동문으로 들어간 일.

【井堙】 우물을 메워 버림.

【天誘其衷】 하늘이 나의 선량함을 칭찬해 줌. 하늘이 우리편이 되어 줌.

【辟】 처벌함. 죽여 버림.

【圻】 '畿'와 같음. 왕도에서 사방 천 리 안을 '圻'라 함.

【同】 사방 백 리 땅을 '同'이라 함.

【自是以衰】 이로부터 방백은 70리로 자남의 작위는 50리로 줄임.

【志】 고대 기록. 古書.

【晉爲鄭伯入陳】 "晉爲伯, 鄭入陳"이어야 함. 《左傳》 참조.

참고 및 관련 자료

1. 《左傳》 襄公 25년

初, 陳侯會楚子伐鄭, 當陳隧者, 井堙·木刊, 鄭人怨之. 六月, 鄭子展·子產帥車七百乘伐陳, 宵突陳城, 遂入之. 陳侯扶其大子偃師奔墓, 遇司馬桓子, 曰:「載余!」曰:「將巡城.」遇賈獲, 載其母妻, 下之, 而授公車. 公曰:「舍而母.」辭曰:「不祥.」與其妻扶其母以奔墓, 亦免. 子展命師無入公宮, 與子產親御諸門. 陳侯使司馬桓子賂以宗器. 陳侯免, 擁社, 使其衆男女別而纍, 以待於朝. 子展執縶而見, 再拜稽首, 承飮而進獻. 子美入, 數俘而出. 祝祓社, 司徒致民, 司馬致節, 司空致地, 乃還. 鄭子產獻捷于晉, 戎服將事. 晉人問陳之罪. 對曰:「昔虞閼父爲周陶正, 以服事我先王. 我先王賴其利器用也, 與其神明之後也, 庸以元女大姬配胡公, 而封諸陳, 以備三恪. 則我周之自出, 至于今是賴. 桓公之亂, 蔡人欲立其出, 我先君莊公奉五父而立之, 蔡人殺之. 我又與蔡人奉戴厲公. 至於莊·宣, 皆我之自立. 夏氏之亂, 成公播蕩, 又我之自入, 君所知也. 今陳忘周之大德, 蔑我大惠, 棄我姻親, 介恃楚衆, 以馮陵我敝邑, 不可億逞, 我是以有往年之告. 未獲成命, 則有我東門之役. 當陳隧者, 井堙·木刊. 敝邑大懼不競而恥大姬, 天誘其衷, 啓敝邑之心. 陳知其罪, 授手于我. 用敢獻功.」晉人曰:「何故侵小?」對曰:「先王之命, 唯罪所在, 各致其辟. 且昔天子之地一圻, 列國一同, 自是以衰. 今大國多數圻矣, 若無侵小, 何以至焉?」晉人曰:「何故戎服?」對曰:「我先君武·莊爲平·桓卿士. 城濮之役, 文公布命, 曰:'各復舊職.' 命我文公戎服輔王, 以授楚捷, 不敢廢王命故也.」士莊伯不能詰, 復於趙文子. 文子曰:「其辭順. 犯順, 不祥.」乃受之. 冬十月, 子展相鄭伯如晉, 拜陳之功. 子西復伐陳, 陳及鄭平. 仲尼曰:「志有之, '言以足志, 文以足言.' 不言, 誰知其志? 言之無文, 幸而不遠. 晉爲伯, 鄭入陳, 非文辭不爲功. 愼辭也.」

246(41-7) 楚靈王汰侈
극기복례가 곧 인이다

초楚나라 영왕靈王은 지나치게 교만하고 또 사치스러웠다.

우윤右尹 자혁子革이 그를 모시고 앉았었는데 좌사左史 의상倚相이 그 앞을 빠른 걸음으로 지나가자 영왕이 이렇게 말하였다.

"저 사람은 훌륭한 사관이다. 잘 봐 두어라. 저 사람은 능히 《삼분三墳》·《오전五典》·《팔삭八索》·《구구九丘》를 모두 읽을 줄 안다."

우윤이 대답하였다.

"무릇 훌륭한 사관이란 임금의 허물을 기록하면서도 임금의 착한 일도 드러내어 밝혀야 하는 것입니다. 그런데 이 사람은 말만 윤색하는 것으로써 관직을 지탱하고 있으니 훌륭한 사관이라 할 수 없습니다."

그리고 이렇게 말을 이었다.

"신은 또한 일찍이 이렇게 들었습니다. 옛날 주周나라 목왕穆王이 자신 마음 내키는 대로 온 천하를 주유할 때 수레바퀴와 말 발자국이 미치지 않은 곳이 없도록 하였습니다. 이때 채공蔡公 모보謀父가 〈기소祈昭〉라는 시를 지어 왕의 욕구를 중지시켰습니다. 왕은 이에 문궁文宮에서 큰 탈 없이 세상을 마칠 수 있었다 합니다. 그러나 신은 그처럼 알려진 시에 대해서는 듣기는 하였으나 자세히 알지는 못합니다. 만약 그에게 그보다 더 먼 옛날 일을 묻는다면 그인들 어찌 알겠습니까?"

영왕이 말하였다.

"그대는 능히 알고 있는가?"

우윤자혁은 이렇게 대답하였다.

"알 수 있습니다. 그 시에 '기소의 안락함이여, 덕음德音을 밝게 해주도다. 우리 임금을 생각하니 옥과 같고 금과 같도다. 백성들의 힘을 손상할까 염려하여 제 혼자 취하고 배부르겠다는 마음 아예 없어라'라 하였습니다."

영왕은 우윤자혁에게 읍하고 안으로 들어갔다.

이로부터 영왕은 먹을 때가 되어도 먹지 않고 잠잘 때가 되어도 잠을 자지 않기를 여러 날 하였지만 오히려 자기의 불안한 마음을 견디지 못하여 마침내 환난을 당하고 말았다.

공자는 이 기록을 읽고 이렇게 말하였다.

"옛날에 이러한 기록이 있지. 극기복례克己復禮가 곧 인仁이라 하였으니 진실로 훌륭하도다! 초나라의 영왕도 능히 이같이만 하였다면 어찌 건계乾谿에서 욕을 당하였겠는가? 우윤이 좌사左史를 그르다고 한 것은 풍자로써 한 것이며, 《시》로써 간언을 삼았으니 순리에 맞는 것이었도다!"

楚靈王汏侈, 右尹子革侍坐, 左史倚相趨而過, 王曰:「是良史也, 子善視之, 是能讀三墳五典八索九丘.」

對曰:「夫良史者, 記君之過, 揚君之善, 而此子以潤辭爲官, 不可爲良史.」

曰:「臣又乃嘗聞焉: 昔周穆王欲肆其心, 將過行天下, 使皆有車轍並馬跡焉. 蔡公謀父作〈祈昭〉, 以止王心, 王是以獲歿於文宮. 臣聞其詩焉而弗知, 若問遠焉, 其焉能知?」

王曰:「子能乎?」

對曰:「能. 其《詩》曰:『〈祈昭〉之愔愔乎, 式昭德音. 思我王度, 式如玉, 式如金. 形民之力, 而無有醉飽之心.』」

靈王揖而入, 饋不食, 寢不寐, 數日, 則固不能勝其情, 以及於難.

孔子讀其志曰: 「古者有志, 克己復禮爲仁, 信善哉! 楚靈王若能如是, 豈期辱於乾谿? 子革之非左史, 所以風也, 稱《詩》以諫, 順哉!」

【楚靈王】 춘추시대 초나라 군주. 公子圍. 강왕을 죽이고 자립하였음. B.C.540~529년까지 12년간 재위함. 《史記》 楚世家 참조.

【右尹】 초나라의 관직 이름.

【子革】 鄭丹. 子然의 아들이며 내란을 피해 초나라에 와 있었음.

【三墳五典】 고대의 책이름. 三墳은 三皇시대의 책이며 五典은 五帝 때의 기록물이라 함.

【八索】 八卦에 대한 기록을 한 고대의 책.

【九丘】 九州에 대한 기록이었다 함.

【周穆王】 周나라 때의 임금. 姬滿. 昭王의 아들이며 《尙書》의 〈君牙〉, 〈冏命〉, 〈呂刑〉은 그의 언론을 실은 것임. 신화와 전설, 유람을 좋아하였으며 《穆天子傳》은 그에 대한 소설임.

【祭公謀父】 주나라 때의 경.

【祈昭】 '祈招'로도 표기하며 詩 제목.

【獲歿】 큰 탈 없이 좋은 죽음을 맞이함. 객사하지 아니하였음을 말함.

【文宮】 《左傳》에는 '祇官'으로 되어 있으며 도읍 교외에 있던 궁궐 이름.

【愔愔】 편안하고 온화한 모습.

【克己復禮】 《論語》 顔淵篇에 "顔淵問仁. 子曰: 「克己復禮爲仁. 一日克己復禮, 天下歸仁焉. 爲仁由己, 而由人乎哉?」 顔淵曰: 「請問其目.」 子曰: 「非禮勿視, 非禮勿聽, 非禮勿言, 非禮勿動.」 顔淵曰: 「回雖不敏, 請事斯語矣.」"라 함.

【乾谿】 楚 靈王이 乾谿에서 무도한 놀이를 일삼으며 백성이 노역으로 고통을 당하자 吳나라가 쳐서 潰敗시킴. 이에 영왕은 홀로 산속을 방황하다가 굶어 자살함. 《史記》 楚世家 참조.

【風】 '諷'과 같음. 풍자함.

참고 및 관련 자료

1.《左傳》昭公 12년

楚子狩于州來, 次于潁尾, 使蕩侯·潘子·司馬督·囂尹午·陵尹喜帥師圍徐以懼吳. 楚子次于乾谿, 以爲之援. 雨雪, 王皮冠, 秦復陶, 翠被, 豹舄, 執鞭以出. 僕析父從. 右尹子革夕, 王見之, 去冠·被, 舍鞭, 與之語, 曰:「昔我先王熊繹與呂伋·王孫牟·燮父·禽父並事康王, 四國皆有分, 我獨無有. 今吾使人於周, 求鼎以爲分, 王其與我乎?」對曰:「與君王哉! 昔我先王熊繹辟在荊山, 篳路藍縷以處草莽, 跋涉山林以事天子, 唯是桃弧·棘矢共禦王事. 齊, 王舅也; 晉及魯·衛, 王母弟也. 楚是以無分, 而彼皆有. 今周與四國服事君王, 將唯命是從, 豈其愛鼎?」王曰:「昔我皇祖伯父昆吾, 舊許是宅. 今鄭人貪賴其田, 而不我與. 我若求之, 其與我乎?」對曰:「與君王哉! 周不愛鼎, 鄭敢愛田?」王曰:「昔諸侯遠我而畏晉, 今我大城陳·蔡·不羹, 賦皆千乘, 子與有勞焉, 諸侯其畏我乎!」對曰:「畏君王哉! 是四國者, 專足畏也. 又加之以楚, 敢不畏君王哉!」工尹路請曰:「君王命剝圭以爲鏚柲, 敢請命.」王入視之. 析父謂子革,「吾子, 楚國之望也. 今與王言如響, 國其若之何?」子革曰:「摩厲以須, 王出, 吾刃將斬矣.」王出, 復語. 左史倚相趨過, 王曰:「是良史也, 子善視之! 是能讀三墳·五典·八索·九丘.」對曰:「臣嘗問焉, 昔穆王欲肆其心, 周行天下, 將皆必有車轍馬跡焉. 祭公謀父作祈招之詩以止王心, 王是以獲沒於祗宮. 臣問其詩而不知也. 若問遠焉, 其焉能知之?」王曰:「子能乎?」對曰:「能. 其詩曰:『祈招之愔愔, 式昭德音. 思我王度, 式如玉, 式如金. 形民之力, 而無醉飽之心.』」王揖而入, 饋不食, 寢不寐, 數日, 不能自克, 以及於難. 仲尼曰:「古也有志,『克己復禮, 仁也.』信善哉! 楚靈王若能如是, 豈其辱於乾谿?」

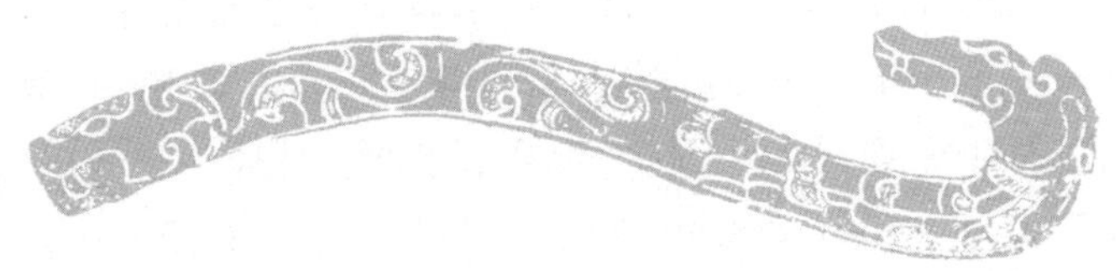

247(41-8) 叔孫穆子避難奔齊
덕행을 실천하기만 하면

숙손목자叔孫穆子가 난을 피해 제齊나라로 도망가 경종庚宗 고을에 머물다가 그 경종 고을의 과부와 사통하여 우牛를 낳았다. 뒤에 목자는 다시 노魯나라로 돌아와 우를 내수內豎로 삼아 관상을 보는 일을 하도록 하였다. 그런데 우는 숙손씨叔孫氏의 형제를 이간하여 죽이게 하였다. 숙손이 병이 나자 우는 그에게 먹을 것을 주지 못하도록 하여 굶어 죽게 하였던 것이다. 이에 우는 드디어 숙손의 서자 소昭를 도와 그로 하여금 대를 잇도록 하였다.

소자昭子가 자리에 오르자 그는 집안 사람들의 조견朝見을 받을 때 이렇게 말하였다.

"저 내수로 있는 우가 우리 숙손씨의 집에 화란을 일으켜 맏아들을 죽이고 서자를 세웠다. 또 그 숙손씨의 식읍까지 몰수하여 자기의 죄를 용서받으려고 뇌물로 썼으니 그 죄 이보다 더 클 수가 없다. 기필코 저자를 서둘러 없애야 한다."

그리고는 마침내 그를 죽여 버렸다.

공자가 말하였다.

"숙손소자叔孫昭子는 지위에 오르고도 그의 노고를 인정하지 않았으니 이는 보통 사람이라면 할 수 없는 일이다. 주임周任의 말에 '정치에는 사사로운 공로에 대해서는 상을 주지 않으며, 사사로운 원망에 대해서도 벌을 주지 않아야 한다'라 하였고, 《시詩》에는 '덕행만으로 하기만

하면 사방 사람이 모두 따라오리'라 하였는데 소자는 그런 행동을 한 사람이었도다."

叔孫穆子避難奔齊, 宿於庚宗之邑, 庚宗寡婦通焉而生牛. 穆子返魯以牛爲內竪, 相家. 牛讒叔孫二人殺之. 叔孫有病, 牛不通其饋, 不食而死.

牛遂輔叔孫庶子昭而立之, 昭子旣立, 朝其家衆曰:「竪牛禍叔孫氏, 使亂大從, 殺適立庶, 又被其邑, 以求舍罪, 罪莫大焉, 必速殺之.」

遂殺竪牛.

孔子曰:「叔孫昭子之不勞, 不可能也. 周任有言曰:『爲政者不賞私勞, 不罰私怨.』《詩》云:『有覺德行, 四國順之.』昭子有焉.」

【叔孫穆子】叔孫豹. 형 叔孫僑如의 음란함을 보고 齊나라로 도망함.
【庚宗】魯나라 읍 이름.
【內竪】집안일을 맡아 하는 하인. 주로 궁중의 명령을 전달하는 일을 함.
【牛讒叔孫二人殺之】竪牛가 穆子의 적자 孟丙과 仲壬을 참훼하여 죽임. 이들은 모두 國姜의 소생이었음.
【不通其饋】수우가 음식을 가져온 자에게 목자가 병이 났다고 속여 음식을 두고 가도록 함.
【庶子昭】叔孫婼. 첩의 소생이었음.
【被其邑】《좌전》에는 '披其邑'으로 되어 있으며, 披는 '나누다'의 뜻. 竪牛가 叔孫氏의 東鄙 30읍을 나누어 季氏의 가신 南遺에게 뇌물로 바침.
【不勞】이를 공로로 여기지 않음.
【周任】고대의 현인.
【有覺德行】《詩經》大雅 抑의 구절.

참고 및 관련 자료

1.《左傳》昭公 4년

初, 穆子去叔孫氏, 及庚宗, 遇婦人, 使私爲食而宿焉. 問其行, 告之故, 哭而送之. 適齊, 娶於國氏, 生孟丙·仲壬. 夢天壓己, 弗勝, 顧而見人, 黑而上僂, 深目而豭喙, 號之曰:「牛! 助余!」乃勝之. 旦而皆召其徒, 無之. 且曰:「志之!」及宣伯奔齊, 饋之. 宣伯曰:「魯以先子之故, 將存吾宗, 必召女. 召女, 何如?」對曰:「願之久矣.」魯人召之, 不告而歸. 旣立, 所宿庚宗之婦人獻以雉. 問其姓, 對曰:「余子長矣, 能奉雉而從我矣.」召而見之, 則所夢也. 未問其名, 號之曰:「牛!」曰:「唯.」皆召其徒使視之, 遂使爲豎. 有寵, 長使爲政. 公孫明知叔孫於齊, 歸, 未逆國姜, 子明取之, 故怒, 其子長而後使逆之. 田於丘蕕, 遂遇牛疾焉. 豎牛欲亂其室而有之, 强與孟盟, 不可. 叔孫爲孟鐘, 曰:「爾未際, 饗大夫以落之.」旣具, 使豎牛請日. 入, 弗謁; 出, 命之日. 及賓至, 聞鐘聲. 牛曰:「孟有北婦人之客.」怒, 將往, 牛止之. 賓出, 使拘而殺諸外. 牛又强與仲盟, 不可. 仲與公御萊書觀於公, 公與之環, 使牛入示之. 入, 不示; 出, 命佩之. 牛謂叔孫,「見仲而何?」叔孫曰:「何爲?」曰:「不見, 旣自見矣, 公與之環而佩之矣.」遂逐之, 奔齊. 疾急, 命召仲, 牛許而不召. 杜洩見, 告之飢渴, 授之戈. 對曰:「求之而至, 又何去焉?」豎牛曰:「夫子疾病, 不欲見人.」使寘饋于个而退. 牛弗進, 則置虛命徹. 十二月癸丑, 叔孫不食; 乙卯, 卒. 牛立昭子而相之. 公使杜洩葬叔孫, 豎牛賂叔仲昭子與南遺, 使惡杜洩于季孫而去之. 杜洩將以路葬, 且盡卿禮. 南遺謂季孫曰:「叔孫未乘路, 葬焉用之? 且冢卿無路, 介卿以葬, 不亦左乎?」季孫曰:「然.」使杜洩舍路. 不可, 曰:「夫子受命於朝而聘於王, 王思舊勳而賜之路, 復命而致之君. 君不敢逆王命而復賜之, 使三官書之. 吾子爲司徒, 實書名; 夫子爲司馬, 與工正書服; 孟孫爲司空以書勳. 今死而弗以, 是棄君命也. 書在公府而弗以, 是廢三官也. 若命服, 生弗敢服, 死又不以, 將焉用之?」乃使以葬. 季孫謀去中軍, 豎牛曰:「夫子固欲去之.」

248(41-9) 晉邢侯與雍子爭田
숙향의 판결

진晉나라 형후刑侯와 옹자雍子가 토지 문제로 소송을 벌였다. 이에 숙어叔魚가 그 일을 맡아 옹자가 잘못한 것이라 판결하였다.

옹자가 이에 불복하여 자신의 딸을 숙어에게 갖다 바치자 숙어는 다시 그 죄를 형후에게 뒤집어씌웠다. 형후는 노하여 숙어와 옹자를 조정에서 죽여 버렸다.

한선자韓宣子가 이 일에 대한 시비를 숙어의 형 숙향叔向에게 묻자 숙향은 이렇게 대답하였다.

"세 사람의 간사한 죄가 모두 똑같으니 살아 있는 자에게는 죄를 주고 죽은 자는 그 시체를 찢어 벌을 주는 것이 옳을 것입니다. 옹자는 자신의 죄를 알면서도 뇌물을 바쳐 판결을 뒤집었고, 숙어鮒 역시 판결을 팔아먹은 것이며, 형후는 제 멋대로 사람을 죽였으니 그 죄가 모두 똑같은 것이 아니겠소? 자신이 악하면서 아름다운 것을 가로채는 것은 혼昏이요, 탐욕에 못 이겨 행정을 그르치게 하는 것은 묵默이며, 사람 죽이기를 꺼려 하지 않는 것은 적賊입니다. 〈하서夏書〉에 '혼묵적昏默賊은 죽임을 당하는 것이며 이는 고요皐陶의 형법이다'라 하였으니 그 법을 따릅시다."

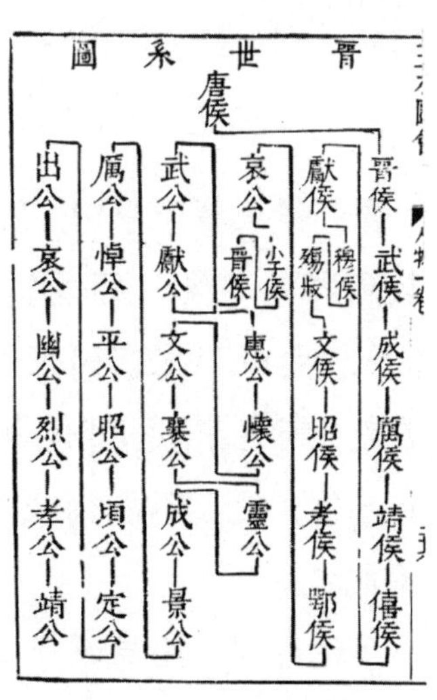

晉나라 世系圖《三才圖會》

이리하여 형후에게 벌을 주고 옹자와 숙어의 시신은 저자에 펼쳐 보였다.

공자가 말하였다.

"숙향은 옛날의 정직함을 남겼도다. 나라를 다스리고 형법을 판결하는 데 있어서 혈친이라 하여 숨겨 주지 않았으며, 자신의 아우 숙어의 죄를 세 번씩이나 따져 경감해 줌이 없었으니 혹자는 이를 의義라 하였으나 가히 직直이라 할 수 있도다! 평구平丘의 회맹 때 그 동생鮒이 뇌물 먹은 것을 죄로 따졌었다. 이에 위衛나라에게 관대함을 베풂으로써 자신의 진晉나라가 횡포하지 않다고 하는 사실을 드러냈던 것이다. 마찬가지로 계손씨季孫氏를 노나라로 돌려보낸 것은 사실은 거짓말을 허락한 것이었지만 이로써 노나라를 후하게 대접함으로써 자신의 진나라를 포학한 나라가 아님을 드러냈던 것이다. 그리고 형후의 옥사는 그 재물 탐하는 것을 말한 것인데 형법에 쓰인 법조문을 바르게 적용함으로써 자신의 진나라가 편파적이 아님을 드러냈던 것이다. 이 세 가지 말로써 세 가지 악을 제거하고 세 가지 이익을 더하였으며, 혈친을 죽여 버림으로써 영광을 더욱 드러냈던 것이다. 이는 모두 의로 말미암은 것이로다!"

晉邢侯與雍子爭田, 叔魚攝理, 罪在雍子. 雍子納其女於叔魚, 叔魚弊獄邢侯, 邢侯怒殺叔魚與雍子於朝, 韓宣子問罪於叔向, 叔向曰:「三姦同坐, 施生戮死可也. 雍子自知其罪, 而賂以置直; 鮒也鬻獄, 邢侯專殺, 其罪一. 己惡而掠美爲昏, 貪以敗官爲黙, 殺人不忌爲賊. 〈夏書〉曰: 『昏黙賊殺, 皐陶之刑也.』 請從之.」

乃施邢侯, 而屍雍子叔魚於市.

孔子曰:「叔向, 古之遺直也. 治國制刑, 不隱於親, 三數叔魚之罪, 不爲末, 或曰義, 可謂直矣! 平丘之會, 數其賄也. 以寬衛國, 晉不爲暴. 歸魯季孫, 稱其許也, 以寬魯國, 晉不爲虐. 邢侯之獄, 言其貪也, 以正刑書, 晉不爲頗. 三言而除三惡, 加三利, 殺親益榮, 由義也夫!」

【邢侯】 楚나라 申公巫臣의 아들. 무신이 晉나라로 망명하자 그에게 邢 땅을 주어 邢侯라 불렀으며 그 아들이 습봉한 것. 형은 지금의 山西 河津.
【雍子】 초나라 사람으로 역시 진나라로 도망하자 그에게 鄐 땅을 주었음.
【叔魚】 이름은 鮒. 진나라 대부 叔向의 아우.
【攝理】 理官(법관)의 일을 대리함.
【弊獄】 斷罪. '弊'는 '斷'과 같음.
【韓宣子】 韓起. 진나라 六卿의 하나.
【叔向】 성은 羊舌. 이름은 힐(肸). 晉나라의 훌륭한 대부. 楊 땅을 식읍으로 받아 楊肸이라고도 함. 晉나라 悼公 때 태자 彪의 스승으로 平公 때 太傅으로 임명됨.
【三姦】 위에서 말한 叔魚, 雍子, 邢侯.
【鮒】 羊舌鮒. 즉 叔魚.
【鬻獄】 송사에서 뇌물을 받고 법을 공정하지 못하게 적용함.
【夏書】《尙書》의 〈禹貢〉, 〈甘誓〉, 〈五子之歌〉, 〈胤征〉을 말함.
【皐陶】 '咎繇'로도 표기하며 偃姓. 舜임금이 그에게 刑獄의 임무를 맡김. 《史記》 夏本紀 참조.
【屍】 시신을 전시하여 그 죄를 폭로함.
【末】 '微'와 같음.
【平丘之會】 平丘에서 제후들이 회맹을 할 때 羊舌鮒가 衛나라를 지나면서 말먹이를 가져온 자를 괴롭히자 위나라 사람들이 두려워하며 叔向에게 국과 비단을 보냄. 숙향은 이에 국만 받고 비단은 돌려주면서 "晉有羊舌鮒者, 瀆貨無厭, 亦將及矣"라 함.
【數】 따져 물음.

【歸魯季孫】 魯나라 季孫이 잡혀 晉나라가 노나라로 돌려보내려 하자 계손이 겁을 먹고 가지 않으려 함. 이에 숙향이 "叔魚라면 능히 그자를 돌려보낼 수 있을 것이다"라 하여 숙어가 나서자 계손이 두려워 돌아갔음.
【三惡】 세 가지 악행. 暴, 虐 頗.
【三利】 세 가지 이익. 삼악의 일을 저지르지 않는 것.

참고 및 관련 자료

1. 《左傳》 昭公 14년

晉邢侯與雍子爭鄐田, 久而無成. 士景伯如楚, 叔魚攝理. 韓宣子命斷舊獄, 罪在雍子. 雍子納其女於叔魚, 叔魚蔽罪邢侯. 邢侯怒, 殺叔魚與雍子於朝. 宣子問其罪於叔向. 叔向曰:「三人同罪, 施生戮死可也. 雍子自知其罪, 而賂以買直; 鮒也鬻獄; 邢侯專殺, 其罪一也. 己惡而掠美爲昏, 貪以敗官爲墨, 殺人不忌爲賊. 夏書曰: '昏·墨·賊, 殺', 皐陶之刑也, 請從之.」乃施邢侯而尸雍子與叔魚於市. 仲尼曰:「叔向, 古之遺直也. 治國制刑, 不隱於親. 三數叔魚之惡, 不爲末減. 曰義也夫, 可謂直矣! 平丘之會, 數其賄也, 以寬衛國, 晉不爲暴. 歸魯季孫, 稱其詐也, 以寬魯國, 晉不爲虐. 刑侯之獄, 言其貪也, 以正刑書, 晉不爲頗. 三言而除三惡, 加三利. 殺親益榮, 猶義也夫!」

249(41-10) 鄭有鄕校
정나라 향교

정鄭나라에 향교鄕校가 있었는데 그 향교의 선비들은 정치에 대하여 비난하면서 논의를 벌이곤 하였다. 이에 종명鬷明이 그 향교를 헐어 없애려 하자 자산子産이 이렇게 말하였다.

"어찌 헐어 버리려 하는가? 여러 사람들이 아침저녁으로 여기에 물러나 놀면서 정치 행정의 잘잘못을 의논하고 있다. 그 잘한다고 하는 것은 우리가 실행하면 될 것이요, 그 잘못한다고 하는 것은 우리가 고쳐 나가면 될 것이다. 이와 같이 하면 되는데 어찌 이를 헐어 버린다는 것이냐? 충심에서 나오는 말은 원망을 덜어 준다는 말은 들었지만 자기의 위엄을 가지고 남의 원망을 막아야 한다는 말은 들어 보지 못하였다. 원망을 막는 것은 마치 물을 막는 것과 같아서 물을 막아 놓았다가 단번에 크게 터지면 많은 사람들이 상하게 되는 것이니 이 때는 나도 구제할 방법이 없게 된다. 그러니 조금만 터 주어 이를 잘 흐르도록 유도하느니만 못하며, 내가 들은 바로써 이를 약으로 삼느니만 못하다."

공자가 이를 듣고 말하였다.

"내 이로써 보건대 남들이 자산을 어질지 못하다고 해도 나는 믿지 않겠다."

鄭有鄕校, 鄕校之士, 非論執政, 鬷明欲毁鄕校, 子産曰:「何以毁爲也? 夫人朝夕退而遊焉, 以議執政之善否. 其所善者, 吾則行之; 其所否者, 吾則改之, 若之何其毁也? 我聞忠言以損怨, 不聞立威以防怨. 防怨, 猶防水也. 大決所犯, 傷人必多, 吾弗克救也; 不如小決使導之, 不如吾所聞而藥之.」

孔子聞是言也, 曰:「吾以是觀之, 人謂子産不仁, 吾不信也.」

【鄕校】 지방에 세운 교육기관.

【鬷明】 사람 이름. 鬷蔑. 다른 기록에는 '然明'으로 되어 있음. 자산에게 바른 말을 잘 하였던 사람. 子産이 일찍이 그에게 정치의 도를 묻자 "視民如子, 見不仁者, 誅之, 如鷹鸇之逐鳥雀也"라 강하게 대답함.

【導】 물길을 터서 흘러가도록 유도함.

참고 및 관련 자료

1.《左傳》襄公 31年

鄭人游于鄕校, 以論執政. 然明謂子産曰:「毁鄕校如何?」子産曰:「何爲? 夫人朝夕退而游焉, 以議執政之善否. 其所善者, 吾則行之; 其所惡者, 吾則改之, 是吾師也. 若之何毁之? 我聞: 忠善以損怨, 不聞作威以防怨. 豈不遽止?然猶防川. 大決所犯, 傷人必多, 吾不克救也. 不如小決使道, 不如吾聞而藥之也.」然明曰:「蔑也今而後知吾子之信可事也. 小人實不才, 若果行此, 其鄭國實賴之, 豈唯二三臣?」仲尼聞是語也, 曰:「以是觀之, 人謂子産不仁, 吾不信也.」

2.《新序》雜事(四)

鄭人游於鄕校, 以議執政之善否. 然明謂子産曰:「何不毁鄕校?」子産曰:「胡爲? 夫人朝夕游焉, 以議執政之善否. 其所善者, 吾將行之; 其所惡者, 吾將改之. 是吾師也, 如之何毁之? 吾聞爲國忠信以損怨, 不聞作威以防怨. 譬之若防川也, 大決所犯, 傷人必多, 吾不能救也, 不如小決之使導, 吾聞而藥之也.」然明曰:「蔑也, 乃今知吾子之信可事也. 小人實不材, 若果行, 此其鄭國實賴之, 豈惟二三臣?」仲尼聞是語也, 曰:「以是觀之, 人謂子産不仁, 吾不信也.」

250(41-11) 晉平公會諸侯于平丘
각 나라의 분담금

진晉나라 평공平公이 제齊나라 임금과 평구平丘에서 회맹會盟을 할 때 정鄭나라 자산子産이 각자의 분담금에 대하여 쟁론을 벌이게 되었다.

"옛날에 천자가 제후에게 부세를 분담할 때 그 지위에 따라 경중을 나누었고 작위가 높을수록 분담금도 무거웠습니다. 이것이 주周나라 제도였습니다. 작위가 낮으면서도 부세를 무겁게 하는 것은 전복甸服에 사는 사람에게만 해당합니다. 그런데 정백鄭伯은 남작男爵으로서 전복 밖의 남쪽에 있는 나라인데도 공후公侯의 부세를 부과하였으니 제대로 납부할 수가 없을까 두렵습니다. 감히 고치기를 청합니다."

정오 때에 쟁론이 시작되어 날이 저물어서야 진晉나라에서 허락하게 되었다.

공자가 말하였다.

"자산이 이때 이렇게 행동한 것은 바로 나라의 기틀을 다지기 위한 것이었다. 《시詩》에 '즐겁도다, 군자시여. 나라의 기틀이로다'라 하였으니 자산이야말로 군자로서 즐거움을 주는 사람이로다."

그리고 또 이렇게 말하였다.

"제후들과의 회합에서 부세에 대해서 분별한 것은 이것이 바로 예이다."

晉平公會諸侯于平丘, 齊侯及盟, 鄭子產爭貢賦之所承, 曰:「昔日天子班貢, 輕重以列, 列尊貢重, 周之制也. 卑而貢重者, 甸服. 鄭伯男, 南也, 而使從公侯之貢, 懼弗給也. 敢以爲請.」

自日中爭之, 以之于昏, 晉人許之.

孔子曰:「子產於是行也, 是以爲國基也.《詩》云:『樂只君子, 邦家之基.』子產, 君子之於樂者.」

且曰:「合諸侯而藝貢事, 禮也.」

【晉平公】 춘추시대 진나라 임금. 이름은 彪. 悼公의 아들. B.C.557~532년까지 26년간 재위함.

【齊侯】 齊 景公을 가리킴.

【子產】 이름은 僑. 鄭나라의 유명한 재상. 鄭 穆公의 손자이며 子國의 아들. 公孫氏로 불림. 혹 東里에 살아 東里子產이라 부름. 定公, 獻公, 聲公을 섬겨 약한 정나라를 부강하게 하였음.《史記》鄭世家 참조.

【承】 서로의 분담금. 두 나라가 서로 부담해야 할 몫.

【貢賦】 '貢'은 아랫사람이 바치는 것. '賦'는 윗사람이 받는 것을 말함.

【班貢】 賦稅의 액수나 양을 정하여 알림.

【甸服】 王畿로부터 5백 리 내의 지역.

【樂只君子】《詩經》小雅 南山有臺의 구절.

【藝貢事】 부세와 공물에 대한 규정을 정함. '藝'는 규정을 바르게 정함을 뜻함.

참고 및 관련 자료

1.《左傳》昭公 13년

癸酉, 退朝. 子產命外僕速張於除, 子大叔止之, 使待明日. 及夕, 子產聞其未張也, 使速往, 乃無所張矣. 及盟, 子產爭承, 曰:「昔者天子班貢, 輕重以列. 列尊貢重, 周之制也. 卑而貢重者, 甸服也. 鄭伯, 男也, 而使從公侯之貢, 懼弗給也, 敢以爲請.

諸侯靖兵, 好以爲事. 行理之命無月不至, 貢之無藝, 小國有闕, 所以得罪也. 諸侯修盟, 存小國也. 貢獻無極, 亡可待也. 存亡之制, 將在今矣.」自日中以爭, 至于昏, 晉人許之. 旣盟, 子大叔咎之曰:「諸侯若討, 其可瀆乎?」子産曰:「晉政多門, 貳偷之不暇, 何暇討? 國不競亦陵, 何國之爲?」公不與盟. 晉人執季孫意如, 以幕蒙之, 使狄人守之. 司鐸射懷錦, 奉壺飮冰, 以蒲伏焉. 守者御之, 乃與之錦而入. 晉人以平子歸, 子服湫從. 子産歸, 未至, 聞子皮卒, 哭, 且曰:「吾已! 無爲爲善矣. 唯夫子知我.」仲尼謂子産,「於是行也, 足以爲國基矣. 詩曰: '樂只君子, 邦家之基.' 子産, 君子之求樂者也.」且曰:「合諸侯, 藝貢事, 禮也.」

251(41-12) 鄭子産有疾
정나라 자산의 통치술

정鄭나라 자산子産이 병이 들자 자태숙子太叔에게 이렇게 일렀다.

"내가 죽으면 그대가 틀림없이 이 나라 정치를 하게 될 것이오. 오직 덕이 있는 자라야만 능히 너그러운 태도로 백성들을 복종시키게 되는 것이니 그만 못하다면 모든 일을 모질게 하느니만 못하다오. 무릇 불이란 뜨겁기 때문에 백성들이 쳐다만 보고도 두렵게 여기는 것이라오. 그 때문에 불에 타 죽는 사람은 드문 것입니다. 그러나 물은 약하게 젖어 들어가기 때문에 백성들이 이것을 만만히 여기지요. 그 때문에 이를 즐기다가 많은 사람들이 빠져 죽는 것이라오. 그러므로 관대하게 하기란 그만큼 어려운 일이라오."

자산이 죽자 과연 자태숙이 정치를 맡아보게 되었다. 그러나 그는 차마 백성들에게 모질게 할 수 없어 너그러운 정치를 베풀었다. 이로 인해 정나라에 약탈하고 도둑질하는 자가 많이 생기자 자태숙은 후회하였다.

"내가 일찍부터 자산의 말을 따랐더라면 틀림없이 이 지경에는 이르지 않았을 텐데."

공자가 이를 듣고 말하였다.

"훌륭하도다! 정치란 너그럽게만 하면 백성들이 오만해지고, 오만해지면 이들을 다시 모질게 묶어야 한다. 모질어지면 백성은 잔폭해지고, 백성이 잔폭해지면 다시 너그럽게 해야 한다. 너그러움으로써 모짊을 구제하고, 모짊을 가지고 관대함을 구제해야 하니 너그러움과 모짊이란 서로 구제하는 것으로 정치는 이로써 조화를 이루어야 한다. 《시詩》에

'백성들이 수고로우니 조금 편안히 해 주어야 하지. 이 중국中國에 혜택을 주고 저 사방에도 위로를 베풀어야지'라 하였으니 이는 너그러움으로 정치를 펴라는 뜻이다. 그리고 '속임이 없도록 하여, 선량하지 못한 자를 근신하게 하라. 도둑질하고 포학한 자를 막아 버려라. 저 밝은 하늘을 두려워할 줄 모르는 자들이로다'라 하였으니 이는 모질게 얽어 매어야 함을 말한 것이다. 그리고 또 '먼 사람도 편안케 하여 가까이 오도록 하여, 우리 임금이 안정을 누리게 하라' 하였으니 이는 조화로써 평안을 누릴 수 있도록 함을 말한 것이다. 또 '다투지도 않고 급히 몰아세우지도 않으며, 강하지도 않고 부드럽지도 않게 하라. 정치를 화평하게 하면 백 가지 복록이 모여들리라'라 하였으니 이는 조화의 지극함을 말한 것이다."

자산이 죽자 공자가 이를 듣고 눈물을 흘리며 말하였다.

"옛날의 사랑을 남겨준 분이로다."

鄭子產有疾, 謂子太叔曰:「我死, 子必爲政. 唯有德者能以寬服民, 其次莫如猛. 夫火烈, 民望而畏之, 故鮮死焉. 水濡弱, 民狎而翫之, 則多死焉. 故寬難.」

子產卒, 子太叔爲政, 不忍猛而寬, 鄭國多掠盜, 太叔悔之曰:「吾早從夫子, 必不及此.」

孔子聞之曰:「善哉! 政寬則民慢, 慢則糺於猛, 猛則民殘, 民殘則施之以寬, 寬以濟猛, 猛以濟寬, 寬猛相濟, 政是以和.《詩》曰:『民亦勞止, 汔可小康. 惠此中國, 以綏四方.』施之以寬.『毋縱詭隨, 以謹無良. 式遏寇虐, 慘不畏明.』糺之以猛也.『柔遠能邇, 以定我王.』平之以和也. 又曰:『不競不絿, 不剛不柔. 布政優優, 百祿是遒.』和之至也.」

子產之卒也, 孔子聞之, 出涕曰:「古之遺愛.」

【太子叔】 이름은 游吉. 鄭나라의 어진 대부.
【民亦勞止】《詩經》 大雅 民勞의 구절. 아래 "毋縱詭隨"와 "柔遠能邇"도 같음.
【不競不絿】《詩經》 商頌 長發의 구절.

참고 및 관련 자료

1.《左傳》 昭公 20년

鄭子産有疾, 謂子大叔曰:「我死, 子必爲政. 唯有德者能以寬服民, 其次莫如猛. 夫火烈, 民望而畏之, 故鮮死焉; 水懦弱, 民狎而翫之, 則多死焉, 故寬難.」疾數月而卒. 大叔爲政, 不忍猛而寬. 鄭國多盜, 取人於萑苻之澤. 大叔悔之, 曰:「吾早從夫子, 不及此.」興徒兵以攻萑苻之盜, 盡殺之, 盜少止. 仲尼曰:「善哉! 政寬則民慢, 慢則糾之以猛. 猛則民殘, 殘則施之以寬. 寬以濟猛, 猛以濟寬, 政是以和. 詩曰『民亦勞止, 汔可小康; 惠此中國, 以綏四方』, 施之以寬也.『毋從詭隨, 以謹無良; 式遏寇虐, 慘不畏明』, 糾之以猛也.『柔遠能邇, 以定我王』, 平之以和也. 又曰『不競不絿, 不剛不柔, 布政優優, 百祿是遒』, 和之至也.」及子産卒, 仲尼聞之, 出涕曰:「古之遺愛也.」

252(41-13) 孔子適齊過泰山之側
가혹한 정치는 범보다 무섭다

공자가 제齊나라로 가면서 태산泰山 옆을 지나게 되었을 때 어떤 여인이 들에서 울고 있었는데 그 소리가 매우 애처로웠다.

공자는 수레 앞 횡목을 잡고 들어 보고 이렇게 말하였다.

"이 슬픔은 한결같이 아주 무거운 근심을 가진 자와 같구나."

그리고는 자공을 시켜 가서 물어보도록 하였다. 그러자 그 여인은 이렇게 말하는 것이었다.

"옛날 우리 시아버지가 범에 물려 죽었고, 내 남편 또한 그렇게 죽었으며, 지금 내 아들이 또 그렇게 죽었다오."

자공이 물었다.

"그렇다면 어찌 이곳을 떠나지 않소?"

부인은 이렇게 말하였다.

"여기에는 가혹한 정치가 없습니다."

자공이 선생님께 이를 고하자 공자가 말하였다.

"제자들아 기록하라! 가혹한 정치는 포악한 범보다도 더 무서운 것이라고."

瓦當(漢) 〈虎紋〉

孔子適齊, 過泰山之側, 有婦人哭於野者而哀, 夫子式而聽之, 曰: 「此哀一似重有憂者.」

使子貢往問之, 而曰: 「昔舅死於虎, 吾夫又死焉, 今吾子又死焉.」

子貢曰: 「何不去乎?」

婦人曰: 「無苛政.」

子貢以告孔子, 子曰: 「小子識之! 苛政猛於暴虎.」

【泰山】 五嶽의 하나. 지금의 山東 泰安市에 있음. 한 글자로 '岱'라고도 하며 東嶽.

【式】 '軾'과 같음. 수레의 횡목을 잡고 예를 표하거나 듣는 것.

【舅】 시아버지.

참고 및 관련 자료

1. 《禮記》 檀弓(下)

孔子過泰山側, 有婦人哭於墓者而哀, 夫子式而聽之. 使子路問之曰: 「子之哭也, 壹似重有憂者.」 而曰: 「然, 昔者吾舅死於虎, 吾夫又死焉, 今吾子又死焉.」 夫子曰: 「何爲不去也?」 曰: 「無苛政.」 夫子曰: 「小子識之, 苛政猛於虎.」

2. 《新序》 雜事(五)

孔子北之山戎氏, 有婦人哭於路者, 其哭甚哀. 孔子立輿而問曰: 「曷爲哭哀至於此也?」 婦人對曰: 「往年虎食我夫, 今虎食我子, 是以哀也.」 孔子曰: 「嘻! 若是, 則曷爲不去也?」 曰: 「其政平, 其吏不苛, 吾以是不能去也.」 孔子顧子貢曰: 「弟子記之, 夫政之不平而吏苛, 乃等於虎狼矣.」 詩曰: 『降喪饑饉, 斬伐四國.』 夫政不平也. 乃斬伐四國, 而況二人乎? 其不去宜哉!

3. 《論衡》 遭虎

孔子行魯林中, 婦人哭甚哀, 使子貢問之: 「何以哭之哀也?」 曰: 「去年虎食吾夫, 今年食吾子, 是以哭哀也.」 子貢曰: 「若此, 何不去也?」 對曰: 「吾善其政之不苛,吏之不暴也.」子貢還報孔子, 孔子曰:「弟子識諸, 苛政暴吏, 甚於虎也.」夫虎害人, 古有之矣. 政不苛, 吏不暴, 德化之足以卻虎. 然而二歲比食二人, 林中獸不應善也, 爲廉不應, 姦吏亦不應矣.

253(41-14) 晉魏獻子爲政
쌓은 공로를 허물어뜨리지 말라

진晉나라 위헌자魏獻子가 정치를 맞으면서 기씨祁氏와 양설씨羊舌氏의 토지를 분할하여 대부들과 자신의 아들 성成에게 상으로 주어 그들이 훌륭한 이들을 천거하였다고 표창하였다.

그리고 다시 가신賈辛에게는 이렇게 말하였다.

"지금 너는 주나라 왕실을 구해준 공로가 있기 때문에 내 이 까닭으로 너를 거용한 것이다. 너는 행동에 있어서 공경을 다하여라! 너의 공을 추락시키지 않도록 하라."

공자가 이를 듣고 말하였다.

"위헌자는 사람을 거용함에 있어서 가까운 사람이라 해서 놓치거나 먼 사람이라 해서 능력을 놓치는 일이 없으니 아름다운 일이로다. 그리고 듣기로 그는 가신에게 명하여 충忠으로써 하도록 하였다더라. 《시詩》에 '길이 하늘에 짝하게 되면 저절로 많은 복을 구하게 되리'라 하였으니 이것이 바로 충이다. 위헌자의 사람 쓰는 법은 의義가 있으면서 그 명령은 충으로 하였으니 그런 자야말로 진나라에서 길이 뒤를 이어나갈 수 있으리라."

晉魏獻子爲政, 分祁氏及羊舌氏之田, 以賞諸大夫及其子成, 皆以賢擧也.

又謂賈辛曰:「今汝有力於王室, 吾是以擧汝. 行乎, 敬之哉! 毋墮乃力.」

孔子聞之曰:「魏子之擧也, 近不失親, 遠不失擧, 可謂美矣. 又聞其命賈辛, 以爲忠.《詩》云:『永言配命, 自求多福.』忠也. 魏子之擧也義, 其命也忠, 其長有後於晉國乎?」

【魏獻子】 위나라의 집정대신. 이름은 魏舒.

【祈氏】 祈傒의 일족.《左傳》昭公 28년에 의하면 기씨의 땅을 鄔, 祈, 平陵, 梗陽, 塗水, 馬首, 盂 등 7개 현으로 나눔.

【羊舌氏】 춘추시대의 公族.《左傳》소공 28년에 의하면 양설씨의 땅을 銅鞮, 平陽, 楊氏 등 7개 현으로 나눔.

【諸大夫】 祈大夫 賈辛, 平陵大夫 司馬烏, 梗陽大夫 魏戊, 塗水大夫 知徐吾, 馬首大夫 韓固, 盂大夫 孟丙, 銅鞮大夫 樂霄, 平陽大夫 趙朝, 楊氏大夫 僚安 등.

【其子成】《左傳》에는 戊로 되어 있음. 魏戊를 가리킴. 魏舒의 庶子로 梗陽大夫에 봉해짐.

【賈辛】 진나라 장군.

【有力於王室】《左傳》昭公 22년에 의하면 王子 朝가 景王 新이 죽은 틈을 타 관직을 박탈당했던 자들과 靈王·景王의 자손들과 결탁, 난을 일으키자 賈辛이 鞏縣의 谿泉에서 周나라를 구해 주었음.

【毋墮乃力】 '乃'는 '爾'와 같으며, '墮'는 '隳'와 같음. "너의 공훈을 저버리지 마라"의 뜻.

【近不失親】 아들 魏戊를 梗陽大夫로 삼고 나서 魏舒가 晉나라 대부 成鱄에게 "吾與戊也縣, 人其以我爲黨乎?"라고 묻자 성전에 "戊之爲人也, 遠不忘君, 近不偪同, 居利思義, 在約思純, 有守心而無淫行, 雖與之縣, 不亦可乎?"라 함.

【永言配命】《詩經》大雅 文王篇의 구절.

참고 및 관련 자료

1.《左傳》昭公 28년

秋, 晉韓宣子卒, 魏獻子爲政, 分祁氏之田以爲七縣, 分羊舌氏之田以爲三縣. 司馬彌牟爲鄔大夫, 賈辛爲祁大夫, 司馬烏爲平陵大夫, 魏戊爲梗陽大夫, 知徐吾爲塗水大夫, 韓固爲馬首大夫, 孟丙爲盂大夫, 樂霄爲桐鞮大夫, 趙朝爲平陽大夫, 僚安爲楊氏大夫. 謂賈辛·司馬烏爲有力於王室, 故擧之; 謂知徐吾·趙朝·韓固·魏戊, 餘子之不失職·能守業者也; 其四人者, 皆受縣而後見於魏子, 以賢擧也. 魏子謂成鱄,「吾與戊也縣, 人其以我爲黨乎?」對曰:「何也! 戊之爲人也, 遠不忘君, 近不偪同; 居利思義, 在約思純, 有守心而無淫行, 雖與之縣, 不亦可乎! 昔武王克商, 光有天下, 其兄弟之國者十有五人, 姬姓之國者四十人, 皆擧親也. 夫擧無他, 唯善所在, 親疏一也. 詩曰:『惟此文王, 帝度其心. 莫其德音, 其德克明. 克明克類, 克長克君. 王此大國, 克順克比. 比于文王, 其德靡悔. 旣受帝祉, 施于孫子.』心能制義曰度, 德正應和曰莫, 照臨四方曰明, 勤施無私曰類, 教悔不倦曰長, 賞慶刑威曰君, 慈和徧服曰順, 擇善而從之曰比, 經緯天地曰文. 九德不愆, 作事無悔, 故襲天祿, 子孫賴之. 主之擧也, 近文德矣, 所及其遠哉!」賈辛將適其縣, 見於魏子. 魏子曰:「辛來! 昔叔向適鄭, 鬷蔑惡, 欲觀叔向, 從使之收器者, 而往, 立於堂下, 一言而善. 叔向將飮酒, 聞之, 曰:『必鬷明也!』下, 執其手以上, 曰: 昔賈大夫惡, 娶妻而美, 三年不言不笑. 御以如皐, 射雉, 獲之, 其妻始笑而言. 賈大夫曰:『才之不可以已. 我不能射, 女遂不言不笑夫!』今子少不颺, 子若無言, 吾幾失子矣. 言之不可以已也如是! 遂如故知. 今女有力於王室, 吾是以擧女. 行乎! 敬之哉! 毋墮乃力!」仲尼聞魏子之擧也, 以爲義, 曰:「近不失親, 遠不失擧, 可謂義矣.」又聞其命賈辛也, 以爲忠,「詩曰『永言配命, 自求多福』, 忠也. 魏子之擧也義, 其命也忠, 其長有後於晉國乎!」

254(41-15) 趙簡子賦晉國一鼓鐘
종정에 새긴 형법

조간자趙簡子가 진晉나라에서 부세로 받은 종 하나를 녹여 형정刑鼎을 만들었다. 그리고 거기에 범선자范宣子가 제정한 형서刑書를 새겼다.

공자가 말하였다.

"진나라는 망하고자 하는가? 그 법을 잃었구나. 무릇 진나라는 당숙唐叔으로부터 받은 바의 법도를 지켜 그 백성들을 다스리는 경위經緯로 삼아왔다. 그리하여 경대부卿大夫는 이로써 질서를 지켜왔고, 백성들도 이로써 그 도리와 직업을 준수하게 되었던 것이다. 귀한 자나 천한 자가 모두 허물로 여기지 않는 것이 소위 법도라는 것이다. 문공文公은 이 까닭으로 집질執秩이란 관직과 피로被盧라는 법을 만들어 맹주 노릇을 하였었다. 그런데 지금 이 법도를 버리고 형정을 만들었다니 백성은 오직 그 형정의 조문에 따를 뿐이리니 어찌 존귀의 구분이 있을 수 있겠으며 무슨 지켜낼 직업이 있겠는가? 귀천도 질서가 없어질 것이니 어떻게 나라를 다스릴 수 있겠는가? 또 무릇 범선자의 형법이란 이夷 땅에서 봄 사냥을 하면서 만든 것이다. 진나라의 이 혼란한 제도가 어찌 법이 될 수 있겠는가?"

趙簡子賦晉國一鼓鐘, 以鑄刑鼎, 著范宣子所爲刑書.

孔子曰:「晉其亡乎? 失其度矣. 夫晉國將守唐叔之所受法度, 以經緯其民者也. 卿大夫以序守之, 民是以能遵其道而守其業,

〈刑鼎〉과 銘文

貴賤不愆, 所謂度也. 文公是以作執秩之官, 爲被廬之法, 以爲盟主. 今棄此度也, 而爲刑鼎, 民在鼎矣, 何以尊貴? 何業之守也! 貴賤無序, 何以爲國? 且夫宣子之刑, 夷之蒐也. 晉國亂制, 若之何其爲法乎?」

【趙簡子】 趙鞅. 춘추 말기 晉나라 대부. 范氏, 中行氏와 권력투쟁 끝에 이겨 趙나라의 기초를 세운 인물.

【一鼓鍾】 고대 들이의 단위. 30근을 鈞이라 하며 4균을 石, 4석을 鼓라 하며 鍾은 六斛四斗의 양이라 함.

【刑鼎】 형법 조문을 주조한 鼎.

【范宣子】 范匄. 范文子의 아들이며 진나라 대부. 晉 平公 때 국정을 장악하였으며 文公 6년에 형법을 선포함.

【唐叔】 周 武王의 아들이며 成王의 아우. 姬虞. 晉나라에 봉해졌음.

【文公】 晉 文公. 春秋五霸의 하나이며 이름은 重耳. 내란으로 인해 19년간 망명생활 끝에 돌아와 임금이 됨. B.C.636~628까지 9년간 재위함.

【被廬之法】《좌전》僖公 27년에 진나라 군대가 "被廬에서 수(蒐, 봄 사냥)를 하다(蒐於被廬)"라 함.

【民在鼎矣】 백성들이 정에 새겨진 법률을 중시하며 예제에 대하여는 소홀히 하기 시작함을 말함.

【夷之蒐】《좌전》文公 6년에 진나라가 夷 땅에서 蒐(봄 사냥)를 할 때 范宣子가 "制事典, 正法罪, 辟刑獄, 董逋逃, 由質要, 治舊洿, 本秩禮, 續常職, 出滯淹"이라 법령을 내리고 晉나라 전체에 이를 상법으로 삼도록 하였음.

【亂制】 법의 혼란을 초래함. 夷之蒐에서 한 번 사냥을 하면서 장수를 세 번 바꾸자 賈季와 箕鄭이 그 틈을 노려 난을 일으킴.

참고 및 관련 자료

1. 《左傳》 昭公 29년

冬, 晉趙鞅·荀寅帥師城汝濱, 遂賦晉國一鼓鐵, 以鑄刑鼎, 著范宣子所爲刑書焉. 仲尼曰:「晉其亡乎! 失其度矣. 夫晉國將守唐叔之所受法度, 以經緯其民, 卿大夫以序守之, 民是以能尊其貴, 貴是以能守其業. 貴賤不愆, 所謂度也. 文公是以作執秩之官, 爲被廬之法, 以爲盟主. 今棄是度也, 而爲刑鼎, 民在鼎矣, 何以尊貴? 貴何業之守? 貴賤無序, 何以爲國? 且夫宣子之刑, 夷之蒐也, 晉國之亂制也, 若之何以爲法?」蔡史墨曰:「范氏·中行氏其亡乎! 中行寅爲下卿, 而干上令, 擅作刑器, 以爲國法, 是法姦也. 又加范氏焉, 易之, 亡也. 其及趙氏, 趙孟與焉. 然不得已, 若德, 可以免.」

255(41-16) 楚昭王有疾
자신의 영토에서만 지낼 수 있는 제사

초楚나라 소왕昭王이 병이 나자 점치는 자가 이렇게 풀이하였다.

"이 병은 하수河水가 빌미가 된 것입니다."

그럼에도 왕은 제사를 올리지 않았다. 이에 대부들이 교제郊祭라도 지낼 것을 청하자 소왕은 이렇게 말하였다.

"옛날 삼대三代에 제사를 명할 때 망望을 넘어서 제사를 지낼 수 없도록 하였다. 강수江水와 한수漢水, 저수沮水와 장수漳水는 우리 초나라의 국경 안에 있는 망이다. 화복이 이런 것에서 이른다면 이는 너무 지나친 것이 아니겠느냐? 내가 비록 덕이 없다 해도 하수로 인해 죄를 얻은 것은 아닐 것이다."

그리고는 끝내 제사를 지내지 않았다.

공자가 말하였다.

"초나라 소왕은 대도大道를 알았으니 그 자신의 나라를 잃지 않은 것은 또한 마땅하지 않은가! 〈하서夏書〉에 '오직 저 도당씨陶唐氏는 하늘의 떳떳한 도를 따라 행하였기 때문에 이 기방冀方에 자리를 잡게 된 것이었다. 그런데 지금 그 도를 잃고 그 기강을 어지럽혔기 때문에 결국 멸망하고 만 것이다'라 하였다. 그리고 '어디에 힘을 쏟는가에 따라 그에게서 수확을 얻으리라' 하였으니 자신의 떳떳함을 갈 길로 삼는 것이 옳은 것이다."

楚昭王有疾, 卜曰: 「河神爲祟.」

王弗祭, 大夫請祭諸郊, 王曰: 「三代命祀, 祭不越望, 江漢沮漳, 楚之望也. 禍福之至, 不是過乎? 不穀雖不德, 河非所獲罪也.」

遂不祭.

孔子曰: 「楚昭王知大道矣, 其不失國也宜哉! 〈夏書〉曰: 『維彼陶唐, 率彼天常, 在此冀方. 今失厥道, 亂其紀綱, 乃滅而亡.』又曰: 『允出玆在玆』, 由己率常可矣.」

【楚昭王】 춘추시대 楚나라 군주. 이름은 珍(壬). 平王의 아들이며 B.C.515~489년까지 27년간 재위함.

【河水】 黃河. 이는 초나라 국경내의 물이 아니므로 실제 초나라와는 관계가 없음을 말한 것임.

【祟】 빌미. 좋지 않은 일의 탓. 탈(頉). 따라서 河水의 河神에게 제사를 드려 재앙을 제거해 달라고 빌어야 한다는 뜻.

【望】 '望'은 고대 제사에 멀리 눈으로 보이는 곳까지만 제사를 지냄. '越望'은 그 한계를 넘는 곳까지 제사를 지냄을 말함.

【江漢沮漳】 초나라 경내에 흐르는 네 물줄기.

【不穀】 고대 왕이 자신을 낮추어 부르는 칭호. 寡人, 孤 등과 같음.

【夏書】《尙書》 夏書의 五子之歌를 말함.

【陶唐】 堯임금을 말함.

【冀方】 고대 九州의 하나. 지금의 山西, 河北, 河南과 遼寧 서부 일대. 堯임금은 平陽에, 舜임금은 蒲阪에, 禹는 安邑에 도읍을 정하여 모두 冀州에 근거를 두었음을 말함.

【乃滅而亡】《尙書》 夏書의 五子之歌에는 "乃底滅亡"이라 함.

【允出玆在玆】 이는 逸書의 문장으로 지금은 남아 있지 않음. '믿음도 복도 여기에서 나온다'는 뜻.

참고 및 관련 자료

1. 《左傳》 哀公 6년

初, 昭王有疾. 卜曰: 「河爲祟.」 大夫請祭諸郊. 王曰: 「三代命祀, 祭不越望. 江·漢·睢·漳, 楚之望也. 禍福之至, 不是過也. 不穀雖不德, 河非所獲罪.」 遂弗祭. 孔子曰: 「楚昭王知大道矣! 其不失國也, 宜哉!」

2. 《韓詩外傳》 卷3

楚莊王寢疾, 卜之, 曰: 「河爲祟.」 大夫曰: 「請用牲.」 莊王曰: 「止. 古者, 聖王制祭不過望, 濉漳江漢, 楚之望也, 寡人雖不德, 河非所獲罪也.」 遂不祭, 三日而疾有瘳. 孔子聞之, 曰: 「楚莊王之霸, 其有方矣, 制節守職, 反身不貳, 其霸不亦宜乎!」 詩曰: 『嗟嗟保介!』 莊王之謂也.

3. 《史記》 楚世家

卜而河爲祟, 大夫請禱河, 昭王曰: 「自吾先王受封, 望不過江·漢, 而河非所獲罪也.」 止不許. 孔子在陳, 聞是言, 曰: 「楚昭王通大道矣, 其不失國, 宜哉!」

4. 《說苑》 君道篇

楚昭王有疾, 卜之曰: 「河爲祟, 大夫請用三牲焉.」 王曰: 「止, 古者, 先王割地制土, 祭不過望; 江漢睢漳, 楚之望也; 禍福之至, 不是過也. 不穀雖不德, 河非所獲罪也.」 遂不祭焉. 仲尼聞之曰: 「昭王可謂知天道矣, 其不失國, 宜哉!」

5. 《孔子集語》 主德篇

楚莊王寢疾, 卜之, 曰: 「河爲祟.」 大夫曰: 「請用牲.」 莊王曰: 「止. 古者, 聖王制祭不過望, 濉漳江漢, 楚之望也, 寡人雖不德, 河非所獲罪也.」 遂不祭, 三日而疾有瘳. 孔子聞之, 曰: 「楚莊王之霸, 其有方矣, 制節守職, 反身不貳, 其霸不亦宜乎!」

256(41-17) 衛孔文子使太叔疾出其妻
새는 나무를 가려서 앉을 수 있으나

위衛나라 공문자孔文子가 태숙질太叔疾로 하여금 그 아내를 내쫓도록 하고 대신 자신의 딸을 태숙질의 아내로 삼도록 하였다. 그러자 태숙질은 다시 옛 본처의 동생을 꾀어 아내로 삼아 살 집을 지어 결국 공문자의 딸과 함께 두 아내를 두게 되었다. 그러자 공문자가 노하여 장차 태숙질을 공격할 참이었다.

이 무렵 공자가 거백옥蘧伯玉의 집에 숙소를 정하고 있었는데 문자가 공자를 찾아오자 공자가 말하였다.

"나는 제사에 관한 일이라면 일찍이 듣고 배웠으나 전투의 일이라면 들어본 것이 없습니다."

그리고는 물러나 수레를 준비토록 명하여 떠나면서 이렇게 말하였다.

"새는 나무를 가려서 앉을 수 있으나 나무야 어떻게 새를 가려서 앉도록 하겠는가?"

문자가 급히 나서서 말리며 말하였다.

"내가 어찌 사사로운 일을 생각하여 이렇게 하는 것이겠습니까? 역시 위나라의 환난에 대하여 자문을 구하고자 하는 것입니다."

이에 장차 다시 머물고자 하자 마침 계강자季康子가 염구冉求에게 전쟁에 관한 질문을 해 왔다. 염구가 이에 대답을 하고 나서 다시 이렇게 덧붙였다.

"우리 선생님께서는 그 이름이 백성들에게 전파되었을 뿐 아니라, 비록 귀신에게 물어본다 해도 아무런 유감이 없다고 할 것입니다.

만일 이 나라에서 선생님을 등용해 쓰신다면 이름이 날 것입니다."

계강자가 이를 애공哀公에게 말하여 예물로써 공자를 맞이하도록 하면서 이렇게 말하였다.

"사람들이 염구에 대해서 믿을 만하다 하니 장차 그도 크게 등용하십시오."

衛孔文子使太叔疾出其妻, 而以其女妻之. 疾誘其初妻之娣, 爲之立宮, 與文子女如二妻之禮. 文子怒, 將攻之.

孔子舍蘧伯玉之家, 文子就而訪焉, 孔子曰:「簠簋之事, 則嘗聞學之矣; 兵甲之事, 未之聞也.」

退而命駕而行, 曰:「鳥則擇木, 木豈能擇鳥乎?」

文子遽自止之曰:「圉也豈敢度其私哉? 亦訪衛國之難也.」

將止, 會季康子問冉求之戰, 冉求旣對之, 又曰:「夫子播之百姓, 質諸鬼神而無憾, 用之則有名.」

康子言於哀公, 以幣迎孔子曰:「人之於冉求, 信之矣, 將大用之.」

【孔文子】孔圉. 衛나라 大夫로《論語》公冶長에 "子貢問曰:「孔文子何以謂之『文』也?」子曰:「敏而好學, 不恥下問, 是以謂之『文』也.」"라 칭찬한 인물.

【太叔疾】이름은 悼子. 太叔懿子의 아들.

【其妻】宋子朝의 딸. 子朝는 宋나라 대부.

【蘧伯玉】姓은 蘧, 이름은 瑗, 字는 伯玉. 衛나라의 훌륭한 大夫. 孔子가 衛나라에 있을 때 그의 집을 방문하였음.

【簠簋】禮器. 대나무로 만든 그릇. 제사용으로 씀. 여기서는 제사에 관한 일을 뜻함.

【會季康子問冉求之戰】 본편 241에 "季孫謂冉有曰:「子之於戰, 學之乎? 性達之乎?」對曰:「學之.」季孫曰:「從事孔子, 惡乎學?」冉有曰:「旣學之孔子也. 夫孔子者, 大聖無不該, 文武並用兼通, 求也適聞其戰法, 猶未之詳也.」"의 내용을 말함.

【以幣迎】《史記》孔子世家에 "會季康子逐公華·公賓·公林, 以幣迎孔子, 孔子歸魯"라 함.

참고 및 관련 자료

1. 《左傳》 哀公 11년

冬, 衛大叔疾出奔宋. 初, 疾娶于宋子朝, 其娣嬖. 子朝出, 孔文子使疾出其妻, 而妻之. 疾使侍人誘其初妻之娣寘於犂, 而爲之一宮, 如二妻. 文子怒, 欲攻之, 仲尼止之. 遂奪其妻. 或淫于外州, 外州人奪之軒以獻. 耻是二者, 故出. 衛人立遺, 使室孔姞. 疾臣向魋, 納美珠焉, 與之城鉏. 宋公求珠, 魋不與, 由是得罪. 及桓氏出, 城鉏人攻大叔疾, 衛莊公復之, 使處巢, 死焉. 殯於鄖, 葬於少禘. 初, 晉悼公子憖亡在衛, 使其女僕而田, 大叔懿子止而飮之酒, 遂聘之, 生悼子. 悼子卽位, 故夏戊爲大夫. 悼子亡, 衛人翦夏戊. 孔文子之將攻大叔也, 訪於仲尼. 仲尼曰:「胡簋之事, 則嘗學之矣; 甲兵之事, 未之聞也.」退, 命駕而行, 曰:「鳥則擇木, 木豈能擇鳥?」文子遽止之, 曰:「圉豈敢度其私, 訪衛國之難也.」將止, 魯人以幣召之, 乃歸.

257(41-18) 齊陳恆弑其君簡公
진항이 임금을 시해하자

제齊나라 진항陳恆이 그 임금 간공簡公을 죽였다. 공자가 이를 듣고 사흘 동안 목욕한 뒤 조정에 나가 애공哀公에게 이렇게 고하였다.

"진항이 그 임금을 죽였으니 토벌할 것을 청합니다."

애공이 이를 허락지 않자 공자는 세 번이나 청하였다. 그러자 애공이 말하였다.

"우리 노魯나라가 제나라보다 약한 상태인 지가 오래 되었소. 그대가 토벌한다면 장차 어떤 방법으로 하겠다는 것이오?"

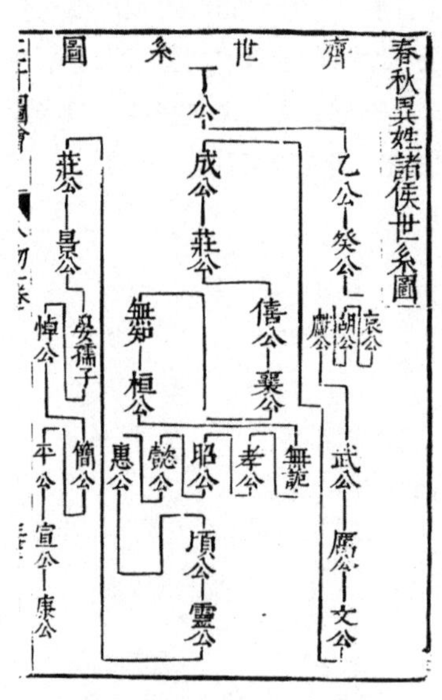

춘추 齊나라 世系圖《三才圖會》

공자가 대답하였다.

"진항이 그 임금을 죽인 것에 대해 제나라 백성들로서 그 반은 이에 찬동하지 않고 있습니다. 우리 노나라 백성의 많은 수에 제나라의 그 반을 합친다면 가히 이길 수 있습니다."

그러자 애공이 말하였다.

"그대는 계씨季氏에게 고해 보시오."

공자는 물러나와 사람들에게 이렇게 말하였다.

"내가 대부들의 뒤를 좇아다니는 직위이기 때문에 애공에게 이 말을 하지 않을 수가 없었던 것이다."

齊陳恆弑其君簡公, 孔子聞之, 三日沐浴而適朝, 告於哀公曰:「陳恆弑其君, 請伐之.」

公弗許, 三請, 公曰:「魯爲齊弱久矣, 子之伐也, 將若之何?」

對曰:「陳恆弑其君, 民之不與者半. 以魯之衆, 加齊之半, 可克也.」

公曰:「子告季氏.」

孔子辭, 退而告人曰:「以吾從大夫之後, 吾不敢不告也.」

【陳恆】田常. 田成子, 陳成子. '陳恒'으로도 표기함. '恆'과 '恒'은 같은 글자임. 춘추 말 齊나라 대신으로 簡公을 죽이고 平公을 세운 다음 자신이 재상을 함. 이 때부터 齊나라 실권이 田氏에게로 넘어감. 그 조상 陳氏가 제나라로 와서 田氏로 성을 바꾸어 陳·田을 혼용하여 쓰며 결국 이들이 姜氏의 齊나라를 이어 전국시대 '田氏齊'가 됨. 《史記》田敬仲完世家 참조.

【簡公】春秋時代의 齊나라 君主. 이름은 壬. 재위 4년(B.C.484~481)만에 진항에 의해 시살됨.

【不與】찬성하지 않음. 반대함.

참고 및 관련 자료

1. 《左傳》哀公 14년

甲午, 齊陳恒弑其君壬于舒州. 孔丘三日齊, 而請伐齊三. 公曰:「魯爲齊弱久矣, 子之伐之, 將若之何?」對曰:「陳恒弑其君, 民之不與者半. 以魯之衆加齊之半, 可克也.」公曰:「子告季孫.」孔子辭, 退而告人曰:「吾以從大夫之後也, 故不敢不言.」

2. 《論語》憲問篇

陳成子弑簡公. 孔子沐浴而朝, 告於哀公曰:「陳恆弑其君, 請討之.」公曰:「告夫三子!」孔子曰:「以吾從大夫之後, 不敢不告也. 君曰『告夫三子』者!」之三子告, 不可. 孔子曰:「以吾從大夫之後, 不敢不告也.」

258(41-19) 子張問曰
천자가 죽으면

자장子張이 공자에게 여쭈었다.

"《서書》에 '고종高宗이 3년 동안이나 말을 하지 않았으며, 한 번 말을 했다 하면 환히 웃는 표정이었다'라 하였는데 그런 일이 있었습니까?"

殷 高宗(武丁) 《三才圖會》

공자가 말하였다.

"어찌 그렇지 않을 수 있었겠느냐? 옛날에 천자가 죽으면 세자世子는 모든 정치를 삼년 동안 총재冢宰에게 맡겼다. 은殷나라 성탕成湯이 죽자 태갑太甲은 이윤伊尹에게 듣고서 행하였으며, 주周나라 무왕武王이 죽자 성왕成王은 주공周公의 말을 들었으니 그 뜻은 이처럼 하나였던 것이다."

子張問曰:「《書》云:『高宗三年不言, 言乃雍.』有諸?」

孔子曰:「胡爲其不然也? 古者, 天子崩, 則世子委政於冢宰三年. 成湯旣沒, 太甲聽於伊尹; 武王旣喪, 成王聽於周公, 其義一也.」

伊尹《三才圖會》

【書】《尙書》無逸篇을 가리킴.

【高宗】은나라 임금 武丁.《史記》殷本紀에 "帝武丁卽位, 思復興殷, 而未得其佐. 三年不言, 政事決定於冢宰, 以觀國風"이라 하였으며 뒤에 부열(傅說)을 얻어 재상으로 삼아 중흥을 완성함. 高宗은 廟號.

【雍】환호하는 모습.《禮記》에는 '讙'으로 되어 있음.

【冢宰】고대 관직 이름으로 국정의 최고 책임자. 六卿의 우두머리.

【太甲】은나라 임금. 湯의 적장자이며 탕왕의 법도를 어겨 伊尹에게 桐 땅으로 추방당하였다가 3년 동안 근신한 뒤 되돌아와 왕의 임무를 수행함.《尙書》商書 太甲(上)을 볼 것.

【伊尹】이름은 摯이며 은나라 때의 대신으로 成湯을 도와 夏나라 말왕 桀을 멸하고 卜丙, 仲壬, 太甲 등 세 왕을 보좌함.

참고 및 관련 자료

1.《禮記》檀弓(下)

子張問曰:「書云: 高宗三年不言, 言乃讙. 有諸?」仲尼曰:「胡爲其不然也? 古者天子崩, 王世子聽於冢宰三年.」

2. 《禮語》 憲問篇

子張曰: 「書云: 『高宗諒陰, 三年不言.』 何謂也?」 子曰: 「何必高宗, 古之人皆然. 君薨, 百官總己以聽於冢宰三年.」

259(41-20) 衛孫桓子侵齊
정치의 대절

위衛**나라** 손환자孫桓子가 제齊나라를 침략하다가 패배를 당하였다. 그러나 제나라 사람들은 그 틈을 노려 도리어 신축新築 대부大夫의 일을 맡고 있는 중숙우해仲叔于奚가 그곳 무리들을 동원하여 손환자를 구원해 주어 손환자는 이에 죽음을 면하게 되었다.

위나라 사람들은 고을 하나를 중숙우해에게 고맙다고 상을 주었으나 우해는 이를 사양하였다. 위나라 사람들이 이번에는 곡현曲懸이란 음악과 말을 화려하게 장식하여 그를 모시고자 하여 우해는 이를 허락하였고 이를 세 관부에서 기록하였다.

당시 자로子路가 위나라에서 벼슬을 하고 있었는데 이러한 일을 보고 공자에게 자문을 구하러 갔다. 공자는 이렇게 설명하였다.

"안타깝도다! 땅을 많이 주느니만 못하다. 종묘에 쓰는 그릇이나 명분이라고 하는 것은 남에게 빌려줄 수가 없는 것이다. 임금이 맡은 직책은 명분만으로도 이미 믿음을 나타내는 것이며, 그 믿음으로써 제기를 지켜내는 것이며, 그 제기로써 예를 저장하는 것이며, 그 예로써 의를 행하는 것이며, 그 의로써 이익을 생산하는 것이며, 그 이익으로써 백성을 공평하게 하는 것이니 이것이 정치의 대절大節이다. 만약 이를 남에게 빌려 준다면 이는 정치를 남에게 주는 것이다. 정치가 사라지면 국가가 이를 따라가는 것이니 그땐 멈출 수가 없다."

衛孫桓子侵齊, 遇敗焉. 齊人乘之, 執新築大夫, 仲叔于奚以其衆救桓子, 桓子乃免. 衛人以邑賞仲叔于奚, 于奚辭, 請曲懸之樂, 繁纓以朝, 許之, 書在三官.

子路仕衛, 見其故, 以訪孔子, 孔子曰:「惜也! 不如多與之邑, 惟器與名, 不可以假人. 君之所司, 名以出信, 信以守器, 器以藏禮, 禮以行義, 義以生利, 利以平民, 政之大節也. 若以假人, 與人政也. 政亡, 則國家從之, 不可止也.」

【孫桓子】 孫林父의 아버지 孫良夫. 衛나라의 卿을 지냈음.

【新築】 衛나라 지명.

【仲叔于奚】 위나라 신축 사람으로 신축의 대부 직책을 맡았었음.

【曲懸之樂】 제후의 음악. 周나라 제도에 天子는 宮懸(사면에 악기를 설치함), 제후는 軒懸(남쪽만 비워 둠. 즉 3면에 악기를 설치함), 대부는 判懸(양면만 악기를 설치함), 士는 特懸(한 면만 설치함)이라 하였으며, 그 중 曲懸은 3면에 악기를 설치함을 뜻함. 여기서는 우해에게 이러한 명분에 어긋난 대우를 해 줄 수 없음을 말한 것이다.

【繁纓】 말에 하는 장식으로 제후의 복식이었음. 우해는 제후가 아니므로 이러한 장식을 할 수 없으며 이를 허락한 것은 매우 잘못 되었음을 말한 것임.

【書在三官】 三官은 司徒, 司馬, 司空을 가리킴. 사도는 명칭을, 사마는 복장을, 사공은 공훈을 기록함.

【名以出信】 名位는 정확해야 백성에게 믿음을 얻을 수 있음을 말함.

【信以守器】 거마와 복식의 제도는 그의 믿음에 따라 주어짐.

【大節】 큰 절도. 큰 기준이나 원칙.

참고 및 관련 자료

1. 《左傳》 宣公 2년

孫桓子還於新築, 不入, 遂如晉乞師. 臧宣叔亦如晉乞師. 皆主郤獻子. 晉侯許之七百乘. 郤子曰:「此城濮之賦也. 有先君之明與先大夫之肅, 故捷. 克於先大夫, 無能爲役, 請八百乘.」許之. 郤克將中軍, 士燮佐上軍, 欒書將下軍, 韓厥爲司馬, 以救魯·衛. 臧宣叔逆晉師, 且道之. 季文子帥師會之. 及衛地, 韓獻子將斬人, 郤獻子馳, 將救之. 至, 則旣斬之矣. 郤子使速以徇, 告其僕曰:「吾以分謗也.」師從齊師于莘.

260(41-21) 公父文伯之母紡績不解
공보문백의 어머니

공보문백公父文伯의 어머니가 길쌈하기를 게을리 하지 않자 아들 문백이 어머니에게 그만두도록 간하였다. 그러자 어머니가 말하였다.

"옛날 왕후王后들은 친히 옷감을 짜서 현담玄紞을 만들었고, 공후公侯의 부인들은 굉연紘綖을 만들었다. 또 경卿의 부인들은 큰 띠를 만들었으며, 명부命婦들은 제복祭服을 만들었고, 선비들의 아내는 조복朝服을 만들었으며, 서인 이하 사람의 아내는 각각 자신들 남편의 옷을 만들었다. 남자들은 봄의 사일社日에는 할 일을 부과받았고, 겨울 제사인 증烝에는 자신의 실적을 바쳤다. 남녀가 이렇게 길쌈하고 실적이 있어 만약 잘못이 있으면 처벌을 받았으니 이것이 성왕聖王의 제도였다. 지금 내가 홀어미가 되었고, 너는 또 높은 자리에 있으니 아침저녁으로 공경스럽게 부지런히 힘쓰면서도 선조들이 하던 업적을 잊을까 염려스러운데 하물며 놀기만 하고 게을리 한다면 어찌 형벌을 피할 수 있겠느냐?"

魯季敬姜《列女傳》 삽화

공자가 이를 듣고 말하였다.

"제자들아, 기록하라! 계씨季氏의 부인은 허물 된 일을 하지 않았다고 할 수 있다."

公父文伯之母, 紡績不解, 文伯諫焉, 其母曰:「古者, 王后親織玄紞, 公侯之夫人, 加之紘綖, 卿之內子, 爲大帶, 命婦成祭服, 列士之妻, 加之以朝服, 自庶士已下, 各衣其夫, 社而賦事, 烝而獻功, 男女紡績, 愆則有辟, 聖王之制也. 今我寡也, 爾又在位, 朝夕恪勤, 猶恐忘先人之業, 況有怠墮, 其何以避辟?」

孔子聞之曰:「弟子志之! 季氏之婦, 可謂不過矣.」

【公父文伯】이름은 歜, 公父穆伯이 아들이며 孟獻子의 아버지. 그 어머니는 敬姜.《列女傳》에 그 어머니에 대하여 자세히 기록되어 있음. 한편《禮記》檀弓(下)에는 "穆伯之喪, 敬姜晝哭, 文伯之喪, 晝夜哭, 孔子曰: 知禮矣"라 함.

【不解】'解'는 '懈'와 같음.

【玄紞】冠의 앞뒤에 다는 장식물.

【紘綖】고대의 관에서 턱 아래로 내려뜨린 끈을 '紘'이라 하고, 모자 위에 전체를 장식하는 것을 '綖'이라 함.

【內子】경대부의 적처.

【命婦】봉호를 받은 여자를 일컬음.

【社】春社. 立春 뒤 다섯 번째 戊日에 지내는 제사.

【烝】겨울에 지내는 제사.

【辟】형벌.

참고 및 관련 자료

1.《國語》魯語(下)

公父文伯退朝, 朝其母, 其母方績. 文伯曰:「以歜之家而主猶績, 懼忓季孫之怒也, 其以歜爲不能事主乎!」其母歎曰:「魯其亡乎! 使僮子備官而未之聞耶? 居, 吾語女. 昔聖王之處民也, 擇瘠土而處之, 勞其民而用之, 故長王天下. 夫民勞則思, 思則善心生; 逸則淫, 淫則忘善, 忘善則惡心生. 沃土之民不材, 逸也; 瘠土之民莫不嚮義, 勞也. 是故天子大采朝日, 與三公·九卿祖識地德; 日中考政, 與百官之政事, 師尹維旅·牧·相, 宣序民事; 少采夕月, 與大史·司載糾虔天刑; 日入監九御, 使潔奉禘·郊之粢盛, 而後卽安. 諸侯朝修天子之業命, 晝考其國職, 夕省其典刑, 夜儆百工, 使無慆淫, 而後卽安. 卿大夫朝考其職, 晝講其庶政, 夕序其業, 夜庀其家事, 而後卽安. 士朝受業, 晝而講貫, 夕而習復, 夜而計過無憾, 而後卽安. 自庶人以下, 明而動, 晦而休, 無日以怠. 王后親織玄紞, 公侯之夫人加之以紘·綖, 卿之內子爲大帶, 命婦成祭服, 列士之妻加之以朝服, 自庶士以下, 皆衣其夫. 社而賦事, 蒸而獻功, 男女效績, 愆則有辟, 古之制也. 君子勞心, 小人勞力, 先王之訓也. 自上以下, 誰敢淫心舍力? 今我, 寡也, 爾又在下位, 朝夕處事, 猶恐忘先人之業. 況有怠惰, 其何以避辟! 吾冀而朝夕修我曰:『必無廢先人.』爾今曰:『胡不自安.』以是承君之官, 余懼穆伯之絶嗣也.」仲尼聞之曰:「弟子志之, 季氏之婦不淫矣.」

2.《列女傳》魯季姜敬

文伯再拜受教. 文伯退朝, 朝敬姜, 敬姜方績. 文伯曰:「以歜之家, 而主猶績, 懼干季孫之怒, 其以歜爲不能事主乎?」敬姜歎曰:「魯其亡乎! 使童子備官, 而未之聞也? 居, 吾語汝: 昔聖王之處民也, 擇瘠土而處之, 勞其民而用之, 故長王天下. 夫民勞則思, 思則善心生; 逸則淫, 淫則忘善, 忘善則惡心生. 沃土之民不材, 淫也. 瘠土之民嚮義, 勞也. 是故天子大采朝日, 與三公九卿組織施德, 日中考政, 與百官之政事, 使師尹維旅牧, 宣敬民事, 少采夕月, 與太史司載, 糾虔天刑, 日入監九御, 使潔奉禘郊之粢盛, 而後卽安. 諸侯朝修天子之業令, 晝考其國, 夕省其典刑, 夜儆百工, 使無慆淫, 而後卽安. 卿大夫朝考其職, 晝講其庶政, 夕序其業, 夜庀其家事, 而後卽安. 士朝而受業, 晝而講隸, 夕而習復, 夜而討過, 無憾而後卽安. 自庶人以下, 明而動, 晦而休, 無自以怠. 王后親織玄紞, 公侯之夫人加之以紘綖; 卿之內子爲大帶, 命婦成祭服, 則士之妻加之以朝服; 自庶士以下, 皆衣其夫. 社而賦事, 烝而獻功, 男女效績, 否則有辟, 古之制也. 君子勞心, 小人勞力, 先王之訓也. 自上以下, 誰敢淫心舍力? 今我寡也, 爾又在下位, 朝夕處事, 猶恐忘先人之業, 況有怠惰, 其何以辟? 吾冀汝朝夕脩我曰: '必無廢先人.' 爾今也曰: '胡不自安?' 以是承君之官, 余懼穆伯之絶嗣也.」仲尼聞之曰:「弟子記之, 季氏之婦不淫矣!」

261(41-22) 樊遲問於孔子曰

나라에 도가 없으면 물러나라

번지樊遲가 공자에게 여쭈었다.

"포견鮑牽이 제齊나라 임금을 섬기면서 그 정치를 맡아 조금도 흔들리지 않았으니 그를 충성스럽다고 할 수 있습니다. 그런데도 임금이 그의 다리를 자르는 형벌을 내렸으니 그 임금은 너무나 어두운 자입니까?"

공자가 말하였다.

"옛날의 선비는 나라에 도가 있으면 충성을 다하여 그 임금을 보필하지만, 도가 없으면 몸을 물려나게 해 화를 피하였다. 그런데 지금 포장자는 음란한 조정에서 녹을 타먹기에 바빠 그 임금의 명암明暗에 대해서는 헤아리지 못하다가 큰 형벌을 받고 만 것이다. 이는 그 지혜가 해바라기만도 못한 것이다. 해바라기는 오히려 능히 해를 돌며 자신의 생명을 충족시키고 있는데 말이다."

樊遲問於孔子曰:「鮑牽事齊君, 執政不撓, 可謂忠矣. 而君刖之, 其爲至闇乎?」

孔子曰:「古之士者, 國有道則盡忠以輔之, 無道則退身以避之. 今鮑莊子食於淫亂之朝, 不量主之明暗, 以受大刖, 是智之不如葵, 葵猶能衛其足.」

【樊遲】 공자 제자.
【鮑牽】 鮑莊子라고도 부르며 鮑叔牙의 증손. 齊나라 대부.
【刖】 발(혹은 발뒤꿈치)을 베는 혹형. 《左傳》 成公 17년에 의하면 제나라 慶克이 聲孟子와 사통하면서 부인과 옷으로 얼굴을 가리고 수레를 탄 채 於閎으로 들어오는 모습을 포견이 보고 國武子에게 고함. 이에 성맹자가 노하여 포견을 임금에게 무고하여 그의 발을 베도록 하였음.
【葵】 해바라기. 向日葵.

참고 및 관련 자료

1. 《左傳》 成公 17년

齊慶克通于聲孟子, 與婦人蒙衣乘輦而入于閎. 鮑牽見之, 以告國武子. 武子召慶克而謂之. 慶克久不出, 而告夫人曰:「國子謫我.」夫人怒. 國子相靈公以會, 高·鮑處守. 及還, 將至, 閉門而索客. 孟子訴之曰:「高·鮑將不納君, 而立公子角, 國子知之.」秋七月壬寅, 刖鮑牽而逐高無咎. 無咎奔莒. 高弱以盧叛. 齊人來召鮑國而立之. 初, 鮑國去鮑氏而來爲施孝叔臣. 施氏卜宰, 匡句須吉. 施氏之宰有百室之邑. 與匡句須邑, 使爲宰, 以讓鮑國而致邑焉. 施孝叔曰:「子實吉.」對曰:「能與忠良, 吉孰大焉?」鮑國相施氏忠, 故齊人取以爲鮑氏後. 仲尼曰:「鮑莊子之知不如葵, 葵猶能衛其足.」

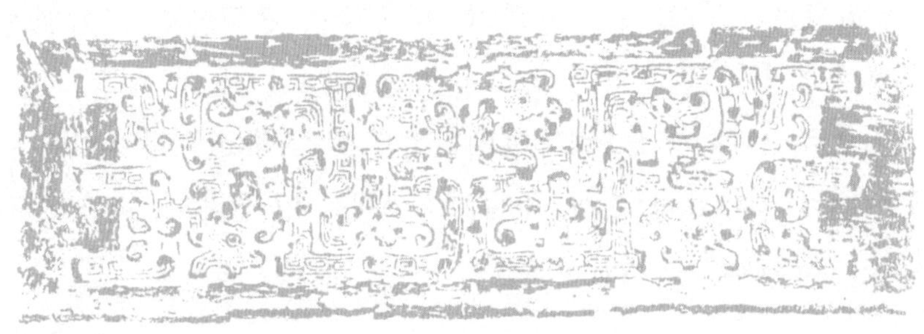

262(41-23) 季康子欲以一井田出法賦焉
토지 등록과 백성의 힘

계강자季康子가 한 정전井田을 만들어 놓고 법으로 부세를 받고자 하였다. 그리고 사람을 시켜 공자에게 자문을 구하도록 하자 공자가 말하였다.

"나는 잘 알지 못한다."

염유冉有는 세 번이나 와서 마침내 이렇게 물었다.

"선생님께서 국로國老가 되셨기에 계강자가 선생님의 말씀을 들어 보고 행하려고 합니다. 이와 같은데 선생님께서는 어찌 말씀을 아니하십니까?"

그래도 공자는 아무런 대답을 하지 않은 채 염유를 사사롭게 따로 불러 이렇게 일렀다.

"구求야! 이리로 오너라. 너는 듣지 못하였느냐? 옛날 선왕이 토지를 제정할 때 백성의 힘에 따라 토지를 등록하며 멀고 가까움에 근거하였다. 그리고 마을에 부세를 매기되 그 유무를 헤아렸으며, 농부의 힘에 맞게 일을 맡기되 그 노인과 어린이에 따라 논의를 거쳐서 하였다.

이에 홀아비, 과부, 고아, 병든 자, 노인에게는 특별한 군려軍旅의 의무일 때만 징수하고 없으면 그것으로 그만이었다. 그 한 해의 수입은 농토 1정井에 대해서 벼 몇 단과 몇 부缶 쌀, 가축 먹이의 꼴과 짚을 징수하되 이를 초과하지 않았다. 이는 선왕先王들이 백성이 풍족하면 된다고 여긴 것이었다. 군자의 행실이란 모름지기 예禮를 헤아려 보아 그 넉넉함에서 취하고 그 일은 중간에 맞추어 시키며, 그 부세는 넉넉지 못한 이는 줄여 주었다. 만약 이렇게 하는 것으로 그친다면 그저 구丘의 조세법이면 충분하다. 예를 헤아리지 아니하고 탐욕을 부려 싫증을 낼 줄 모를 정도로 모험을 하니 그렇다면 비록 부전賦田의 조세법을 쓴다 해도 부족할 것이다. 그리고 자손들이 만약 이러한 법을 취해서 행하고자 한다면 주공周公이 만들어 놓은 법이 있으니 그대로 하면 될 것이다. 그런데 이러한 법을 어기고자 한다면 구차한 대로 하면 될 터인데 어찌 다시 나를 찾아와 자문을 구한다는 것이냐?"

季康子欲以一井田出法賦焉, 使訪孔子, 子曰:「丘弗識也.」

冉有三發, 卒曰:「子爲國老, 待子而行, 若之何子之不言?」

孔子不對, 而私於冉有曰:「求! 汝來. 汝弗聞乎? 先王制土, 籍田以力, 而底其遠近; 賦里以入, 而量其無有; 任力以夫, 而議其老幼. 於是鰥寡孤疾老者, 軍旅之出則徵之, 無則已. 其歲收, 田一井, 出稯禾秉·缶米·芻藁, 不是過. 先王以爲之足. 君子之行, 必度於禮, 施取其厚, 事擧其中, 斂從其薄, 若是其已, 丘亦足矣. 不度於禮, 而貪冒無厭, 則雖賦田, 將有不足; 且子孫若以行之而取法, 則有周公之典在. 若欲犯法, 則苟行之, 又何訪焉?」

【三發】 세 번 질문을 함.

【制土】 토지의 세금을 제정함.

【籍田以力】 정전법에서 백성의 힘을 빌어 公田을 경작함.

【缶】 들이의 단위. 16斗를 1缶로 함.

【芻藁】 가축에게 먹이는 볏짚.

【丘】 토지 넓이의 단위. 16井을 1丘로 함. 매 구에는 일년에 戎馬 1필과 소 3두를 공납하여야 함.

참고 및 관련 자료

1. 《左傳》 哀公 11년

季孫欲以田賦, 使冉有訪諸仲尼. 仲尼曰: 「丘不識也.」 三發, 卒曰: 「子爲國老, 待子而行, 若之何子之不言也?」 仲尼不對, 而私於冉有曰: 「君子之行也, 度於禮, 施取其厚, 事擧其中, 斂從其薄. 如是, 則以丘亦足矣. 若不度於禮, 而貪冒無厭, 則雖以田賦, 將又不足. 且子季孫若欲行而法, 則周公之典在; 若欲苟而行, 又何訪焉?」 弗聽.

263(41-24) 子游問於孔子曰
수레로 물을 건네준 자산

자유子游가 공자에게 여쭈었다.

"선생님께서는 자산子産을 두고 은혜로운 사람이라고 극찬하시니 가히 들려주실 수 있습니까?"

공자가 말하였다.

"그의 은혜란 백성을 사랑하는 데에 있었을 뿐이었다."

자유가 말하였다.

"백성을 사랑하는 것을 덕교德教라 할 텐데 어찌 은혜라는 말에 그치겠습니까?"

공자가 말하였다.

"무릇 자산이라고 하는 분은 마치 여러 사람들의 어머니와 같아 능히 사람을 먹여 살리기는 하였으나 가르치기에는 능하지 못하였다."

자유가 말하였다.

"그 일에 대하여 말씀해 주실 수 있습니까?"

공자가 말하였다.

"자산은 자신이 타고 다니는 수레로 겨울에 물을 건너는 자들을 태워 건네주었다. 이는 사랑만 있고 가르침은 없는 것이다."

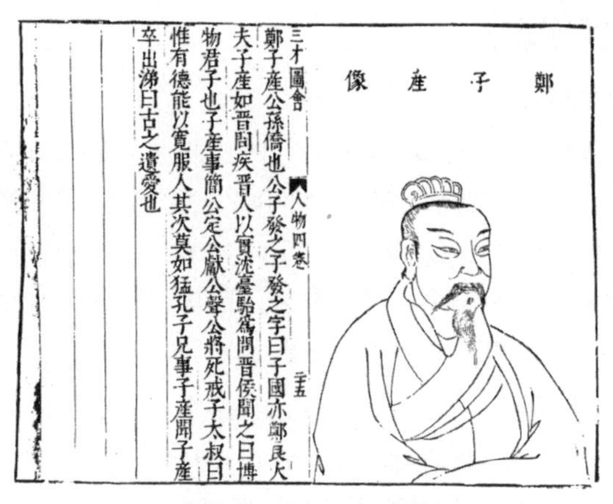

鄭나라〈子産〉《三才圖會》

子游問於孔子曰:「夫子之極言子産之惠也, 可得聞乎?」
孔子曰:「惠在愛民而已矣.」
子游曰:「愛民謂之德敎, 何翅施惠哉!」
孔子曰:「夫子産者, 猶衆人之母也, 能食之, 弗能敎也.」
子游曰:「其事可言乎?」
孔子曰:「子産以所乘之輿, 濟冬涉者, 是愛無敎也.」

【極言】 지극한 말로 칭찬을 아끼지 않음.
【何翅】 '翅'는 '啻'와 같음. 동음가차. "어찌 다만 ~에 그치겠는가"의 뜻.
【冬涉】 추운 겨울에 맨발로 내를 건너는 사람을 수레에 태워 주는 것은 큰 정치가 아님.

참고 및 관련 자료

1.《禮記》仲尼燕居

仲尼燕居, 子張子貢言游侍, 縱言至於禮. 子曰:「居! 女三人者, 吾語女禮, 使女以禮周流, 無不徧也.」子貢越席而對曰:「敢問何如?」子曰:「敬而不中禮, 謂之野; 恭而不中禮, 謂之給; 勇而不中禮, 謂之逆.」子曰:「給奪慈仁.」子曰:「師, 爾過; 而商也, 不及. 子產猶衆人之母也, 能食之不能教也.」子貢越席而對曰:「敢問將何以爲此中者也?」子曰:「禮乎禮! 夫禮所以制中也.」

2.《孟子》離婁(下)

子產聽鄭國之政, 以其乘輿濟人於溱洧. 孟子曰:「惠而不知爲政. 歲十一月徒杠成, 十二月輿梁成, 民未病涉也. 君子平其政, 行辟人可也, 焉得人人而濟之? 故爲政者, 每人而悅之, 日亦不足矣.」

264(41-25) 哀公問於孔子曰
노인을 공경하는 이유

애공哀公이 공자에게 물었다.

"몇몇 대부들이 과인에게 연세 높은 분을 공경하라고 권하고 있으니 이것은 무엇 때문입니까?"

공자가 대답하였다.

"마침 이 말씀을 하시니 장차 온 천하가 그 은혜를 입게 될 것입니다. 어찌 한낱 이 노魯나라 뿐이리오!"

애공이 말하였다.

"무슨 뜻입니까? 그 뜻을 가히 들려주실 수 있습니까?"

공자가 말하였다.

"옛날 유우씨有虞氏는 덕이 있는 사람을 귀히 여기면서도 나이든 분을 숭상하였으며, 하후씨夏后氏는 벼슬 있는 사람을 귀히 여기면서도 나이든 분을 숭상하였고, 은殷나라 사람은 부유함을 귀하게 여기면서도 나이든 분을 숭상하였으며, 주周나라 사람은 친족을 귀하게 여기면서도 나이든 분을 숭상하였습니다. 그러니 우虞·하夏·은殷·주周는 천하의 융성한 임금들로서 나이든 사람을 버리지 않았던 것입니다. 나이란 천하에 귀함을 받은 지 오래 되었으며, 그 다음이 친족을 섬기는 일이었던 것입니다. 이 까닭으로 조정에서는 같은 작위이면 나이든 자가 숭상을 받아 일흔 살이 되면 조정에서 지팡이를 짚어도 되었으며, 임금이 물어볼 일이 있으면 자리를 깔아 드렸습니다. 그리고 여든 살이 되면 조정에 나가지 않아도 되며, 임금이 물을 일이 있으면 직접 찾아가 뵈어 나이에 따른 공경의 교화가 조정에 통달하게 된 것입니다. 길을 갈 때에는 아무리 동행한다 해도 어깨를 나란히 할 수 없었으며, 같은 항렬이 아니면 반드시 뒤에 따라가도록 되어 있었습니다. 머리털이 반백斑白이 되면 짐을 지고 다니지 않도록 하여, 이로써 어른 공경의 교화가 거리에 통달하게 된 것입니다. 시골에서 살아도 나이든 분을 공경하여 아무리 늙고 궁하더라도 먹을 것이 떨어지지 않았으며, 아무리 힘이 세더라도 약한 어른을 범하는 일이 없었으며, 아무리 수가 많다 하더라도 수가 적은 노인들에게 횡포를 부리지 못하였으니 이로써 주항州巷에 어른 공경의 교화가 통달하였던 것입니다.

옛날 제도에는 쉰 살이 되면 부역도 하지 않았고 사냥에서 잡은 것은 나이 순서로 나누어 주었으니 이로써 수수蒐狩의 사냥터에서도 어른을 공경하는 교화가 통달하였던 것입니다. 그리고 군려軍旅에서는 십오什伍를 편성하면서 같은 작위라면 나이 순서로 하여 이로써 군사 분야에서도 어른 공경의 교화를 통달시켰던 것입니다. 무릇 성인의 가르침은 효도와 공경을 조정으로부터 거리의 도로에까지 미치게 하였으며, 시골 마을로부터 전렵과 군사의 일에까지 미치게 하여 여러 백성들이 모두 의에 감동하여 죽어도 이 법을 감히 범하지 못하였던 것입니다."

애공이 말하였다.

"훌륭하오! 과인이 비록 듣기는 하였으나 능히 이루지는 못할 것만 같구려."

哀公問於孔子曰:「二三大夫皆勸寡人使隆敬於高年, 何也?」

孔子對曰:「君之及此言, 將天下實賴之, 豈唯魯哉!」

公曰:「何也? 其義可得聞乎?」

孔子曰:「昔者, 有虞氏貴德而尚齒, 夏后氏貴爵而尚齒, 殷人貴富而尚齒, 周人貴親而尚齒. 虞·夏·殷·周, 天下之盛王也, 未有遺年者焉. 年者, 貴於天下久矣, 次于事親, 是故朝廷同爵而尚齒, 七十杖於朝, 君問則席, 八十則不仕朝, 君問則就之, 而悌達乎朝廷矣. 其行也肩而不並, 不錯則隨. 斑白者, 不以其任於道路, 而悌達乎道路矣. 居鄉以齒, 而老窮不匱, 强不犯弱, 衆不暴寡, 而悌達乎州巷矣. 古之道, 五十不爲甸役, 頒禽隆之長者, 而悌達乎蒐狩矣. 軍旅什伍, 同爵則尙齒, 而悌達乎軍旅矣. 夫聖王之敎, 孝悌發諸朝廷, 行於道路, 至於州巷, 放於蒐狩, 循於軍旅, 則衆感以義死之, 而弗敢犯.」

公曰: 「善哉! 寡人雖聞之, 弗能成.」

【有虞氏】 舜임금을 말함.
【尙齒】 노인을 숭상함.
【夏后氏】 禹임금을 말함. 그가 세운 나라가 夏였음.
【不錯則隨】 형뻘에 해당하는 이들과 갈 때는 '雁行'하고 아버지뻘에 해당하는 이들과 함께 갈 때는 '隨行'함. '錯'은 '雁行'과 같음.
【州巷】 州는 큰 도시. 巷은 작은 마을의 골목. 서민의 생활 터를 말함.
【頒禽】 사냥하여 얻은 물건을 나누어줌.
【蒐狩】 봄에 하는 사냥을 '蒐'라 하며, 가을 사냥을 '狩'라 함.

참고 및 관련 자료

1. 《禮記》 祭義

昔者, 有虞氏貴德而尙齒, 夏后氏貴爵而尙齒, 殷人貴富而尙齒, 周人貴親而尙齒. 虞夏殷周, 天下之盛王也, 未有遺年者. 年之貴乎天下, 久矣; 次乎事親也. 是故, 朝廷同爵則尙齒. 七十杖於朝, 君問則席. 八十不俟朝, 君問則就之, 弟達乎朝廷矣.

行, 肩而不併, 不錯則隨. 見老者, 則車徒辟; 斑白者不以其任行乎道路, 而弟達乎道路矣. 居鄕以齒, 而老窮不遺, 强不犯弱, 衆不暴寡, 而弟達乎州巷矣. 古之道, 五十不爲甸徒, 頒禽隆諸長者, 而弟達乎獀狩矣. 軍旅什伍, 同爵則尙齒, 而弟達乎軍旅矣. 孝弟發諸朝廷, 行乎道路, 至乎州巷, 放乎獀狩, 修乎軍旅, 衆以義死之, 而弗敢犯也.

265(41-26) 哀公問之於孔子曰

쓸데없는 금기 사항

애공哀公이 공자에게 물었다.

"과인이 듣기에 동쪽으로 집을 늘려 짓는 것은 상서롭지 못하다 하더이다. 진실로 그렇습니까?"

공자가 말하였다.

"상서롭지 못한 것이 다섯 가지 있으나 동쪽으로 집을 늘려 짓는 것은 거기에 포함되지 않습니다. 남에게 손해를 입히고 자신이 이익을 보는 것은 자신의 몸에 상서롭지 못한 것이며, 늙은이를 버리고 어린 것만 거두어 기르는 것은 집안에 상서롭지 못한 것이며, 어진 사람을 선택해 쓰지 않고 불초한 자에게 맡기는 것은 나라에 상서롭지 못한 것이며, 늙은이는 가르치지 않고 어린 자는 배우지 않는 것은 풍속에 상서롭지 못한 것이며, 성인은 숨어 버리고 어리석은 자가 권세를 휘두르는 것은 천하에 상서롭지 못한 것입니다. 이렇게 상서롭지 못한 것이 다섯 가지 있어도 동쪽으로 집을 늘려 짓는 것은 거기에 포함되지 않습니다."

哀公問之於孔子曰:「寡人聞東益不祥, 信有之乎?」

孔子曰:「不祥有五; 而東益不與焉. 夫損人自益, 身之不祥; 棄老而取幼, 家之不祥; 擇賢而任不肖, 國之不祥; 老者不教,幼者不學, 俗之不祥; 聖人伏匿, 愚子擅權, 天下不祥. 不祥有五, 東益不與焉.」

【東益】 집을 동쪽으로 더 늘려 지음.
【擇賢】 '擇'자는 《新序》에 '釋賢'으로 되어 있어 "어진 이를 놓치다"의 뜻임. '擇'자는 '釋'자와 비슷하여 판각에 오류가 생긴 것임.

참고 및 관련 자료

1. 《淮南子》 人間訓

魯哀公欲西益宅, 史爭之, 以爲西益宅不祥. 哀公作色而怒, 左右數諫不聽. 乃以問其傅宰折睢, 曰: 「吾欲益宅而史以爲不祥, 子以爲何如?」 宰折睢曰: 「天下有三不祥, 西益宅不與焉.」 哀公大悅而喜. 頃復問曰: 「何謂三不祥?」 對曰: 「不行禮義, 一不祥也; 嗜慾無止, 二不祥也; 不聽强諫, 三不祥也.」 哀公默然深念, 憒然自反, 遂不西益宅.

2. 《新序》 雜事(五) 089

哀公問於孔子曰: 「寡人聞之, 東益宅不祥, 信有之乎?」 孔子曰: 「不祥有五, 而東益不與焉. 夫損人而益己, 身之不祥也; 棄老取幼, 家之不祥也; 釋賢用不肖, 國之不祥也; 老者不教, 幼者不學, 俗之不祥也; 聖人伏匿, 天下之不祥也. 故不祥有五, 而東益不與焉. 詩曰: 『各敬爾儀, 天命不又.』 未聞東益之與爲命也.」

266(41-27) 孔子適季孫
취하는 것과 빌리는 것

공자가 계손季孫에게 갔더니 계손의 가신家臣이 계씨季氏에게 이렇게 아뢰는 것이었다.

"임금께서 사람을 보내어 우리 사냥터를 빌려달라고 요청해 왔습니다. 어떻게 허락을 할까요?"

계손이 아무 말도 하지 않고 머뭇거리자 공자가 말하였다.

"제가 듣기로 임금이 신하에게서 취해 가는 것을 '취取한다'라고 하며, 신하에게 주는 것을 '사賜한다'라고 하며, 신하가 임금의 것을 취하여 쓰는 것을 '가假한다'라고 하며, 신하가 임금에게 주는 것을 '헌獻한다'라고 말한다고 하더이다."

계손은 낯빛을 고치면서 깨닫고 이렇게 말하였다.

"저는 진실로 이러한 뜻을 아직 깨닫지 못하고 있었습니다."

그리고 가재家宰에게 이렇게 명하였다.

"지금부터 이후로는 임금께서 취해 가는 물건이 있다 하더라도 다시는 일체 '가假'라는 말을 하지 말라."

孔子適季孫, 季孫之宰謁曰:「君使求假於田, 將與之乎?」

季孫未言, 孔子曰:「吾聞之, 君取於臣, 謂之取; 與於臣, 謂之賜. 臣取於君, 謂之假; 與於君, 謂之獻.」

季孫色然悟曰:「吾誠未達此義.」
遂命其宰曰:「自今已往, 君有取之, 一切不得復言假也.」

【取, 賜, 假, 獻】 모두 임금과 신하 사이에 말을 바르게 표현하여야 함을 뜻함. 取는 윗사람이 아랫사람의 것을 취하는 것이며, 賜는 윗사람이 하사하는 것, 그리고 假는 아랫사람이 윗사람의 것을 임시로 빌림을 뜻하며, 獻은 아랫사람이 윗사람에게 바치는 것을 뜻함.
【未達】 그러한 사실에 통달하지 못함.

참고 및 관련 자료

1.《韓詩外傳》卷五

孔子侍坐於季孫. 季孫之宰通曰:「君使人假馬, 其與之乎?」孔子曰:「吾聞君取於臣, 謂之取, 不曰假.」季孫悟, 告宰通曰:「今以往, 君有取, 謂之取, 無曰假.」孔子曰:「正假馬之言, 而君臣之義定矣.」論語曰:「必也正名乎!」詩曰:『君子無易由言.』名正也.

2.《新序》雜事(五)

孔子侍坐於季孫, 季孫之宰通曰:「君使人假馬, 其與之乎?」孔子曰:「吾聞取於臣謂之取, 不曰假.」季孫悟, 告宰曰:「自今以來, 君有取謂之取, 無曰假.」故孔子正假馬之名, 而君臣之義定矣. 論語曰:『必也正名.』詩曰:『無易由言, 無曰苟矣.』可不愼乎?

3.《論語》子路篇

子路曰:「衛君侍子而爲政, 子將奚先?」子曰:「必也正名乎!」子路曰:「有是哉, 子之迂也! 奚其正?」子曰:「野哉, 由也! 君子於其所不知, 蓋闕如也. 名不正, 則言不順; 言不順, 則事不成; 事不成, 則禮樂不興; 禮樂不興, 則刑罰不中; 刑罰不中, 則民無所錯手足. 故君子名之必可言也, 言之必可行也. 君子於其言, 無所苟而已矣.」

4.《孔子集語》臣術篇

韓詩外傳五: 孔子侍坐於季孫. 季孫之宰通曰:「君使人假馬, 其與之乎?」孔子曰:「吾聞君取於臣, 謂之取, 不曰假.」季孫悟, 告宰通曰:「今以往, 君有取, 謂之取, 無曰假.」

卷十

42. 곡례자공문曲禮子貢問

43. 곡례자하문曲禮子夏問

44. 곡례공서적문曲禮公西赤問

〈騎驢歸家圖〉

42. 곡례자공문曲禮子貢問

'곡례자공문曲禮子貢問'은 첫 머리 '자공子貢이 공자에게 여러 가지 예에 대하여 질문을 하다'라는 내용으로 편명을 삼은 것이다. '곡례曲禮'란 '여러 가지 잡다한 예'라는 뜻으로 《예기》의 편명이기도 하나 본 편은 주로 《예기禮記》 단궁檀弓 편과 《좌전左傳》에 실려 있는 내용을 채록한 것이다.

〈七牛虎耳銅貯貝器〉(서한) 1956 雲南 晉寧縣 滇王墓 출토

267(42-1) 子貢問於孔子曰
천자를 조견하는 법

자공子貢이 공자에게 여쭈었다.

"진晉나라 문공文公은 실상 천자를 불러 보고 모든 제후들을 조견하게 하였습니다. 그런데도 선생님께서는 《춘추春秋》에 '천왕天王이 하양河陽에 순수巡狩하였다'라 하셨으니 이는 어찌 된 것입니까?"

공자가 말하였다.

"신하로서 임금을 부른다는 것은 법에 어긋나는 것이기 때문에 내가 그렇게 쓴 것은 그가 제후를 거느리고 천자를 조견하라는 뜻이었을 뿐이다."

子貢問於孔子曰:「晉文公實召天子, 而使諸侯朝焉. 夫子作《春秋》云:『天王狩于河陽』, 何也?」

孔子曰:「以臣召君, 不可以訓, 亦書其率諸侯事天子而已.」

【晉文公實召天子】 晉나라 文公이 溫 땅에서 회맹을 할 때 周나라 襄王으로 하여금 河陽을 순수하도록 하면서 제후들로 하여금 천자를 조견하도록 하여 존왕의 명분을 내세웠으나 이는 실제 천자를 부른 것임. 진 문공은 춘추시대 진나라 임금으로 춘추오패의 하나. 이름은 重耳. B.C.636~628년 재위.

【春秋】 공자가 편찬한 편년체의 역사책. 六經의 하나이며 魯나라 隱公 원년부터 哀公 24년 獲麟까지 모두 12公 242년 간의 역사를 기록함.

【天王】 원래 춘추시대까지는 종주국 주나라만이 王을 칭할 수 있었으나 楚, 越, 吳 등이 왕을 칭하자 천자를 높여 天王이라 부른 것.
【河陽】 춘추시대 晉나라 지명. 지금의 河南省 孟縣 서쪽.

참고 및 관련 자료

1. 《左傳》 僖公 28년

是會也, 晉侯召王, 以諸侯見, 且使王狩. 仲尼曰:「以臣召君, 不可以訓. 故書曰『天王狩于河陽』, 言非其地也, 且明德也.」

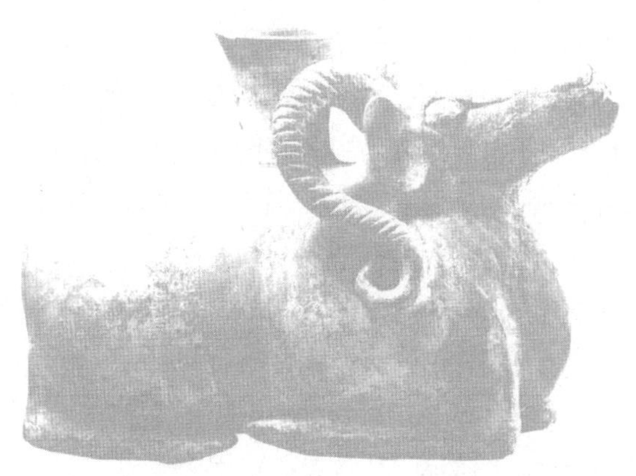

268(42-2) 孔子在宋
재물을 중히 여기다니

공자가 송宋나라에 있을 때의 일이었다. 환퇴桓魋가 석곽石槨을 만드는 데 3년이 지나도록 이를 완성하지 못하여 공장工匠들이 병까지 난 것을 보고 공자가 불쌍히 여기며 이렇게 말하였다.

"이토록 사치스럽게 하다니. 시신이란 빨리 썩느니만 못한 것인데."

염자冉子가 수레를 몰면서 공자에게 여쭈었다.

"《예禮》에 흉한 일에 쓸 물건은 미리 준비하지 않는 법이라 하였는데 이는 무엇을 말한 것입니까?"

공자가 말하였다.

"임금이 죽은 다음에 시호를 논하게 되며, 시호가 정해진 뒤에 장사를 지내게 되며, 장사를 지낸 뒤에야 사당을 세우게 되는 것이다. 이것은 모두 신하가 하는 일이기 때문에 미리 위촉할 바가 아닌 것이다. 그런데 하물며 자기가 스스로 한단 말이냐?"

한편 남궁경숙南宮敬叔은 너무 부를 축적하다가 정공定公에게 죄를 짓고 위衛나라로 도망하였다. 위나라에서는 그를 다시 노나라로 가도록 청하며 남궁경숙은 보물을 싣고 와서 정공을 조견하였다.

공자가 이를 듣고 이렇게 말하였다.

"그토록 재물을 중히 여기다니. 지위를 잃었을 바에야 차라리 빨리 가난해지느니만 못한데."

자유子游가 곁에 모시고 있다가 여쭈었다.

"감히 여쭙건대 어찌해서 그렇습니까?"

공자가 말하였다.

"부유하면서 예를 좋아하지 않으면 재앙이 있게 마련이다. 남궁경숙은 부를 축적하다가 지위를 잃었음에도 또한 자신의 허물을 고치지 않았으니 나는 장차 후환이 있을까 걱정이다."

경숙이 이 말을 여러 차례 공자에게 가서 문의하고 그 뒤에 예에 의해 재물을 남에게 흩어 베풀어 주었다.

孔子在宋, 見桓魋自爲石槨, 三年而不成, 工匠皆病, 夫子愀然曰:「若是其靡也, 死不如朽之速愈.」

冉子僕曰:「禮, 凶事不豫, 此何謂也?」

夫子曰:「旣死而議謚, 謚定而卜葬, 旣葬而立廟, 皆臣子之事, 非所豫囑也. 況自爲之哉?」

南宮敬叔以富得罪於定公, 奔衛, 衛人請復之, 載其寶以朝, 夫子聞之曰:「若是其貨也, 喪不若速貧之愈.」

子游侍曰:「敢問何謂如此?」

孔子曰:「富而不好禮, 殃也. 敬叔以富喪矣, 而又弗改, 吾懼其將有後患也.」

敬叔聞之, 驟如孔氏, 而後循禮施散焉.

【桓魋】宋나라의 사마환퇴(司馬桓魋). 本名은 向魋(상퇴). 宋 桓公의 後代이며 向을 桓으로 고쳤음. 공자 제자 司馬黎耕의 형. 《史記》 孔子世家에 의하면 孔子가 曹에서 宋으로 옮겨 큰 나무 아래에서 弟子들과 禮를 실습하고 있을 때, 桓魋가 孔子를 죽이고자 그 나무를 뽑았음. "「定公十四年, 孔子年五十六. …… 孔子遂適衛. 居十月, 去衛. 將適陳; 過匡. 匡人止孔子; 孔子使從者爲甯武子臣於衛, 然後得去. 去卽過蒲; 月餘反乎衛. 居衛月餘, 去衛過曹. 是歲魯定公卒.

孔子去曹適宋; 與弟子習禮大樹下. 宋司馬桓魋欲殺孔子, 拔其樹. 孔子去. 弟子曰: 『可以速矣.』 孔子曰: 『天生德於予, 桓魋其如予何!』…… 孔子遂至陳; 主於司城貞子家.」”라 함.

【冉子】 冉有, 冉求. 有와 求는 疊韻. 字는 子有. 孔子보다 29세 아래였다고 함. (B.C.522~?) 당시 季氏 집에 벼슬하고 있었음.

【諡】 천자나 제후, 귀족, 대신, 사대부가 죽고 나서 그의 생전 업적에 따라 지어주는 칭호.

【南宮敬叔】 南容. 孔子의 제자인 南宮适. 이름은 适, 혹은 縚. 字는 子容. 諡號는 敬叔으로 흔히 南宮敬叔으로 부름. 그러나 南宮适과 南宮縚는 각기 다른 두 사람이라는 설이 있음. 毛子水는 梁玉繩의 말을 인용하여 “論語作适, 又稱南容; 檀弓作南宮縚; 家語作南宮韜. 蓋南容有二名: 括與适·縚與韜, 字之通也. 自世本誤以南宮縚爲仲孫說, 于是孔安國注論語·康成注禮記·陸德明釋文·小司馬索隱·朱子集注並因其誤. 朱氏經義考載明夏洪基孔門弟子傳略, 辨南宮括(縚)·字子容是一人; 孟僖子之子仲孫說(閱)·南宮敬叔是一人: 確鑿可從”라 함.

【定公】 이름은 宋. 昭公의 아우로 공자를 불러 재상의 일을 섭행하도록 한 적이 있음.

참고 및 관련 자료

1. 《禮記》 檀弓(上)

有子問於曾子曰: 「問喪於夫子乎?」 曰: 「聞之矣: 喪欲速貧, 死欲速朽.」 有子曰: 「是非君子之言也.」 曾子曰: 「參也聞諸夫子也.」 有子又曰: 「是非君子之言也.」 曾子曰: 「參也與子游聞之.」 有子曰: 「然, 然則夫子有爲言之也.」 曾子以斯言告於子游. 子游曰: 「甚哉, 有子之言似夫子也. 昔者夫子居於宋, 見桓司馬自爲石椁, 三年而不成. 夫子曰: 若是其靡也, 死不如速朽之愈也. 死之欲速朽, 爲桓司馬言之也. 南宮敬叔反, 必載寶而朝. 夫子曰: 若是其貨也, 喪不如速貧之愈也. 喪之欲速貧, 爲敬叔言之也.」 曾子以子游之言告於有子, 有子曰: 「然, 吾固曰, 非夫子之言也.」 曾子曰: 「子何以知之?」 有子曰: 「夫子制於中都, 四寸之棺, 五寸之椁, 以斯知不欲速朽也. 昔者夫子失魯司寇, 將之荊, 蓋先之以子夏, 又申之以冉有, 以斯知不欲速貧也.」

269(42-3) 孔子在齊
흉년에 임금이 삼가야 할 일

공자가 제齊나라에 있을 때 제나라에 큰 가뭄이 들어 봄에 기근에 시달리게 되자 경공景公이 공자에게 물었다.

"어떻게 하면 되겠습니까?"

공자가 말하였다.

"흉년이면 둔한 말을 타야 하고, 힘드는 부역을 시키지 말아야 하며, 큰길을 수축하지 말아야 하며, 기도에 폐백이나 구슬로 할 뿐이며, 제사를 지내는데도 악기를 걸지 말아야 하며, 제사에 희생을 잡지 말아야 합니다. 이것은 어진 임금이 자신을 낮추어 백성을 구휼하는 예인 것입니다."

孔子在齊, 齊大旱, 春饑, 景公問於孔子曰:「如之何?」

孔子曰:「凶年則乘駑馬, 力役不興, 馳道不修, 祈以幣玉, 祭祀不懸, 祀以不牲, 此賢君自貶以救民之禮也.」

【駑馬】 늙고 힘이 없는 말. 駿馬에 상대하여 쓴 말.

【馳道】 임금이 다닐 수 있는 길을 말함.

【不懸】 악기를 매달지 않음. 음악을 폐기하여 검소함을 보인 것.

【下牲】 두 번째쯤 되는 희생물. 가장 좋은 것을 피하였음을 말함.

【自貶】 스스로 욕심을 줄이고 자신을 억눌러 다스림.

참고 및 관련 자료

1. 《禮記》 曲禮(下)

國君春田不圍澤; 大夫不掩羣, 士不取麛卵. 歲凶, 年穀不登, 君膳不祭肺, 馬不食穀, 馳道不除, 祭事不縣. 大夫不食粱, 士飮酒不樂. 君無故, 玉不去身; 大夫無故不徹縣, 士無故不徹琴瑟.

2. 《禮記》 雜記(下)

孔子曰: 「凶年則乘駑馬. 祀, 以下牲.」 恤由之喪, 哀公使孺悲之孔子學『士喪禮』, 士喪禮於是乎書.

270(42-4) 孔子適季氏

병을 질문하는 예

공자가 계씨季氏에게 갔을 때 강자康子는 대낮인데 안방에 누워 있었다. 공자가 무슨 병이 있는가를 묻자 강자가 나와 접견하고 말을 마치고 공자가 나왔다.

그러자 자공子貢이 여쭈었다.

"계손季孫이 병도 없는데 무슨 병이냐고 물으셨으니 그렇게 하는 것이 예입니까?"

공자가 말하였다.

"무릇 예란 군자로서 큰 연고가 있지 않은 한 밖에 나가서 자지 않으며, 재계齋戒할 일이나 병이 있지 않고서는 낮에 안에 들어가 자지 않는 법이다. 그런 까닭에 밤에 밖에서 자면 조상弔喪을 해도 옳을 것이며, 낮에 안에 들어가 있으면 병이 있느냐고 물어보아도 된다."

孔子適季氏, 康子晝居內寢, 孔子問其所疾, 康子出見之, 言終, 孔子退, 子貢問曰:「季孫不疾, 而問諸疾, 禮與?」

孔子曰:「夫禮, 君子不有大故, 則不宿於外, 非致齊也, 非疾也, 則不晝處於內. 是故夜居外, 雖弔之可也; 晝居於內, 雖問其疾可也.」

【內寢】 안방. 내실. 燕寢이라고도 함.
【大故】 喪事나 전쟁 따위의 큰 일. 큰 재앙.
【治齊】 '齊'는 '齋'와 같음. 목욕재계하여 근신함.

참고 및 관련 자료

1. 《禮記》 檀弓(上)

夫晝居於內, 問其疾可也; 夜居於外, 弔之可也. 是故君子非有大故, 不宿於外; 非致齊也, 非疾也, 不晝夜居於內.

271(42-5) 孔子爲大司寇
멀리서 온 이들에게 하는 예

공자가 대사구大司寇가 되었을 때 나라의 마구간에 불이 났다. 공자는 조회를 마치고 화재 난 장소에 가 보았다. 이때 마침 시골에서 화재를 진압하러 온 사람들이 있었다. 공자는 그 사람들에게 절을 하되 선비에게는 한 번씩하고 대부에게는 두 번씩을 하는 것이었다.

자공子貢이 말하였다.

"감히 여쭙건대 어찌 그렇게 하셨습니까?"

공자가 말하였다.

"멀리서 온 자들에게 서로 위문하는 방법이다. 나는 유사有司의 신분이기 때문에 절을 한 것이다."

孔子爲大司寇, 國廐焚, 子退朝而之火所, 鄕人有自爲火來者, 則拜之. 士一, 大夫再.

子貢曰:「敢問何也?」

孔子曰:「其來者亦相弔之道也, 吾爲有司, 故拜之.」

【大司寇】 형벌과 재판을 다스리는 최고의 수장.

【國廐】 나라의 말을 가두어 관리하는 마구간.

【有司】 그 일을 맡은 관리.

참고 및 관련 자료

1. 《禮記》 雜記(下)

廄焚, 孔子拜鄕人爲火來者. 拜之, 士壹, 大夫再. 亦相弔之道也. 孔子曰: 「管仲遇盜, 取二人焉, 上以爲公臣, 曰: 其所與遊辟也. 可人也! 管仲死, 桓公使爲之服. 宦於大夫者之爲之服也, 自管仲始也, 有君命焉爾也.」

2. 《論語》 鄕黨篇

廄焚. 子退朝, 曰: 「傷人乎?」 不問馬.

272(42-6) 子貢問曰管仲失於奢
관중과 안자의 차이

자공子貢이 여쭈었다.

"관중管仲은 지나치게 사치하였고 안자晏子는 지나치게 검소하였으니 모두가 똑같이 실수한 것입니다. 그렇다면 둘 중 누가 나은 것입니까?"

공자가 말하였다.

"관중은 그릇에는 도금으로 새기고 갓끈은 붉은 색으로 하였으며, 병풍도 두르고 반점反坫도 설치하였으며, 처마에는 산을 그리고 기둥에는 마름을 새겼으니 현대부賢大夫로서 이보다 더 높이 하기 어려울 것이다. 한편 안평중晏平仲은 자신의 선조에게 올리는 제사에 돼지 어깨살이 그릇을 덮지 못하게 하였으며 여우 갖옷 한 벌로 30년을 입었으니 현대부로서 이보다 더 내려갈 수 없을 정도였다. 군자로서 윗자리에 있으면 자신의 윗자리 이상을 참월하지 아니하여야 하며, 아랫자리라면 윗사람을 압박해서는 안 된다."

子貢問曰:「管仲失於奢, 晏子失於儉, 與其俱失矣, 二者孰賢?」

孔子曰:「管仲鏤簋而朱紘, 旅樹而反坫, 山節藻梲, 賢大夫也, 而難爲上. 晏平仲祀其先祖, 而豚肩不掩豆, 一狐裘三十年, 賢大夫也, 而難爲下. 君子上不僭下, 下不偪上.」

管仲(管夷吾)《三才圖會》

【管仲】 이름은 夷吾. 齊 桓公을 도와 패자로 만든 인물. 鮑叔과의 사이에 유명한 '管鮑之交'의 고사를 낳음. 《管子》 책은 뒷사람의 위탁이기는 하나 그의 정치 사상을 이해하는 중요한 자료임. 《史記》에 管晏列傳이 있음.

【失於奢】 지나치게 사치를 부리는 것이 그의 단점이었음.

【晏子】 晏嬰. 자는 平仲. 춘추시대 공자와 동시대의 제나라 재상. 재치와 덕으로 이름이 났었음. 《晏子春秋》는 그에 대한 일화를 모은 책임. 《史記》 管晏列傳 참조.

【鏤簋】 簋는 제사에 쓰는 그릇. 그러한 그릇에 무늬와 장식을 넣어 화려하게 꾸밈.

【朱紘】 모자의 끈도 붉게 하여 장식을 함.

【旅樹】 병풍을 설치함. 천자는 外屛을 꾸밀 수 있고 제후는 內屛을 설치할 수 있음.

【反坫】 제후들 사이에 술자리에서 예를 하고 나서 술잔을 놓을 수 있는 단.

【山節】 처마를 화려하게 산의 형상을 꾸밈.

【藻梲】 기둥에 화려한 장식을 함. 천자만이 할 수 있는 장식임.

【豚肩】 돼지 다리. 혹은 앞다리 어깨 살.

【上不僭下】 《禮記》에는 '上不僭上'으로 되어 있어 이에 따라 풀이함.

참고 및 관련 자료

1. 《禮器》 雜記(下)

孔子曰:「管中鏤簋而朱紘, 旅樹而反坫, 山節而藻梲. 賢大夫也, 而難爲上也. 晏平仲祀其先人. 豚肩不揜豆. 賢大夫也, 而難爲下也. 君子上不僭上, 下不偪下.」

2. 《禮記》 禮器

是故, 君子大牢而祭, 謂之禮; 匹士大牢而祭, 謂之攘. 管仲鏤簋朱紘, 山節藻梲, 君子以爲濫矣. 晏平仲祀其先人, 豚肩不揜豆. 澣衣濯冠以朝, 君子以爲隘矣. 是故, 君子之行禮也, 不可不愼也; 衆之紀也, 紀散而衆亂. 孔子曰:「我戰則克, 祭則受福, 盖得其道矣.」

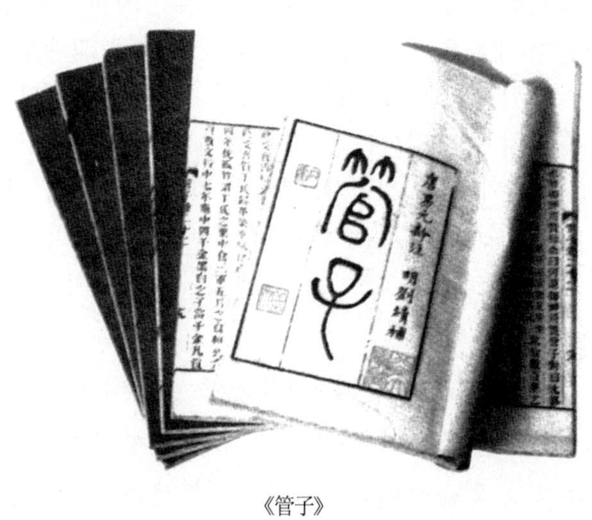

《管子》

273(42-7) 冉求曰昔文仲知魯國之政
부당한 제사

염구冉求가 말하였다.

"옛날 장문중臧文仲은 노魯나라 정치에 밝아 그의 말은 곧 법칙이 되었으며, 지금까지 사라지지 않고 있으니 가히 예를 안다고 말할 수 있을 것입니다."

공자가 말하였다.

"옛날 장문중이 어찌 예를 안다고 하겠느냐? 하보불기夏父弗綦가 잘못된 제사를 지내고 있음에도 이를 중지시키지 못하여 부엌에서 장작을 밝혀 놓고 제사를 지냈다. 무릇 부엌에서 지내는 제사는 늙은 부인들이 지내는 것인데 제물은 독 속에 담고 술은 병 채로 그대로 쓰게 되니 이것은 대부로서는 장작불을 켜 놓고 지낼 제사가 아니었다. 그 때문에 예라는 것은 마치 몸과 같다는 것이다. 몸에 사지가 구비하지 않고서는 성인成人이 될 수가 없는 것이다. 부당한 제사를 차리는 것은 사지가 구비되지 못한 사람과 같은 것이다."

冉求曰:「昔文仲知魯國之政, 立言垂法, 于今不亡, 可謂知禮矣.」

孔子曰:「昔臧文仲安知禮? 夏父弗綦逆祀而不止, 燔柴於竈以祀焉. 夫竈者老婦之所祭, 盛於甕, 尊於瓶, 非所柴也. 故曰: 禮也者, 由體也. 體不備, 謂之不成人, 設之不當, 猶不備也.」

【文仲】 臧文仲. 臧孫辰. 춘추시대 魯나라 대부이며 재상으로 莊公, 閔公, 僖公, 文公을 섬겼음. 현대부로 알려짐.

【夏父弗綦】 夏父不忌. 文公 때 魯나라 宗伯으로 종묘의 昭穆의 禮를 주관하던 관원.

【逆祀】 '躋僖公'의 사건을 말함. 희공은 민공의 형이었으나 한 때 그의 신하였음. 그런데도 희공을 민공의 위에 둔 것은 예에 어긋난다고 본 것임. 이 때문에 《左傳》에 "躋僖公, 逆祀也"라 함.

【燔柴】 燔祭. 제사의 한 의식으로 장작 위에 옥과 희생물을 얹어 놓고 이를 태워 그 연기가 하늘에 닿도록 함.

【老婦】 밥짓는 늙은 이. 그들이 모시는 신은 竈神(부엌신, 아궁이 신)으로 천신과는 존비가 다름을 말함.

【由】 '猶'와 같음.

참고 및 관련 자료

1. 《禮記》 禮器

君子曰: 「祭祀不祈, 不麾蚤, 不樂葆大, 不善嘉事, 牲不及肥大, 薦不美多品.」 孔子曰: 「臧文仲安知禮! 夏父弗綦逆祀, 而弗止也. 燔柴於奧, 夫奧者, 老婦之祭也, 盛於盆, 尊於甁. 禮也者, 猶體也. 體不備, 君子謂之不成人. 設之不當, 猶不備也.」

274(42-8) 子路問於孔子曰
장무중이 형벌을 받지 않은 이유

자로子路가 공자에게 여쭈었다.

"장무중臧武仲이 군사를 거느리고 주邾나라 사람들과 호태狐駘에서 싸우다가 패하였습니다. 그런데 그는 이 싸움에 군사를 많이 잃고서도 형벌을 당하지 않았는데 옛날의 도는 그러하였습니까?"

공자가 말하였다.

"무릇 남의 군사를 치려다가 패하게 되면 죽는 법이며, 남의 나라를 치려다가 위태로운 일을 만나면 도망하는 것이 옛날의 바른 도이다. 그러나 그 임금이 그 일에 관여한 것이 있어 조서를 내린다면 처벌하지 않는 것이다."

子路問於孔子曰:「臧武仲率師與邾人戰于狐駘, 遇敗焉. 師人多喪而無罰, 古之道然與?」

孔子曰:「凡謀人之軍師, 敗則死之; 謀人之國邑, 危則亡之, 古之正也. 其君在焉者, 有詔則無討.」

【臧武仲】 臧文仲의 아들. 臧紇. 魯나라 대부. 키가 매우 작았다 함.
【狐駘】 邾나라 지명. 《左傳》 襄公 4년에 "臧紇救鄫侵邾, 敗於狐駘. ……國人誦之曰: '臧之狐裘, 敗我於狐駘. 我君小子, 侏儒是使. 侏儒侏儒, 使我敗於邾.'" 라 함.
【無討】 처벌하지 않음. 책임을 묻지 않음.

참고 및 관련 자료

1. 《禮記》 檀弓(上)

君子曰: 「謀人之軍師, 敗則死之; 謀人之邦邑, 危則亡之.」

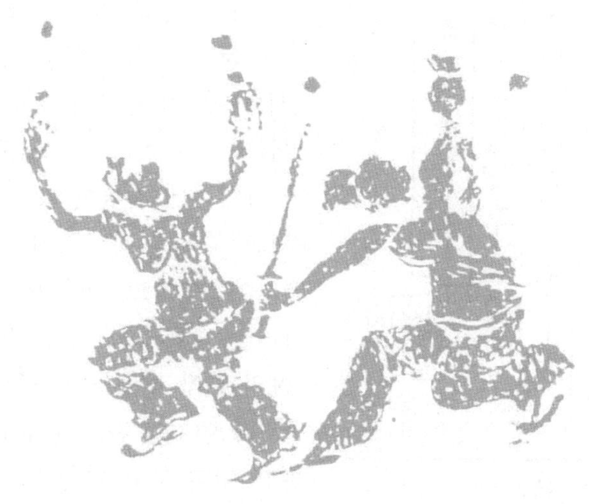

275(42-9) 晉將伐宋
사성자한

진晉나라가 장차 송宋나라를 치고자 사람을 시켜 송나라를 정탐해 보았다. 이때 송나라 양문을 지키던 무장한 군사가 죽어 사성자한司城子罕이 슬피 울고 있었다.

정탐을 갔던 자가 돌아와 진나라 임금에게 이렇게 보고하였다.

"성문을 지키던 무장한 군사가 죽었는데 자한은 이를 몹시 슬퍼하고 있으며, 또 백성들은 모두 그러한 배려를 보고 즐거워하고 있습니다. 송나라는 아마 쳐서는 안 될 것입니다."

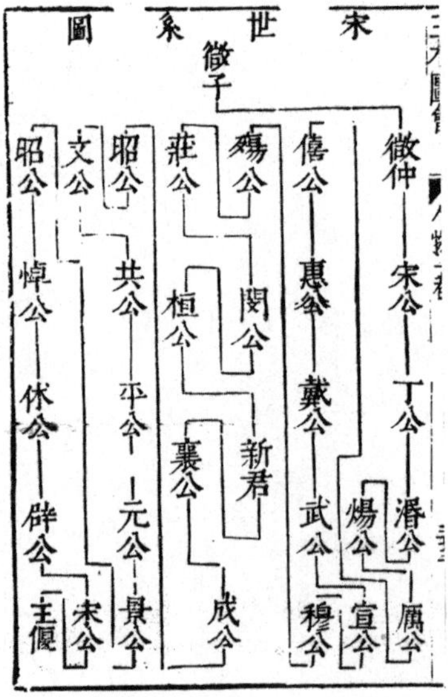

공자가 듣고 이렇게 말하였다.

"훌륭하도다, 정탐을 맡은 자여! 《시詩》에 '백성에게 상사가 있으면 엉금엉금 기어가서라도 구원해야지'라 하였는데 자한이 바로 그렇게 한 자로다. 비록 진나라가 아니더라도 천하에 그 어느 나라가 능히 이러한 나라를 당하겠느냐? 그러므로 주임周任의 말에 '백성들이 모두 그 나라를 즐겁게 여기는 자라면 누구도 대적할 수가 없다'라고 하였다."

宋나라 世系圖 《三才圖會》

晉將伐宋, 使人覘之, 宋陽門之介夫死, 司城子罕哭之哀.
覘之反言於晉侯曰:「陽門之介夫死, 而子罕哭之哀, 民咸悅, 宋殆未可伐也.」
孔子聞之曰:「善哉覘國乎!《詩》云:『凡民有喪, 匍匐救之.』子罕有焉. 雖非晉國, 其天下孰能當之? 是以周任有言曰:『民悅其愛者, 弗可敵也.』」

【覘】 살펴봄. 정찰함.
【陽門】 宋나라 성문.
【介夫】 무장을 한 衛士.
【司城】 송나라의 관직 이름. 토목 건축을 담당함. 다른 나라의 司空과 같음. 宋武臣의 이름이 司空이어서 이를 피휘하여 司城이라 부른 것.
【子罕】 司城子罕. 樂喜.
【凡民有喪】《詩經》 邶風 谷風의 구절.
【周任】 고대의 현인.

참고 및 관련 자료

1.《禮記》 檀弓(下)

陽門之介夫死, 司城子罕入而哭之哀. 晉人之覘宋者, 反報於晉侯曰:「陽門之介夫死, 而子罕哭之哀, 而民悅, 殆不可伐也.」孔子聞之曰:「善哉覘國乎! 詩云: 凡民有喪, 扶服救之. 雖微晉而已, 天下其孰能當之.」

276(42-10) 楚伐吳
차마 사람을 죽이지 못하는 마음씨

초楚나라가 오吳나라를 공격하여 공윤工尹 상양商陽과 진기질陳棄疾이 함께 오나라 군사에게 진격하여 거의 맞닥뜨리게 되었다.

이에 진기질이 말하였다.

"이는 임금의 일이다. 그대는 활을 잡아야 할 것이다."

상양이 활을 잡자 기질이 말하였다.

"그대는 쏘아라."

그가 활을 쏘아 한 사람을 죽였다. 그리고는 활을 거두어 활집에 집어넣어 버렸다. 또다시 적을 추격하게 되자 이번에도 기질이 명령을 하였고, 또 추격하여 따라잡게 되자 기질이 다시 또 명령하여 결국 적 두 사람을 더 쏘아 죽였다. 그러나 상양은 적 한 사람을 쏘아 죽일 때마다 눈을 감고 마부에게 멈추도록 하면서 이렇게 말하였다.

"나는 조정에 앉아 있어본 일도 없고 연회에는 참여해 본 일이 없는 낮은 사람으로서 세 사람이나 죽였으니 이것만으로도 돌아가 임금에게 복명하기에 넉넉하리라."

공자가 이를 듣고 말하였다.

"사람을 죽이는 가운데에서도 역시 예를 갖추었구나."

자로子路가 분노하는 모습으로 나서서 말하였다.

"남의 신하로서의 절도란 임금을 위해 큰 일이 있게 되면 오직 힘닿는 데까지 하다가 죽은 뒤라야 그칠 수 있는 것입니다. 선생님께서는 어찌 이를 잘한 일이라 여기십니까?"

공자가 말하였다.

“그렇다! 네 말과 같다. 그러나 나는 차마 사람을 죽이지 못하는 그 마음씨만을 취한 것뿐이다.”

楚伐吳, 工尹商陽與陳棄疾進吳師, 及之.

棄疾曰:「王事也. 子手弓而可.」

商陽手弓, 棄疾曰:「子射諸.」

射之, 斃一人. 韔其弓, 又及. 棄疾謂之, 又及, 棄疾復謂之, 斃二人. 每斃一人, 輒掩其目, 止其御曰:「吾朝不坐, 燕不與, 殺三人, 亦足以反命矣.」

孔子聞之曰:「殺人之中, 又有禮焉.」

子路怫然進曰:「人臣之節, 當君大事, 唯力所及, 死而後已. 夫子何善此?」

子曰:「然! 如汝言也. 吾取其有不忍殺人之心而已.」

【工尹】 楚나라의 관직 이름. 百工의 장관.

【商陽】 인명.

【陳棄疾】 초나라 公子. 昭公 8년 군대를 이끌고 陳나라를 쳐서 영토로 만들자 사람들이 매우 즐거워하였다고 함.

【朝】 종묘에 제사 지내는 의식.

【怫然】 분노하는 모습.

【大事】 보통 제사나 상사, 전쟁 따위를 말함.

참고 및 관련 자료

1. 《禮記》 檀弓(下)

工尹商陽與陳弃疾追吳師, 及之. 陳弃疾謂工尹商陽曰:「王事也, 子手弓而可.」手弓. 「子射諸.」射之, 斃一人, 韔弓. 又及, 謂之, 又斃二人. 每斃一人, 揜其目. 止其御曰:「朝不坐, 燕不與, 殺三人, 亦足以反命矣.」孔子曰:「殺人之中, 又有禮焉.」

277(42-11) 孔子在衛
상사는 질박한 풍속을 따르면 그만

공자가 위衛나라에 있을 때 사도司徒 경지敬之가 죽자 공자가 조문하였다. 그러나 그 집주인이 슬퍼하지 않는 것을 보고 공자는 자기의 울음을 다 마치기도 전에 물러갔다. 그러자 거백옥蘧伯玉이 말하였다.

"위나라는 비루한 풍속이라 상례에 익숙지 못하오니 번거롭지만 욕되이 도와주십시오."

공자는 허락하고 집 중앙에 구덩이를 파고 목욕을 시키고, 부엌을 뜯고 발을 동여매도록 하여 침상에 올려놓고 염습殮襲을 하도록 하였다.

장례 날이 되자 종묘를 헐고 그 자리를 넘어서 대문으로 나가게 하였다. 묘소에 이르러서 남자는 서쪽으로 향하게 하고 여자는 동쪽으로 향하게 하며, 봉분을 만들고 돌아가도록 하였는데 이는 은殷나라의 장례법이었다.

그리고 공자는 그곳을 떠났다.

자유子游가 여쭈었다.

"군자가 예를 행함에 풍속의 변화를 요구하지 않는 법인데 선생님께서는 이를 변경시키셨습니다."

공자가 말하였다.

"그렇게 말할 수 없다. 상사喪事라면 그 질박한 풍속을 따르면 그뿐이다."

孔子在衛, 司徒敬之卒, 夫子弔焉, 主人不哀, 夫子哭不盡聲而退.

蘧伯玉請曰:「衛鄙俗不習喪禮, 煩吾子辱相焉.」

孔子許之, 掘中霤而浴, 毁竈而綴足, 襲於床.

及葬, 毁宗而躐行也, 出于大門, 及墓, 男子西面, 婦人東面, 旣封而歸, 殷道也.

孔子行之.

子游問曰:「君子行禮, 不求變俗, 夫子變之矣.」

孔子曰:「非此之謂也, 喪事則從其質而已矣.」

【敬之】 衛나라의 司徒.《禮記》에는 '敬子'로 되어 있음.
【吾子】 상대를 높여 부르는 칭호.
【中霤】 집안의 중앙.
【毁竈】 더 이상 음식을 하지 않겠다고 아궁이를 헐어 버림.
【綴足】 아궁이의 벽돌로 죽은 이의 발을 연결함.
【毁宗】 종묘를 헐어 버림.
【躐行】《禮記》에는 '蹞行'으로 되어 있음. 앞으로 뛰어넘음.
【殷道】 殷나라 때의 제도.

참고 및 관련 자료

1.《禮記》 檀弓(上)

掘中霤而浴, 毁竈以綴足; 及葬, 毁宗蹞行, 出于大門殷道也. 學者行之.

278(42-12) 宣公八年六月辛巳
종묘에 두 번 제사를 지낼 수 없다

선공宣公 8년 6월 신사일辛巳日, 태묘太廟에 일이 있었는데 동문양중東門襄仲이 죽어 그 다음날인 임오일壬午日에 역繹의 제사를 지내게 되었다.

자유子游가 이 사유를 보고 공자에게 여쭈었다.

"이것이 예에 맞습니까?"

공자가 말하였다.

"그것은 예가 아니다. 경卿이 죽었다고 해서 종묘에 제사를 두 번 지내지는 않는다."

宣公八年六月辛巳, 有事于太廟, 而東門襄仲卒, 壬午猶繹.

子游見其故, 以問孔子曰:「禮與?」

孔子曰:「非禮也, 卿卒不繹.」

【太廟】 원래는 천자의 조상신을 모신 사당이었으나 魯나라는 周公의 사당을 '태묘'라 불렀음. 《公羊傳》 桓公 13년에 "周公稱太廟, 魯公稱世室"이라 함.

【東門襄仲】 인명. 즉 公子 遂를 가리킴. 혹 仲遂라고도 칭하며 齊나라에 사신으로 가다가 黃 땅에 이르러 병이 나 되돌아오는 도중 垂(지명. 제나라 경내)에서 죽고 말았음.

【繹】 제사 이름. 周나라 때의 제사 방법으로 정식 제사를 지낸 다음의 제 2차 제사를 '繹'이라 함.

참고 및 관련 자료

1. 《左傳》 宣公 8년

有事于大廟, 襄仲卒而繹, 非禮也.

279(42-13) 季桓子喪
최의를 입지 아니하고

계환자季桓子의 초상에 강자康子는 연복練服만 입고 최복衰服은 입지 않았다. 이에 자로子路가 공자에게 여쭈었다.

"이미 연복을 입었으니 최복은 입지 않아도 되는 것입니까?"

공자가 말하였다.

"최의를 입지 않고는 손님을 접견할 수가 없다. 어찌 최의를 없이 할 수 있겠느냐?"

季桓子喪, 康子練而武衰, 子游問於孔子曰:「旣服練服, 可以除衰乎?」

孔子曰:「無衰衣者不見賓, 何以除焉?」

【季桓子】 노나라 대부. 이름은 斯. 季平子의 아들이며 季康子의 부친. 魯나라 대부. 叔孫氏, 孟孫氏와 더불어 '三桓'이라 불림. 《史記》 魯周公世家 참조.

【康子】 이름은 肥. 계환자의 아들이며 노나라의 집정대부.

【練】 고대의 상복으로 부모 사후 일주년 때의 제사를 小祥이라 하며 이 때에 주인이 練冠을 씀. 따라서 소상을 다른 말로 練이라고도 함.

【衰】 '최'로 읽으며 '縗'의 가차자. 상복의 하나로 참최(斬衰)와 재최(齊衰)로 나눔. 참최는 상복 중에 가장 중한 것으로 거친 麻布로 만들며 좌우와 아래 끝단을 꿰매지 아니한 채 입는 것이며, 아들과 출가하지 아니한 딸이 부모상에 입는 것. 재최는 거친 마포로 짓되 그 옷의 주변을 나란히 꿰매어 입음. 주로 繼母나 祖父母의 상에 3년을 입음. 참최 다음의 중한 상복임.

【練服】 흰색의 상복. 素服.

280(42-14) 邾人以同母異父之昆弟死
한 어미의 씨 다른 두 아들

주邾나라 사람으로 어미는 같고 아비가 다른 형제가 죽었다. 그 형제 중의 한 사람이 장차 상복을 입게 되어 안극顔克을 통해 공자에게 예를 물어보도록 하였다.

공자가 말하였다.

"계부로서 동거하고 살았다면 아비가 다른 형제일지라도 상복을 입지만, 같이 살지 않았다면 계부라 할지라도 상복을 입지 않는데 하물며 그 아들에 대해서 상복을 입을 수가 있겠느냐?"

邾人以同母異父之昆弟死, 將爲之服, 因顔克而問禮於孔子.

子曰:「繼父同巨者, 則異父昆弟從爲之服; 不同居, 繼父且猶不服, 況其子乎?」

【昆弟】兄弟와 같음. 昆은 兄의 뜻.

【顔克】공자의 제자. 魯나라 사람으로 자는 子驕. 공자가 衛나라에 있을 때 말을 몰았음. 〈七十二弟子解〉에는 '顔刻'으로, 《史記》에는 '顔高'로 되어 있음.

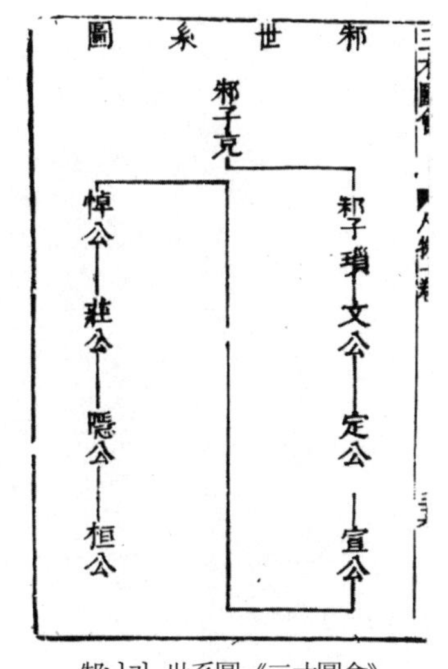

邾나라 世系圖《三才圖會》

【繼父】 어머니가 재가하여 이루어진 가족 관계로 동거 여부에 따라 상복이 다름. 동거의 경우 齊衰 1년, 異居의 경우 齊衰 3월임.

참고 및 관련 자료

1. 《儀禮》 喪服小記

大夫降其庶子, 其孫不降其父. 大夫不主士之喪. 爲慈母之父母無服. 夫爲人後者, 其妻爲舅姑大功. 士祔於大夫則易牲. 繼父不同居也者; 必嘗同居. 皆無主後. 同財而祭其祖禰爲同居; 有主後者爲異居.

281(42-15) 齊師侵魯
어린 애의 장례법

제齊나라 군사가 노魯나라를 침략하여 왔다. 이때 공숙무인公叔務人이 어떤 사람이 적을 피해 성 안의 보루로 들어와 지팡이를 짊어지고 쉬는 자를 만나자 울면서 이렇게 말하였다.

"일을 시켜서 비록 병이 들게 할지라도, 또 짐을 지워 비록 무겁다 할지라도, 군자라면 이에 능히 해내지 못하고 선비로서 그 일로 죽을 수 없다면 이는 불가한 일이다. 내 이미 말하였다. 그런데 감히 힘쓰지 않을 수 있겠는가?"

이리하여 그 이웃들과 자신의 사랑하는 아들 왕기汪錡를 함께 수레를 타고 적진으로 달려들어가 전사하고 말았다. 노나라 사람들이 어린 왕기를 어린이의 장례법이 아닌 성인의 장례법으로 하기를 바라면서 공자에게 물어오자 공자는 이렇게 말하였다.

"능히 방패와 창을 잡고 사직을 보위하였으니 어린아이 장례로 하지 않은들 어떻겠느냐?"

齊師侵魯, 公叔務人遇人入保, 負杖而息, 務人泣曰:「使之雖病, 任之雖重, 君子弗能謀, 士弗能死, 不可也. 我則旣言之矣, 敢不勉乎?」

與其鄰嬖童汪錡乘往奔敵, 死焉. 皆殯, 魯人欲勿殤童汪錡, 問於孔子, 曰:「能執干戈以衛社稷, 可無殤乎?」

【公叔務人】 이름은 公爲. 昭公의 아들. 《禮記》 檀弓(下)에는 '公叔禺人'으로 되어 있음.
【保】 '堡'와 같음. 작은 도시의 堡壘.
【嬖童】 아주 아끼고 사랑하는 어린아이.
【汪錡】 인명. 魯나라의 아이.
【奔敵】 적진을 향해 돌진함.
【勿殤】 미성년의 예에 맞추어 장례를 치르지 않기를 요구함. 비록 어린 나이에 죽었지만 성인의 장례로 치러 대우해 주기를 희망한 것임.

참고 및 관련 자료

1. 《禮記》 檀弓(下)

戰于郎, 公叔禺人遇負杖入保者息, 曰:「使之雖病也, 任之雖重也, 君子不能爲謀也, 士弗能死也. 不可! 我則旣言矣.」與其鄰童汪踦往, 皆死焉. 魯人欲勿殤重汪踦, 問於仲尼. 仲尼曰:「能執干戈以衛社稷, 雖欲勿殤也, 不亦可乎!」

2. 《左傳》 哀公 11년

公叔務人見保者而泣, 曰:「事充, 政重, 上不能謀, 士不能死, 何以治民? 吾旣言之矣, 敢不勉乎!」師及齊師戰于郊. 齊師自稷曲, 師不踰溝. 樊遲曰:「非不能也, 不信子也, 請三刻而踰之.」如之, 衆從之. 師入齊軍. 右師奔, 齊人從之. 陳瓘·陳莊涉泗. 孟之側後入以爲殿, 抽矢策其馬, 曰:「馬不進也.」林不狃之伍曰:「走乎?」不狃曰:「誰不如?」曰:「然則止乎?」不狃曰:「惡賢?」徐步而死. 師獲甲首八十, 齊人不能師. 宵諜曰:「齊人遁.」冉有請從之三, 季孫弗許. 孟孺子語人曰:「我不如顔羽, 而賢於邴洩. 子羽銳敏, 我不欲戰而能黙, 洩曰『驅之』.」公爲與其嬖僮汪錡乘, 皆死, 皆殯. 孔子曰:「能執干戈以衛社稷, 可無殤也.」冉有用矛於齊師, 故能入其軍. 孔子曰:「義也.」

282(42-16) 魯昭公夫人吳孟子卒
주인이 복장을 갖추지 않았으니

노魯나라 소공昭公의 부인 오맹자吳孟子가 죽었는데 제후들에게 부고를 하지 않았다. 공자는 이미 치사致仕하였었으나 그에게 조문을 갔다. 먼저 계씨季氏에게로 갔더니 계씨는 질絰을 두르지 않고 있어 공자는 수질을 벗었으며 그에게 절을 하지 않았다.

자유子游가 여쭈었다.

"이것이 예입니까?"

공자가 말하였다.

"주인이 성복成服을 하지 않으면 조문하는 사람도 질을 두르지 않는 것이 예이다."

魯昭公夫人吳孟子卒, 不赴于諸侯, 孔子旣致仕而往弔焉, 適于季氏, 季氏不絰, 孔子投絰而不拜.

子游問曰:「禮與?」

孔子曰:「主人未成服, 則弔者不絰焉, 禮也.」

【吳孟子】 吳씨의 장녀. '孟子'는 장녀를 뜻함.

【赴】 訃와 같음. 訃告.

【季氏】 季孫氏. 여기서는 季康子를 가리킴.

【不絰】 喪中임을 나타내지 않음. 머리에 麻布를 매지도 않았으며 허리에 마포를 두르지도 않음. 絰은 首絰과 腰絰을 뜻함.

【成服】 大斂 뒤에 죽은 이의 親屬이 親疎 정도에 따라 그에 맞추어 상복을 입는 것.

참고 및 관련 자료

1. 《左傳》 哀公 12년

夏五月, 昭夫人孟子卒. 昭公娶于吳, 故不書姓. 死不赴, 故不稱夫人. 不反哭, 故不言葬小君. 孔子與弔, 適季氏. 季氏不絻, 放絰而拜.

283(42-17) 公父穆伯之喪
공보문백의 장례

공보목백公父穆伯이 죽었을 때 그의 아내 경강敬姜은 낮에만 곡을 하였으나 아들 문백文伯이 죽었을 때에는 밤낮으로 곡을 하였다.

공자가 말하였다.

"계씨季氏의 아내는 예를 안다고 할 수 있다. 사랑하면서도 사사로움이 없었으며 위와 아래가 구별이 있었도다."

公父穆伯之喪, 敬姜晝哭. 文伯之喪, 晝夜哭.

孔子曰:「季氏之婦, 可謂知禮矣. 愛而無私, 上下有章.」

【公父穆伯】 公孫敖. 혹 公甫靖이라고도 하며 그는 文公 8년 周나라에 조문사절로 가다가 중간에서 莒나라 己氏와 사통하고 莒나라로 도망간 적이 있었으며 뒤에 제나라에서 죽음.

【敬姜】 公父穆伯의 아내이며 문백의 어머니.

【晝哭】 밤에 울지 못하고 낮에만 곡을 함. 정을 잊지 못한다는 혐의를 피하기 위함.

【文伯】 公父文伯. 公孫穀. 노나라 대부로 목백의 아들이며 孟獻子의 아버지.

【上下】 孟伯과 文伯을 가리킴.

【有章】 구별이 있음. 구별을 둠.

참고 및 관련 자료

1.《左傳》文公 14년

穆伯之從己氏也, 魯人立文伯. 穆伯生二子於莒, 而求復. 文伯以爲請. 襄仲使無朝聽命. 復而不出. 三年而盡室以復適莒. 文伯疾, 而請曰:「穀之子弱, 請立難也.」許之. 文伯卒, 立惠叔. 穆伯請重賂以求復. 惠叔以爲請, 許之. 將來, 九月, 卒于齊. 告喪, 請葬, 弗許.

2.《禮記》檀弓(下)

穆伯之喪, 敬姜晝哭; 文伯之喪, 晝夜哭. 孔子曰:「知禮矣.」

284(42-18) 南宮縚之妻
남궁도의 아내

남궁도南宮縚의 아내는 공자의 형의 딸이다. 그가 시어머니 초상을 당하자 공자가 그 머리 모습에 대하여 이렇게 가르쳐 주었다.

"너는 머리를 너무 높게도 묶지 말며, 너무 폭이 크게도 하지 말라. 개암나무 가지로 비녀를 삼되 그 길이는 한 자 정도 하되 묶는 끈은 여덟 치쯤 되게 하라."

南宮縚之妻, 孔子兄之女, 喪有姑, 夫子誨之髽曰:「爾毋從從爾, 毋扈扈爾, 蓋榛以爲笄, 長尺而總八寸.」

【南宮縚】 자는 子容. 공자의 제자로 孟僖子의 아들 仲孫閱을 가리킴. 《史記》 仲尼弟子列傳에는 '南宮括'로, 《論語》 憲問篇에는 '南宮适'로 표기되어 있음.

【姑】 시어머니.

【髽】 상중인 부인의 머리 모습. 麻와 머리카락을 함께 묶어 슬픔을 표시하는 것.

【爾】 지금의 '你'와 같음. '너'.

【從從】 높은 모습을 뜻함.

【扈扈】 크면서 폭이 넓은 모습.

【榛】 개암나무. 혹은 키가 작은 교목을 뜻함.
【笄】 비녀.
【總】 머리를 바짝 묶어 늘어뜨리는 장식이나 끈.

참고 및 관련 자료

1. 《禮記》 檀弓(上)

南宮縚之妻之姑之喪, 夫子誨之髽曰: 「爾毋從從爾, 爾勿扈扈爾, 蓋榛以爲笄, 長尺, 而總八寸.」

285(42-19) 子張有父之喪
부모의 삼년상

자장子張의 아버지가 죽어 공명의公明儀가 그 일을 맡아보게 되었다. 공명의가 이마를 땅에 대는 법을 공자에게 여쭈어 오자 공자가 설명하였다. "절을 한 뒤에 이마를 땅에 대어 슬픔을 표시하는 것은 순순한 예법이요, 이마를 땅에 댄 다음 절을 하는 것은 슬픔을 드러내지 않는 것으로 예법의 지극함이다. 부모의 삼년상이라면 나는 예법의 지극함을 따르겠다."

子張有父之喪, 公明儀相焉.

問啓顙於孔子, 孔子曰:「拜而後啓顙, 頹乎其順也; 啓顙而後拜, 頎乎其至也. 三年之喪, 吾從其至也.」

【子張】 공자 제자. 성은 顓孫. 이름은 師.
【公明儀】 子張의 제자이며 曾參의 제자이기도 함.
【啓顙】 '稽顙'과 같음. 머리를 땅에 대는 것. '叩頭'와 같음.
【拜而後啓顙】 殷나라 때의 예법이라 함.
【頹乎】 공손한 모습. 슬픔을 표시함.
【啓顙而後拜】 周나라 때의 예법이라 함.
【頎乎】 측은히 여기되 슬픔을 드러내지는 않는 모습.
【三年之喪】 부모의 상을 뜻함.

참고 및 관련 자료

1. 《禮記》 檀弓(上)

子張之喪, 公明儀爲志焉. 褚幕丹質, 蟻結于四隅, 殷士也.

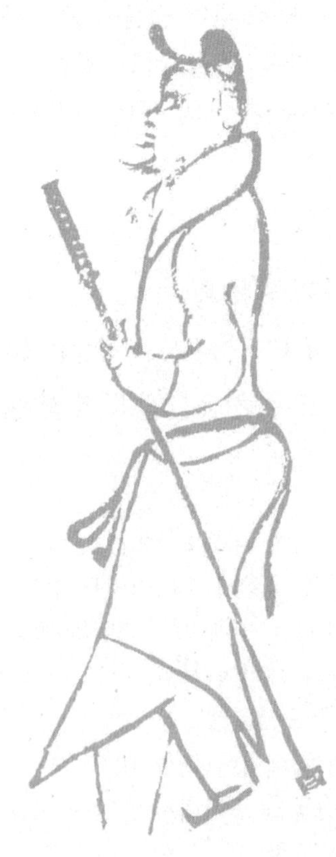

286(42-20) 孔子在衛
모범이 될 만한 상제

공자가 위衛나라에 있을 때, 위나라 사람 가운데 장사 지내는 자가 있어 공자는 이를 참관하면서 이렇게 말하였다.

"훌륭하도다, 상제 노릇을 하는 자여! 족히 법으로 삼을 만하구나. 제자들아, 기록해 두어라."

자공子貢이 여쭈었다.

"선생님께서는 무엇을 두고 잘 한다고 하신 것입니까?"

"장례를 치러 보낼 때에는 그리움을 못 견디는 듯이 하고, 돌아올 때는 부모가 살아 계신 듯 의심하는 모습을 두고 한 말이다."

자공이 여쭈었다.

"어찌 속히 돌아가 우제虞祭를 지내느니만 하겠습니까?"

공자가 말하였다.

"이는 정의 지극함이다. 제자야! 기록해 두어라. 나로서도 능히 저토록 하지는 못할 것이다."

孔子在衛, 衛之人有送葬者, 而夫子觀之曰:「善哉爲喪乎! 足以爲法也. 小子識之.」

子貢問曰:「夫子何善爾?」

「其往也如慕, 其返也知疑.」

子貢曰:「豈若速返而虞哉?」
子曰:「此情之至者也. 小子識之, 我未之能也.」

【如慕】 아이가 부모를 그리워하듯 함.
【如疑】 부모가 아직 살아 계신 듯이 여김.
【虞】 제사 이름. 고대 장례 직후에 지내는 제사를 말함.

참고 및 관련 자료

1. 《禮記》 檀弓(上)

孔子在衛, 有送葬者, 而夫子觀之, 曰:「善哉爲喪乎! 足以爲法矣, 小子識之.」子貢曰:「夫子何善爾也?」曰:「其往也如慕, 其反也如疑.」子貢曰:「豈若速反而虞乎?」子曰:「小子識之, 我未之能行也.」

287(42-21) 卞人有母死

예는 계속 이을 수 있는 것이어야

변卞 땅 사람으로 어머니가 죽어 울고 있는 어린 자식이 있었다.

공자가 말하였다.

"슬프기야 하겠지만 저러한 사례가 계속 전해지기는 어렵다. 무릇 예라는 것은 전수할 만한 것이어야 하며, 계속 이어나갈 수 있어야 하는 것이다. 그 때문에 곡용哭踊도 절도가 있으며 상복을 벗는 것도 기한을 두게 된 것이다."

卞人有母死, 而孺子之泣者.

孔子曰:「哀則哀矣, 而難繼也. 夫禮, 爲可傳也, 爲可繼也. 故哭踊有節, 而變除有期.」

【卞】 지명. 魯나라 孟孫氏의 채읍으로 《禮記》에는 '弁'으로 되어 있음.
【孺子】 어린아이.
【哭踊】 상례의 의식. 슬픔을 못 이겨 펄쩍펄쩍 뜀. 애통의 지극함을 표현함.
【變除】 변혁하여 喪服을 벗음.

참고 및 관련 자료

1.《禮記》檀弓(上)

弁人有其母死而孺子泣者, 孔子曰:「哀則哀矣, 而難爲繼也. 夫禮, 爲可傳也, 爲可繼也, 故哭踊有節.」

288(42-22) 孟獻子禫

맹헌자의 담제

맹헌자孟獻子가 담제禫祭를 지내고서도 악기樂器는 매달아놓기만 하고 소리를 내지 않았으며, 내외가 함께 할 수 있음에도 내실에 거처하지 않았다.

자유子游가 공자에게 여쭈었다.

"이같이 한다면 예에 지나친 것입니다."

공자가 말하였다.

"맹헌자는 보통 사람보다 한 등급 더하다고 말할 수 있다."

孟獻子禫, 懸而不樂, 可御而不處內.

子游問於孔子曰:「若是, 則過禮也.」

孔子曰:「獻子可謂加於一等矣.」

【孟獻子】 仲孫蔑. 魯나라 대부.

【禫】 제사 명칭. 상복을 벗을 때의 제사. 부모의 경우 25개월을 大祥이라 하며 27개월 째 제사를 '禫'이라 하여 이 제사를 마친 뒤 상복을 벗음. 그리고 28개월 째 음악을 연주함.

【御】 御女. 즉 부부간의 생활을 말함.

참고 및 관련 자료

1. 《禮記》 檀弓(上)

孟獻子禫, 縣而不樂, 比御而不八. 夫子曰: 「獻子加於人一等矣!」

289(42-23) 魯人有朝祥而暮歌者
대상을 치르고 노래를 부르니

노魯나라 사람으로 아침에 대상大祥을 치르고 저녁에 노래하는 자가 있었다. 자로子路가 이를 비웃었다.

그러자 공자가 말하였다.

"유야! 너는 남을 책망하기를 아직도 그칠 줄 모르는구나! 삼년상이란 그래도 역시 긴 기간이다."

자로가 나가자 공자가 말하였다.

"그가 노래를 얼마나 많이 하였겠는가! 그러나 한 달쯤 넘긴 다음이라면 좋았을 텐데."

魯人有朝祥而暮歌者, 子路笑之.

孔子曰:「由! 爾責於人, 終無已夫! 三年之喪, 亦以久矣.」

子路出, 孔子曰:「又多乎哉! 踰月則其善也.」

【朝祥而暮歌】 아침에 상복을 벗고 저녁에는 즐겁게 노래함.

【踰月】 한 달을 넘김.

참고 및 관련 자료

1. 《禮記》 檀弓(上)

魯人有朝祥而莫歌者, 子路笑之. 夫子曰:「由, 爾責於人, 終無已夫? 三年之喪, 亦已久矣夫.」子路出, 夫子曰:「又多乎哉, 踰月則其善也.」

290(42-24) 子路問於孔子曰
재물에 맞게 치러야 할 장례

자로子路가 공자에게 여쭈었다.

"안타깝습니다. 가난함이라는 것이! 살아 계실 때에는 제대로 봉양을 하지 못하고, 돌아가셨을 때도 가난 때문에 예를 갖추지 못할 수 있으니까요."

공자가 말하였다.

"콩죽을 먹고 맹물을 마시면서도 부모의 즐거움을 다하도록 하는 것을 일러 효라고 하는 것이란다! 수족을 염하여 형태만 갖추고 급히 매장하되 곽槨도 없이 하지만 자신의 재물에 맞게 하는 것이 예란다. 그런데 어찌 가난이 안타까움이 되겠느냐?"

子路問於孔子曰:「傷哉貧也! 生而無以供養, 死則無以爲禮也.」

孔子曰:「啜菽飮水, 盡其歡心, 斯謂之孝乎! 斂手足形, 旋葬而無槨, 稱其財, 謂之禮, 貧何傷乎?」

【啜菽飮水】 콩 음식을 먹고 물만 마심. 생활이 淸苦함을 뜻함.

【旋葬】 매우 급히 안장함. '旋'은 '급하다'의 뜻.

【稱其財】 그 재산 정도에 맞추어 일을 맞게 처리함.

참고 및 관련 자료

1. 《禮記》 檀弓(下)

子路曰:「傷哉貧也, 生無以爲養, 死無以爲禮也.」孔子曰:「啜菽飮水盡其歡, 斯之謂孝; 斂手足形, 還葬而無木享, 稱其財, 斯之謂禮.」

291(42-25) 吳延陵季子聘于上國
연릉계자의 아들 장례

오吳나라 연릉계자延陵季子는 상국上國의 초빙을 받고 제齊나라에 갔다가 돌아오는 길에 그 큰아들이 영박嬴博 사이에서 죽었다.

공자가 이를 듣고 말하였다.

"연릉계자는 오나라에서 예법에 익숙한 자이다."

그리고는 가서 그 장사 지내는 법을 구경하였다.

연릉계자는 자신의 아들을 염습斂襲하는데 그 계절에 맞는 옷을 입힐 뿐이었고, 광중壙中은 깊이가 샘물이 나지 않을 정도로 팠다.

그 매장에도 맹기盟器를 넣지 않았으며, 이윽고 묻은 다음에 봉분은 넓은 수레바퀴 정도로 구덩이를 덮을 만하게 할 뿐이었으며, 그 높이도 사람이 일어서서 팔로 만질 수 있을 정도로 하였다.

봉분을 다 마치자 계자는 왼쪽 어깨를 드러내고 오른쪽으로 그 무덤 봉분을 한 바퀴 돌면서 세 번 이렇게 호곡號哭하였다.

"골육의 아들을 이 흙에 묻은 것은 운명이겠지. 그러나 혼과 기氣는 가지 못할 곳이 없으리라. 가지 못할 곳이 없으리라."

그리고 그곳을 떠나가는 것이었다.

공자가 말하였다.

"연릉계자의 예법은 합당하였도다."

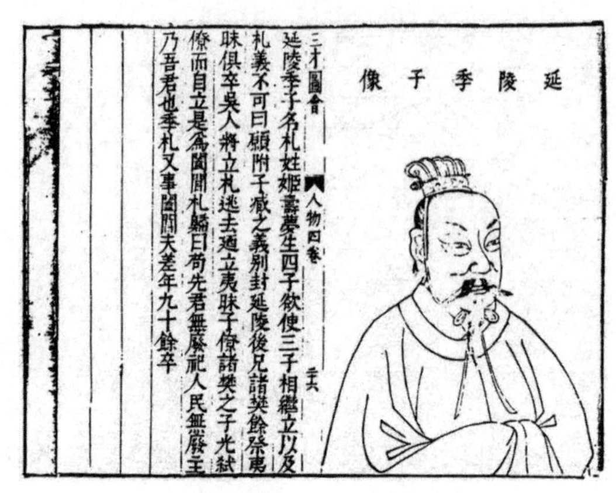

延陵季子《三才圖會》

吳延陵季子聘于上國, 適齊, 於其返也, 其長子死於嬴博之間.

孔子聞之曰:「延陵季子, 吳之習於禮者也.」

往而觀其葬焉.

其斂以時服而已; 其壙掩坎, 深不至於泉; 其葬無盟器之贈; 旣葬, 其封廣輪揜坎, 其高可時隱也. 旣封, 則季子乃左袒, 右還其封, 且號者三, 曰:「骨肉歸于土, 命也; 若魂氣則無所不之, 無所不之.」

而遂行.

孔子曰:「延陵季子之禮其合矣.」

【延陵季子】 오나라의 季札. 吳王 壽夢의 막내아들로 왕위가 자신에게 왔으나 뒤를 잇지 아니하고 형들에게 양보함. 延陵(지금의 江蘇 常州에 봉해져 '연릉계자'라 부름. 중원 여러 나라에 초빙을 받아 다녀갔음.

【上國】 중원의 여러 나라.

【嬴博】 齊나라 땅. 지금의 山東 泰安縣.
【時服】 평상시 그 계절에 맞게 입던 옷.
【壙】 墓穴.
【盟器】 明器. 죽은 이의 무덤에 함께 넣는 그릇과 土偶 등.
【廣輪】 너비와 폭. 동서의 길이를 廣이라 하며 남북의 길이를 輪이라 함.
【揜坎】 구덩이를 묻을 정도의 크기와 넓이를 말함.
【時隱】 수시로 만져 볼 수 있는 높이로 만듦. 봉분의 높이를 4척 정도만 함.
【左袒】 죄인이나 상사가 있을 때 왼쪽 어깨를 벗어 자책함.

참고 및 관련 자료

1. 《禮記》 檀弓(下)

延陵季子適齊, 於其反也, 其長子死, 葬於嬴博之間. 孔子曰: 「延陵季子, 吳之習於禮者也.」 往而觀其葬焉. 其坎深不至於泉, 其斂以時服. 旣葬而封, 廣輪揜坎, 其高可隱也. 旣封, 左袒, 右還其封且號者三, 曰: 「骨肉歸復于土, 命也. 若魂氣則無不之也, 無不之也.」 而遂行. 孔子曰: 「延陵季子之於禮也, 其合矣乎.」

292(42-26) 子游問喪之具
장례에 쓰이는 물품들

자유子游가 상례에 쓰이는 기구에 대해서 공자에게 여쭙자 공자가 말하였다.

"그 집안의 유무有無에 맞추면 된다."

자유가 여쭈었다.

"집집마다 유무가 어찌 같을 수가 있겠습니까?"

공자가 말하였다.

"있는 집이라면 예에 지나침이 없도록 하면 되고, 진실로 아무것도 없다면 수족을 형태에 맞추어 염하여 급히 묻으면 된다. 비록 관만 매어 가지고 가서 묻고 봉한다 해도 누가 이를 비방하겠느냐? 그러므로 무릇 상례에서는 애달픔은 모자라면서 예는 남아도는 것보다는 차라리 예는 부족할지언정 애달픔이 남아돌도록 하는 것이 낫다. 그리고 제사에는 공경함은 부족하면서 예는 남아도는 것보다는 차라리 예는 부족할지언정 공경함이 남아돌도록 하는 것이 낫다."

子游問喪之具, 孔子曰:「稱家之有亡焉.」

子游曰:「有亡惡於齊?」

孔子曰:「有也則無過禮; 苟亡矣, 則斂手足形, 還葬, 懸棺而封, 人豈有非之者哉? 故夫喪亡, 與其哀不足而禮有餘, 不若禮不足而哀有餘也; 祭祀與其敬不足而禮有餘, 不若禮不足而敬有餘也.」

【喪之具】 상사와 장례에 쓰이는 도구들.
【有亡】 '有無'와 같음. '亡'는 '無'와 같음. '무'로 읽음.
【齊】 똑같음. 집집마다 유무의 정도와 내용이 다름을 말함.
【還葬】 신속하게 묻음. '還'은 '旋'과 같음.
【縣棺】 무덤에 묻을 때 단지 손으로 관을 내려놓음. 달리 예를 갖추지 않음을 뜻함.

참고 및 관련 자료

1. 《禮記》 檀弓(上)

子游問喪具, 夫子曰: 「稱家之有亡.」 子游曰: 「有亡惡乎齊?」 夫子曰: 「有, 毋過禮; 苟亡矣, 斂首足形, 還葬, 縣棺而封, 人豈有非之者哉.」

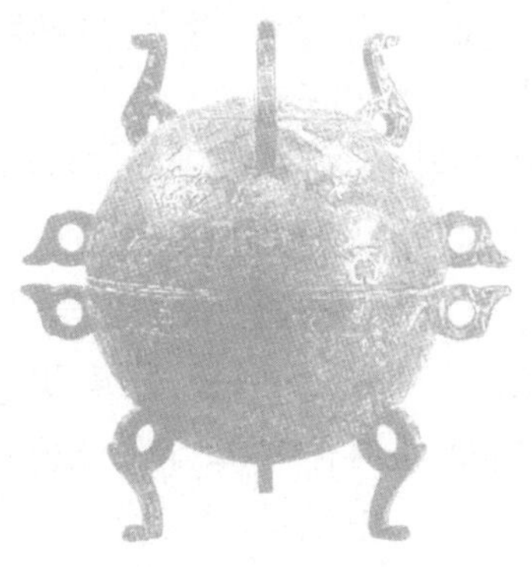

293(42-27) 伯高死於衛
백고의 죽음

백고伯高가 위衛나라에서 죽어 공자에게 부고를 전해오자 공자가 말하였다.

"나는 어디서 곡을 해야 할까? 형제에 대해서는 사당에서 곡을 하였고, 아버지의 친구에 대해서는 사당 문 밖에서 곡을 하였으며, 스승에 대해서는 침실에서 곡을 하였고, 친구에 대해서는 침실 문 밖에서 곡을 하였으며, 아는 사람의 상에는 들에 나가서 곡을 하였었다. 그런데 이제 이 백고에 대해서는 들에서 곡을 하자니 너무 소홀한 듯하고 침실에서 울자니 너무 지나친 듯하구나. 무릇 저 백고는 사賜가 나에게 뵙게 한 것이니 내 자공에게 가서 곡을 해야겠다."

드디어 자공에게 명하여 조문하는 일을 맡아하도록 하면서 이렇게 말하였다.

"너를 위해서 오는 자는 네가 절을 하고, 백고를 알기 때문에 오는 자라면 너는 절을 하지 말아라."

공자는 곡을 마치고 자장子張에게 조문을 가라고 하였는데 자장이 아직 초상집에 도착하지 않았을 때였다.

염구冉求가 마침 위나라에 있다가 비단을 묶어 말을 타고 백고의 상가에 갔다는 것이었다. 공자가 이를 듣고 말하였다.

"괴이하도다! 오직 나로 하여금 백고에게 예를 갖추지 못하게 하는 자는 바로 염구로다."

伯高死於衛, 赴於孔子, 子曰: 「吾惡乎哭諸? 兄弟, 吾哭諸廟; 父之友, 吾哭諸廟門之外; 師, 吾哭之寢; 朋友, 吾哭之寢門之外; 所知, 吾哭之諸野. 今於野則已疏, 於寢則已重, 夫由賜也而見我, 吾哭於賜氏.」

遂命子貢爲之主曰: 「爲爾哭也, 來者汝拜之; 知伯高而來者, 汝勿拜.」

旣哭, 使子張往弔焉, 未至, 冉求在衛, 攝束帛乘馬而以將之.

孔子聞之曰: 「異哉! 徒使我不成禮於伯高者, 是冉求也.」

【伯高】 인명.
【赴】 '訃'와 같음. 訃告. 상사가 있음을 알림.
【寢】 내실.
【賜】 子貢. 端木賜. 공자가 백고를 알게 된 것은 자공이 소개하여 만나 알게 되었음을 말함.
【攝】 貸와 같은 뜻임.
【束帛】 예물. 哀慶事에 보내는 예물. 扶助物品.

참고 및 관련 자료

1. 《禮記》 檀弓(上)

伯高之喪, 孔氏之使者未至, 冉子攝束帛乘馬而將之. 孔子曰: 「異哉, 徒使我不誠於伯高.」 伯高死於衛, 赴於孔子, 孔子曰: 「吾惡乎哭諸? 兄弟, 吾哭諸廟; 父之友, 吾哭諸廟門之外; 師, 吾哭諸寢; 朋友, 吾哭諸寢門之外; 所知, 吾哭諸野. 於野, 則已疏; 於寢, 則已重. 夫由賜也見我, 吾哭諸賜氏.」 遂命子貢爲之主, 曰: 「爲爾哭也來者, 拜之; 知伯高而來者. 勿拜也.」

294(42-28) 子路有姊之喪
자로 누이의 죽음

자로子路가 자기 누이의 상을 당하였는데 상복을 벗을 때가 되었음에도 벗지 않자 공자가 물었다.

"어찌 상복을 벗지 않느냐?"

자로가 말하였다.

"저는 형제가 적어 차마 벗지 못하는 것입니다."

공자가 말하였다.

"길 가는 사람 누구라도 차마 못하는 것이 있다. 선왕先王이 예법을 제정할 때 너무 지나친 자는 굴복하여 이를 따르게 하고, 미치지 못하는 자는 그 뒤를 따라가서 이에 미치게 한 것이란다."

자로가 이를 듣고 드디어 그 누이의 복을 벗었다.

子路有姊之喪, 可以除之矣而弗除.

孔子曰:「何不除也?」

子路曰:「吾寡兄弟, 而弗忍也.」

孔子曰:「行道之人皆弗忍. 先王制禮, 過之者俯而就之; 不至者企而及之.」

子路聞之, 遂除之.

【俯而就】 굴복하여 앞으로 나감.
【企而及】 따라 감. '企'는 '跂'와 같음.

참고 및 관련 자료

1. 《禮記》 檀弓(上)

子路有姊之喪, 可以除之矣, 而弗除也, 孔子曰: 「何弗除也?」 子路曰: 「吾寡兄弟而弗忍也.」 孔子曰: 「先王制禮, 行道之人皆弗忍也.」 子路聞之, 遂除之.

295(42-29) 伯魚之喪母也
공자 아들의 어머니 상

백어伯魚가 어머니 초상을 당하여 기년朞年이 되었는데도 오히려 울고 있는 것이었다.

공자가 이를 듣고 물었다.

"저기 울고 있는 자가 누구냐?"

문인들이 말하였다.

"이鯉입니다."

공자가 말하였다.

"아! 너무 심하구나. 이것도 예가 아니다."

백어가 이를 듣고 드디어 복을 벗었다.

伯魚之喪母也, 期而猶哭.

夫子聞之曰:「誰也?」

門人曰:「鯉也.」

孔子曰:「嘻! 其甚也, 非禮也.」

伯魚聞之, 遂除之.

【伯魚】 공자의 아들 孔鯉. 자는 伯魚. 공자가 그에게 詩와 禮를 배울 것을 말한 적이 있음. 《論語》 季氏篇에 "陳亢問於伯魚曰: 「子亦有異聞乎?」 對曰: 「未也. 嘗獨立, 鯉趨而過庭. 曰: 『學詩乎?』 對曰: 『未也.』 『不學詩, 無以言.』 鯉退而學詩. 他日, 又獨立, 鯉趨而過庭. 曰: 『學禮乎?』 對曰: 『未也.』 『不學禮, 無以立.』 鯉退而學禮. 聞斯二者.」 陳亢退而喜曰: 「問一得三, 聞詩, 聞禮, 又聞君子之遠其子也.」"라 함.

【期】 일주년. 朞와 같음.

【嘻】 비탄함을 표시하는 말.

참고 및 관련 자료

1. 《禮記》 檀弓(上)

伯魚之母死, 期而猶哭. 夫子聞之曰: 「誰與哭者?」 門人曰: 「鯉也.」 夫子曰: 「嘻! 其甚也.」 伯魚聞之, 遂除之.

296(42-30) 衛公使其大夫求婚於季氏
혈친을 혈친으로 여겨

위공衛公이 그 대부를 시켜 계씨季氏에게 혼인을 청하자 계환자季桓子가 이에 대한 예를 공자에게 물어 왔다.

공자가 말하였다.

"같은 성姓을 종宗으로 함은 합족合族하는 의리가 있기 때문에 성씨를 한 계통으로 하여 서로 구별하지 않고, 먹는 것도 함께 하며 한 식구로 여겨 구별하지 않는 것입니다. 아무리 백 세대가 지났다 하더라도 통혼하지 않게 되어 있으니 이는 주周나라의 도가 그렇기 때문입니다."

환자가 말하였다.

"노魯나라와 위衛나라의 선조는 비록 같은 형제이기는 하였지만 지금은 이미 아주 먼 옛날의 이야기입니다. 그러니 괜찮을 것 같은데요?"

공자가 말하였다.

"진실로 예가 아닙니다. 무릇 위로 조상을 받드는 것은 높은 이를 높이게 되는 것이며, 아래로 자손을 가르치는 것은 혈친을 혈친으로 여기는 것이며, 곁으로 형제를 다스리는 것은 화목한 것을 가르치는 것입니다. 이는 선왕이 바꿀 수 없도록 한 교훈입니다."

衛公使其大夫求婚於季氏, 桓子問禮於孔子, 子曰:「同姓爲宗, 有合族之義, 故繫之以姓而弗別, 綴之以食而弗殊, 雖百世婚姻不得通, 周道然也.」

桓子曰:「魯衛之先, 雖寡兄弟, 今已絶遠矣, 可乎?」

孔子曰:「固非禮也. 夫上治祖禰, 以尊尊之; 下治子孫, 以親親之; 旁治昆弟, 所以敎睦也, 此先王不易之敎也.」

【季氏】 季桓子. 이름은 斯. 魯나라 대부. 三桓의 하나.

【周道】 周나라의 법도. 제도.

【魯衛之先】 노나라와 위나라의 선조. 魯나라는 周公이 봉을 받은 나라이며, 衛나라는 그 동생 康叔이 봉을 받은 나라로 형제국임을 말함.

【寡兄弟】 친형제를 말함.

【絶遠】 지극히 멀어지고 말았음.

【祖禰】 선조. 네(禰)는 아버지가 죽은 뒤 그 신주를 사당에 함께 모시는 사이라는 뜻.

참고 및 관련 자료

1. 《禮記》 大傳

牧之野, 武王之大事也. 旣事而退, 柴於上帝, 祈於社, 設奠於牧室. 遂率天下諸侯, 執豆籩, 逡奔走; 追王大王亶父·王季歷·文王昌; 不以卑臨尊也. 上治祖禰, 尊尊也; 下治子孫, 親親也; 旁治昆弟, 合族以食, 序以昭繆, 別之以禮義, 人道竭矣.

297(42-31) 有若問於孔子曰
종친이란

유약有若이 공자에게 여쭈었다.

"한 나라의 임금으로서 백성 중에 같은 성씨에게 어떻게 해야 합니까?"

공자가 말하였다.

"모두 종친으로서의 도리가 있다. 그 까닭에 비록 나라 임금의 높은 지위일지라도 백성으로서 같은 성씨라면 그 친척의 관계를 폐기할 수 없는 것이니, 이는 그 혈친을 숭상해야 하기 때문이다. 또 비록 아무리 한 친족이라 할지라도 친척으로서의 임금을 감히 친족이기 때문에 가볍게 여겨도 되는 것처럼 해서는 안 되는 것이니, 이는 겸양으로써 해야 하기 때문이다."

有若問於孔子曰:「國君之於百姓, 如之何?」

孔子曰:「皆有宗道焉, 故雖國君之尊, 猶百姓不廢其親, 所以崇愛也; 雖以族人之親, 而不敢戚君, 所以謙也.」

【有若】 공자 제자. 자는 子有.

【百姓】 일반 백성이 임금과 같은 성씨일 때의 예법과 태도를 말함.

【戚君】 군주의 친척이라 하여 임금에게 대하여 친척 관계를 우선으로 내세움을 말함.

참고 및 관련 자료

1.《禮記》大傳

庶子不祭, 明其宗也. 庶子不得爲長子三年, 不繼祖也. 別子爲祖, 繼別爲宗, 繼禰者爲小宗. 有百世不遷之宗, 有五世則遷之宗. 百世不遷者, 別子之後也; 宗其繼別子者, 百世不遷者也. 宗其繼高祖者, 五世則遷者也. 尊祖故敬宗. 敬宗, 尊祖之義也. 有小宗而無大宗者, 有大宗而無小宗者, 有無宗亦莫之宗者, 公子是也. 公子有宗道: 公子之公, 爲其士大夫之庶者, 宗其士大夫之適者, 公子之宗道也. 絶族無移服, 親者屬也.

43. 곡례자하문曲禮子夏問

'곡례자하문曲禮子夏問'은 첫 머리 '자하子夏가 공자에게 여러 가지 예에 대하여 질문을 하다'는 내용으로 편명을 삼은 것이다. 역시 《예기禮記》 단궁檀弓편과 《좌전左傳》에 실려 있는 내용을 채록한 것이다.

〈詛盟場面〉 銅貯貝器(서한) 1956 雲南 晉寧縣 滇王墓 출토

298(43-1) 子夏問於孔子曰居父母之仇如之何
부모의 원수

자하子夏가 공자에게 여쭈었다.

"부모의 원수가 살아 있다면 어떻게 해야 합니까?"

공자가 말하였다.

"풀을 깔고 잠자면서 방패를 베개로 삼아 벼슬도 하지 않으며 그와는 하늘을 함께할 수 없다고 여겨야 한다. 그를 조정이나 시장에서 만났다면 무기를 가지러 갈 시간도 없이 싸워야 한다."

자하가 말하였다.

"청하여 여쭙건대 형제의 원수가 살아 있다면 어떻게 합니까?"

공자가 말하였다.

"벼슬은 하되 같은 나라에서 할 수 없으며, 만일 임금의 명으로 사신으로 갔다가 그 원수를 만났더라도 싸워서는 안 된다."

자하가 말하였다.

"청하여 여쭙건대 사촌 형제의 원수라면 어떻게 해야 합니까?"

공자가 말하였다.

"주도적으로 나서서는 안 된다. 그 주인이 능히 원수를 갚겠다고 하거든 무기를 잡고 그 뒤를 지켜 주어야 한다."

子夏問於孔子曰:「居父母之仇, 如之何?」

孔子曰:「寢苫, 枕干不仕, 不與共天下也, 遇於朝市, 不返兵而鬥.」

曰:「請問居昆弟之仇, 如之何?」

孔子曰:「仕弗與同國, 銜君命而使, 雖遇之不鬥.」

曰:「請問從昆弟之仇, 如之何?」

曰:「不爲魁, 主人能報之, 則執兵而陪其後.」

【寢苫】풀로 엮은 자리에서 잠을 잠. 부모가 죽었을 때 편한 잠자리에서 자지 못함을 말함.

【枕干】방패를 베개로 함. 원수를 갚겠다는 생각을 가지고 있음을 말함.

【不返兵】무기를 가지러 되돌아가지 않음. 언제라도 원수를 갚을 준비가 되어 있음을 말함.

【不爲魁】우두머리가 되지 않음.

참고 및 관련 자료

1.《禮記》檀弓(上)

子夏問於孔子曰:「居父母之仇如之何?」夫子曰:「寢苫枕干不仕, 弗與共天下也; 遇諸市朝, 不反兵而鬥.」曰:「請問居昆弟之仇如之何?」曰:「仕弗與共國; 銜君命而使, 雖遇之不鬥.」曰:「請問居從父昆弟之仇如之何?」曰:「不爲魁, 主人能, 則執兵而陪其後.」

299(43-2) 子夏問
삼년상을 치르곤 뒤의 전쟁

자하子夏가 여쭈었다.

"삼년상을 당해서 졸곡卒哭까지 지낸 경우라면 전쟁의 일에도 피하지 않아야 하는 것이 예입니까? 처음에 유사有司가 법을 이렇게 만든 것입니까?"

공자가 말하였다.

"하후씨夏后氏 때에는 삼년상을 당하면 이미 빈례賓禮를 치르고 나서는 자신의 업무를 임금에게 되돌려 주었고, 은殷나라 때에는 장례를 치른 다음에 임금에게 돌려주었으며, 주周나라 때에는 졸곡을 하고 나서 임금에게 돌려주었다. 《예禮》에 '군자는 남의 부모를 빼앗지 않는다'라 하였으니 역시 부모상을 빼앗을 수 없기 때문이었다."

자하가 말하였다.

"전쟁을 피하지 않는 것은 잘못입니까?"

공자가 말하였다.

"내 노담老聃에게 들으니 '노공魯公 백금伯禽은 나라 다스리는 어쩔 수 없는 일 때문에 어머니 초상 중에 전쟁을 치렀다' 하더라. 그러나 오늘날 삼년상을 마치기도 전에 자신의 이익을 위해 전쟁에 나서는 일이라면 나는 알지 못하겠다."

子夏問:「三年之喪, 旣卒哭, 金革之事無避, 禮與? 初有司爲之乎?」

孔子曰:「夏后氏之喪, 三年旣殯而致事, 殷人旣葬而致事, 周人旣卒哭而致事. 記曰『君子不奪人之親』, 亦不奪故也.」

子夏曰:「金革之事無避, 非與?」

孔子曰:「吾聞諸老聃曰:『魯公伯禽, 有爲爲之也.』公以三年之喪從利者, 吾弗知也.」

【卒哭】 고대 상례에 장례 후 백일째 되는 날 곡성을 그침.
【金革】 전쟁을 뜻함.
【致仕】 '致事'의 오기로 봄. 정치를 임금에게 되돌려주고 은거하여 벼슬하지 아니함.
【老聃】 老子. 李耳. 道家의 대표 인물. 공자가 일찍이 그에게 예를 물은 적이 있음.
【伯禽】 주공의 아들. 周公이 成王을 보필하기 위하여 자신의 봉지 魯에 아들 백금을 보냈음. 그 때 백금 어머니의 상을 당하였고 마침 徐戎이 난을 일으켜 주공은 費邑에서 서융을 평정하고 〈費書〉를 지음.
【有爲】 나라를 다스리는 일.

참고 및 관련 자료

1.《禮記》曾子問

曾子問曰:「古者師行, 必以遷廟主行乎?」孔子曰:「天子巡守, 以遷廟主行, 載于齊車, 言必有尊也. 今也, 取七廟之主以行, 則失之矣. 當七廟五廟無虛主; 虛主者, 唯天子崩, 諸侯薨與去其國, 與祫祭於祖, 爲無主耳. 吾聞諸老聃曰: 天子崩, 國君薨, 則祝取羣廟之主而藏諸祖廟, 禮也. 卒哭成事而后, 主各反其廟. 君去其國, 大宰取羣廟之主以從, 禮也. 祫祭於祖, 則祝迎四廟之主. 主, 出廟入廟必蹕; 老聃云.」「曾子問曰: 古者師行, 無遷主, 則何主?」孔子曰:「主命.」問曰:「何謂也?」孔子曰:「天子諸侯將出, 必以幣帛皮圭告于祖禰, 遂奉以出, 載于齊車以行. 每舍, 奠焉而后就舍. 反必告, 設奠卒, 歛幣玉, 藏諸兩階之間, 乃出. 盖貴命也.」

300(43-3) 子夏問於孔子曰記云
주공이 섭정할 때의 예법

자하子夏가 공자에게 여쭈었다.

"《기記》에 '주공周公이 성왕成王을 도울 때에 세자世子의 예로 가르쳤다'라 하였는데 그런 일이 있습니까?"

공자가 말하였다.

"옛날에 무왕武王이 죽고 성왕이 그 자리를 이어 섰으나 나이가 어려 왕위에 임할 수가 없었다. 그런 때문에 주공이 섭정攝政으로 나라를 다스리면서 세자의 법을 들어 백금伯禽에게 가르쳤는데 이는 성왕으로 하여금 부자와 군신의 도리를 알도록 하여 성왕을 착하게 만들기 위함이었다. 무릇 남을 위할 줄 알고 난 연후에야 아버지 노릇을 할 줄도 알게 되는 것이며, 남의 신하 노릇을 할 줄 알고 난 연후에야 남의 임금 노릇을 할 줄도 알게 되는 것이며, 또 남을 섬길 줄 알고 난 연후에야 남을 부릴 줄도 알게 되는 것이다. 이 까닭으로 세자의 법으로써 백금을 가르쳐 성왕으로 하여금 부자와 군신과 장유의 의리를 알도록 한 것이다. 무릇 임금이 세자에게 친한 것으로만 한다면 아버지가 되지만, 존엄

周 成王(姬誦)《三才圖會》

함으로만 한다면 임금이 된다. 아버지로서의 친함과 임금으로서의 존귀함이 있은 연후라야 천하를 겸하여 가질 수 있는 것이니 진실로 신중히 하지 않을 수 없는 것이다. 한 가지를 행하여 세 가지 좋은 일을 다 얻는다는 것은 오직 세자의 나이에 맞추어 배움이 있도록 함을 말한다. 세자가 배움의 나이에 들어서게 되면 나라 사람들이 이를 보고 '이 분이 장차 우리 임금이 되어 우리들의 나이에 따라 양보함을 어떻게 실행해 줄까?'라고 말할 것이며, 그 대답은 '아버지가 계시니 예는 당연히 그렇게 하는 것'이라 할 것이다. 그렇게 되면 많은 백성들은 부자지간의 도에 대하여 알게 될 것이다. 두 번째로 '이 분이 우리 임금이 되면 우리의 나이에 따른 양보를 어떻게 실현해 주실까?' 라고 할 것이요, 그에 대한 대답은 '신하가 있으니 당연히 그렇게 하는 것'이라 할 것이며, 그렇게 되면 백성들은 저절로 군신 사이의 의에 대하여 알게 될 것이다. 세 번째로 '이 분이 장차 우리 임금이 되면 나이에 따른 양보를 어떻게 실현해 주실까?'라고 할 것이며, 그에 대한 대답은 '어른을 어른으로 존중함은 어른이 있으니 예란 마땅히 그래야 하는 것'이라 할 것이다. 그렇게 되면 많은 백성들은 장유의 예절에 대하여 알게 될 것이다. 그러므로 아버지가 있음에 그 아들이 있게 되고, 임금이 있기에 그 신하가 있는 것이며, 아들과 신하로서의 지위에 있을 때는 임금을 존경하고 혈친을 친히 여기게 되는 것이다.

배움이란 부자 사이의 일을 배우는 것이며, 군신 사이의 일을 배우는 것이며, 장유 사이의 일을 배우는 것이다. 그리하여 부자와 군신과 장유의 도리를 얻게 된 연후에야 나라가 다스려지는 것이다. 기록에 '악정樂正은 가르침을 맡고, 부사父師는 성장을 맡는다. 세자가 바르게 크면 만국萬國이 바르게 된다'라 하였으니 이는 세자를 어떻게 기르는가를 두고 한 말이다. 이를 들은 자는 '남의 신하가 된 자로서 자신의 목숨을 바쳐 임금에게 이익이 되는 일이 있다면 이를 실행해야 한다'라 하였으니 하물며 자신을 광대하게 하면서 그 임금을 훌륭하게 하는 일임에랴? 주공이야말로 이러한 일을 뛰어나게 하였던 것이다."

子夏問於孔子曰:「記云: 周公相成王, 敎之以世子之禮, 有諸?」

孔子曰:「昔者, 成王嗣立, 幼, 未能涖阼, 周公攝政而致, 抗世子之法於伯禽, 欲王之知父子君臣之道, 所以善成王也. 夫知爲人者, 然後可以爲人父; 知爲人臣者, 然後可以爲人君; 知事人者, 然後可以使人. 是故抗世子法於伯禽, 使成王之父子, 君臣, 長幼之義焉. 凡君之於世子, 親則父也, 尊則君也. 有父之親, 有君之尊, 然後兼天下而有之, 不可不愼也. 行一物而三善皆得, 唯世子齒於學之謂也. 世子齒於學, 則國人觀之曰:『此將君我, 而與我齒讓何也?』曰:『有父在則禮然.』然而衆知父子之道矣. 其二曰:『此將君我, 而與我齒讓何也?』曰:『有臣在則禮然.』而衆知君臣之義矣. 其三曰:『此將君我, 而與我齒讓何也?』曰:『長長也, 有長在, 則禮然.』然而衆知長幼之節矣. 故父在斯爲子, 君在斯爲臣, 居子與臣之位, 所以尊君而親親也. 在學: 學之爲父子焉, 學知爲君臣焉, 學之爲長幼焉, 父子·君臣·長幼之道得而後國治. 語曰:『樂正司業, 父師司成. 一有元良, 萬國以貞.』世子之謂. 聞之曰:『爲人臣者, 殺其身而有益於君, 則爲之.』況于其身以善其君乎? 周公優爲也.」

【世子】 천자나 제후의 정처 소생의 첫째 아들.
【涖阼】 조정에 임하여 나라를 다스림.
【攝政】 나라를 대신 다스림. 周公이 成王이 어려 섭정함.
【抗】 '擧'와 같음. 사례를 들어 거론함.
【善】 애석하게 여김.
【三善】 세 가지 좋은 일. 누구나 父子之道, 君臣之義, 長幼之節을 아는 것.

【齒讓】 나이에 따라 양보함.

【樂正司業】《尚書》 太甲(下)의 구절. 樂正은 大學을 주관함. 《禮記》 王制에 "樂正崇四術, 立四敎, 順先王詩書禮樂以造士"라 함. 司業은 詩書를 담당하는 관직. 父師는 太子의 師傅, 司成은 태자로 하여금 德行을 익히도록 하는 임무를 맡은 자.

【于】 광대함. 높이 드러남.

【優爲】 힘을 다해 일을 처리함. 뛰어나게 잘 처리하였음.

참고 및 관련 자료

1. 《禮記》 文王世子

成王幼, 不能涖阼, 周公相, 踐阼而治. 抗世子法於伯禽, 欲令成王之知父子君臣長幼之道也; 成王有過, 則撻伯禽, 所以示成王世子之道也. 文王之爲世子也. 仲尼曰: 「昔者周公攝政, 踐阼而治, 抗世子法於伯禽, 所以善成王也. 聞之曰: 爲人臣者, 殺其身有益於君則爲之, 況于其身以善其君乎? 周公優爲之! 是故知爲人子, 然後可以爲人父; 知爲人臣, 然後可以爲人君; 知事人, 然後能使人. 成王幼, 不能涖阼, 以爲世子, 則無爲也, 是故抗世子法於伯禽, 使之與成王居, 欲令成王之知父子君臣長幼之義也. 周公踐阼」.

301(43-4) 子夏問於孔子曰居君之母與妻之喪如之何
임금이 상을 당했을 때의 예법

자하子夏가 공자에게 여쭈었다.

"임금의 어머니나 그 아내의 초상이 있는 경우 백성은 어떻게 해야 합니까?"

공자가 말하였다.

"거처와 언어와 음식은 평소대로 그대로 지내면 된다. 다만 그 상에 갈 경우라면 그 상복에 맞도록 행할 뿐이다."

"감히 여쭙건대 백모伯母의 초상에는 어떻게 해야 합니까?"

공자가 말하였다.

"백모나 숙모의 초상에는 성근 최복衰服을 입어야 하며, 발이 땅에 떨어지지 않을 정도로 용곡踊哭한다. 고모나 누이동생의 경우 대공大功 때에는 발이 땅에서 떨어질 정도로 용곡한다. 이러한 것에 대하여 알고자 한다면 상례의 문장에 근거하면 되는 것이란다!"

子夏問於孔子曰:「居君之母與妻之喪, 如之何?」

孔子曰:「居處言語飮食衎爾, 於喪所則稱其服而已.」

「敢問伯母之喪, 如之何?」

孔子曰:「伯母叔母疏衰, 期而踊不絶地; 姑姊妹之大功, 踊絶於地, 若知此者, 由文矣哉!」

【衎爾】 평소대로 즐겁게 지냄.
【疏衰】 아주 성긴 최의(縗衣)를 입음.
【踊】 고대 상례에서의 슬픔을 이기지 못한다는 뜻으로 곡을 하면서 펄쩍펄쩍 뛰는 것. 용곡(踊哭).
【大功】 상복의 하나. 9개월 상복을 입음. 익힌 삼베로 만들며 6촌 형제나 미혼의 6촌 여동생, 혹은 이미 결혼한 고모, 누나나 여동생의 경우가 이에 해당함.
【文】 禮文. 상례에 관한 의식과 절차를 적은 기록이나 내용.

참고 및 관련 자료

1.《禮記》檀弓(上)

子夏問諸夫子曰:「居君之母與妻之喪.」「居處言語飮食衎爾.」

2.《禮記》雜記(下)

麻者不紳, 執玉不麻. 麻不加於采. 國禁哭, 則止朝夕之奠. 卽位自因也. 童子哭不偯, 不踊, 不杖, 不菲, 不廬. 孔子曰: 伯母叔母, 疏衰, 踊不絶地. 姑姊妹之大功, 踊絶於地. 如知此者, 由文矣哉! 由文矣哉!

302(43-5) 子夏問於夫子曰
소공

자하子夏가 공자에게 여쭈었다.

"무릇 상례에서 소공小功 이상은 우제虞祭·부제祔祭·연사練祀·소상小祥과 대상大祥에 모두가 목욕을 해도 될 것입니다. 이는 삼년상에 있어서는 아들 된 자로서 그 정을 다한 것이라 볼 수 있기 때문입니다."

공자가 말하였다.

"어찌 한갓 제사 때만 그러랴? 삼년상에 있어서는 몸에 종기만 있어도 목욕을 해야 하며, 머리에 부스럼만 있어도 머리를 감아야 하며, 병이 있어 약해지면 술도 마시고 고기도 먹어야 한다. 너무 슬퍼하기만 하다가 병이 생기게 되는 일은 군자는 하지 않는 것이다. 그리하여 몸을 망쳐 죽게 되면 군자로서 자식이 없어 대가 끊어지고 만다. 그러니 제사 때에 목욕을 하는 것은 깨끗이 하기 위하여 하는 것이지 결코 몸을 치장하기 위해서 하는 것은 아니다."

子夏問於夫子曰:「凡喪小功已上, 虞祔練祥之祭, 皆沐浴; 於三年之喪, 子則盡其情矣.」

孔子曰:「豈徒祭而已哉? 三年之喪, 身有瘍則浴, 首有瘡則沐, 病則飮酒食肉. 毁瘠而病, 君子不爲也; 毁則死者, 君子爲之無子. 則祭之沐浴爲齊潔也, 非爲飾也.」

【小功】 상례 오복의 하나. 5개월의 상복을 입음. 비교적 거친 베로 만듦. 형제의 죽음에 입음. 《儀禮》 喪服에 "小功者, 兄弟之服也"라 함.

【虞】 제사 이름. 고대 장례 직후에 지내는 제사를 말함.

【祔】 역시 제사 이름으로 곡을 마친 뒤 죽은 이의 위패를 조상 사당에 봉안하면서 지내는 제사.

【練】 小祥 때 지내는 제사.

【祥】 부모가 돌아가시고 13개월이 지나 지내는 제사를 '小祥'이라 하며, 25개월이 지나 지내는 제사를 '大祥'이라 함.

【齊潔】 齋戒하여 몸을 깨끗이 함. '齊'는 '齋'와 같음.

참고 및 관련 자료

1. 《禮記》 雜記(下)

凡喪, 小功以上, 非虞祔練祥, 無沐浴. 疏衰之喪, 旣葬, 人請見之, 則見; 不請見人. 小功, 請見人可也. 大功不以執摯. 唯父母之喪, 不辟涕泣而見人. 三年之喪, 祥而從政; 期之喪, 卒哭而從政; 九月之喪, 旣葬而從政; 小功緦之喪, 旣殯而從政.

2. 《禮記》 曲禮(上)

齊者不樂不弔. 居喪之禮, 毁瘠不形, 視聽不衰. 升降不由阼階, 出入不當門隧.

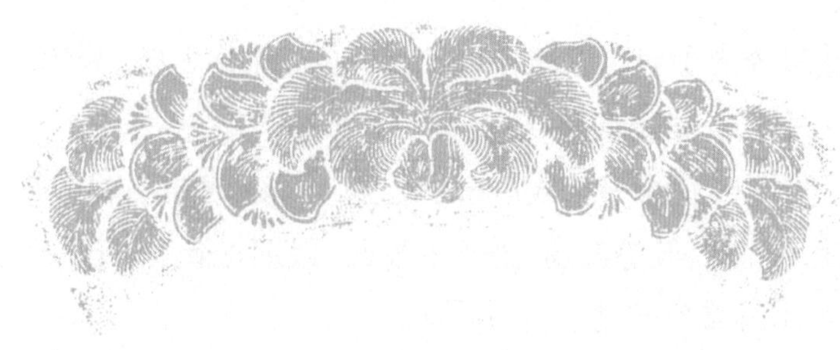

303(43-6) 子夏問於孔子曰客至
객을 맞았으면 장례까지 책임을 져야 한다

자하子夏가 공자에게 여쭈었다.

"객이 와서 살 곳이 없다고 하자 선생님께서는 '내 집에 머물러 살도록 하라'고 하셨고, 그 객이 죽어 그의 빈소를 차릴 곳이 없다고 하자 선생님께서는 '내 집에 그의 빈소를 정하라' 하셨습니다. 감히 여쭙건대 이것이 예입니까? 아니면 어진 사람의 마음이기에 그렇게 하신 것입니까?"

공자가 말하였다.

"내가 노담老聃에게 듣기로 '남에게 살 곳을 주었으면 그에게 여유가 있는 듯이 하라'라 하였다. 그런데 어찌 여유가 있어 살 곳을 주었는데 빈소를 차려 주지 않을 수 있느냐? 무릇 인仁이라고 하는 것은 예를 제작하는 것이다. 그러므로 예라고 하는 것은 잘 살피지 아니하면 안 된다. 예라는 것은 같지도 않고 다르지도 않으며, 넉넉하지도 않고 줄어들지도 않는 것이니 그 의義에 맞추어서 마땅하게 행하면 그 뿐이다. 그러므로 '덕이 있는 자는 싸우면 이기게 되어 있고, 제사를 지내면 복을 받게 되어 있다'라고 한 것이니 대체로 그 도에 맞게 하기 때문이다."

子夏問於孔子曰:「客至, 無所舍, 而夫子曰:『生於我乎館.』客死無所殯, 夫子曰:『於我乎殯.』敢敢問禮與? 仁者之心與?」

孔子曰:「吾聞諸老聃曰:『館人使若有之.』惡有有之而不得殯乎? 夫仁者, 制禮者也, 故禮者, 不可不省也. 禮不同, 不異, 不豐, 不殺, 稱其義以爲之宜. 故曰:『我戰則克, 祭則受福.』蓋得其道矣.」

【無所舍】 정할 거처가 없음.
【不異】 예의 목적이나 정취는 똑같음.
【不殺】 쇄(殺)는 '덜다'의 뜻.

참고 및 관련 자료

1. 《禮記》 檀弓(上)

賓客至, 無所館. 夫子曰:「生於我乎館, 死於我乎殯.」

2. 《禮記》 禮器

孔子曰:「禮, 不可不省也! 禮不同, 不豐, 不殺, 此之謂也. 蓋言稱也. 禮之以多爲貴者, 以其外心者也; 德發揚, 詡萬物, 大理物博, 如此, 則得不以多爲貴乎? 故君子樂其發也. 禮之以少爲貴者, 以其內心者也. 德産之致也精微, 觀天下之物無可以稱其德者, 如此, 則得不以少爲貴乎? 是故君子愼其獨也. 古之聖人, 內之爲尊, 外之爲樂, 少之爲貴, 多之爲美. 是故先王之制禮也, 不可多也, 不可寡也, 唯其稱也.」

304(43-7) 孔子食於季氏

예는 억지로 맞추는 것이 아니다

공자는 계씨季氏 집에서 식사를 하면서 먼저 조상에게 감사의 제를 올렸다. 주인도 이를 사양하지 않았으며 공자도 억지로 예에 맞추어 먹거나 마시지 않고 식사를 하게 되었다.

자하子夏가 여쭈었다.

"이렇게 하는 것이 예입니까?"

공자가 말하였다.

"예가 아니라 다만 주인을 따랐을 뿐이다. 내가 소시씨少施氏에게 식사 대접을 받았을 때 배가 부르도록 먹은 것은 소시씨가 예법대로 나를 대접하였기 때문이었다. 내가 식사의 제를 올리자 그는 일어서며 이렇게 사양하였다. '차린 것이 허술하여 제를 올리기에 족하지 못합니다.' 그리고 식사를 하게 되자 그는 일어서서 '변변히 차리지 못하였으나 그대의 식성을 감히 상하지 않았으면 합니다'라는 것이었다. 주인이 예로써 하지 않으면 객은 감히 예를 고집할 수 없는 것이며, 주인이 예를 다하면 객은 감히 그 예를 따라서 극진히 하지 않을 수 없는 것이다."

孔子食於季氏, 食祭, 主人不辭, 不食亦不飮而飡.

子夏問曰:「禮也?」

孔子曰:「非禮也, 從主人也. 吾食於少施氏而飽, 少施氏食我以禮, 吾食祭, 作而辭曰:『疏食不足祭也.』吾飱, 作而辭曰:『疏食不敢以傷吾子之性.』主人不以禮, 客不敢盡禮; 主人盡禮, 則客不敢不盡禮也.」

【食祭】 밥을 먹을 때 먼저 조상에게 제사를 함.
【飱】 익은 음식.
【作而辭】 일어나 사양함.
【疏食】 조악한 음식.
【傷吾子之性】 그대의 식성을 해침.

참고 및 관련 자료

1.《禮記》玉藻

孔子食於季氏, 不辭, 不食肉而飱.

2.《禮記》雜記(下)

孔子曰:「吾食於少施氏而飽, 少施氏食我以禮. 吾祭, 作而辭曰: 疏食不足祭也. 吾飱, 作而辭曰: 疏食也, 不敢以傷吾子.」

305(43-8) 子夏問曰
관중 죽음의 상복

자하子夏가 여쭈었다.

"관직이 대부이며 작위도 이미 공公에 올랐는데 도리어 그에게 복服을 입도록 하는 것은 예입니까?"

공자가 말하였다.

"옛날 관중管仲이 도둑을 만났었는데 그 중 두 사람을 뽑아 환공桓公의 신하로 추천하며 '사벽한 사람들과 교유하여 그런 것이지 사람다운 인물입니다'라고 하였다. 그리하여 환공이 허락하였다. 관중이 죽었을 때 환공이 그들에게 관중을 위해서 상복을 입도록 하였다. 대부의 벼슬에 있으면서 상복을 입는 것은 관중에게서 시작된 일이며, 임금의 명령이 있었기 때문이었다."

齊桓公

子夏問曰:「官於大夫, 旣升於公, 而反爲之服, 禮與?」

孔子曰:「管仲遇盜, 取二人焉, 上之爲公臣, 曰:『所以遊辟者, 可人也.』公許. 管仲卒, 桓公使爲之服. 官於大夫者爲之服, 自管仲始也, 有君命焉.」

【反爲之服】 도리어 그를 위해 상복을 입음.
【遊辟】 邪僻한 자들과 교유함. '辟'은 '僻'과 같음.

참고 및 관련 자료

1. 《禮記》 雜記(下)

孔子曰:「管仲遇盜, 取二人焉, 上以爲公臣, 曰: 其所與遊辟也. 可人也! 管仲死, 桓公使爲之服. 宦於大夫者之爲之服也, 自管仲始也, 有君命焉爾也.」

306(43-9) 子夏問居父母喪
부모의 초상

자하子夏가 부모의 초상에 처하였을 때를 여쭙자 공자가 말하였다.

"공경이 가장 높은 것이며 슬픔으로 하는 것이 그 다음이요, 너무 울어 수척해지는 것은 가장 낮은 것이다. 얼굴빛은 자신의 실정에 맞아야 하며, 슬픔도 그 상복이 허용하는 범위 안에 있어야 한다."

자하가 말하였다.

"형제의 초상에는 어떻게 해야 하는지 청하여 여쭙습니다."

공자가 말하였다.

"서책書筴에 있는 대로 할 뿐이다."

子夏問居父母喪, 孔子曰:「敬爲上, 哀次之, 瘠爲下. 顏色稱情, 戚容稱服.」

曰:「請問居兄弟之喪.」

孔子曰:「則存乎書筴已.」

【瘠爲下】 너무 애달피 여겨 몸이 수척해지는 것이 가장 나쁜 경우임을 말함.

【稱服】 상복의 규정에 맞음.

【書筴】 書策. 筴은 策의 이체자.

참고 및 관련 자료

1. 《禮記》 雜記(下)

子貢問喪, 子曰: 「敬爲上, 哀次之, 瘠爲下. 顏色稱其情; 戚容稱其服.」「請問兄弟之喪.」 子曰: 「兄弟之喪, 則存乎書策矣.」

307(43-10) 子夏問於孔子曰殷人旣定而弔於壙

은나라와 주나라 때의 서로 달랐던 조문 방법

자하子夏가 공자에게 여쭈었다.

"은殷나라 사람은 장사 지내는 날 광중壙中에 들어가서 조문을 하고, 주周나라 사람은 집으로 돌아와 조문을 하였는데 어찌 그렇습니까?"

공자가 말하였다.

"집에 돌아와 조문을 하는 것은 상례에서 지극함이다. 집에 돌아와 보니 온 집안이 텅 비어 실성할 정도가 된다. 이에 그 슬픔이 심하여 그 때문에 조문하는 것이다. 죽음이란 사람의 일을 마치는 것이다. 은나라 법은 정성만으로 하는 것이다. 그래서 나는 주周나라 법을 따른다. 또 은나라 사람은 연사練祀를 지낸 다음날이면 조상께 부사祔祀를 지냈으나, 주나라 사람은 졸곡卒哭을 지낸 다음 달이면 조상께 부사를 지낸다. 부사란 귀신에게 대해 처음 지내는 제사이다. 그러나 주나라 법은 너무나 급하게 서둘러 하는 것이므로 나는 은나라 법을 따른다."

子夏問於孔子曰:「殷人旣定而弔於壙, 周人反哭而弔於家, 如之何?」

孔子曰:「反哭之弔也, 喪之至也; 反而亡矣, 失之矣. 於斯爲甚, 故弔之. 死, 人卒事也, 殷以慤, 吾從周. 殷人旣練之明日而祔于祖, 周人旣卒哭之明日祔于祖. 祔, 祭神之始事也. 周以戚, 吾從殷.」

【旣定】 이미 관을 내려놓음.
【壙】 묘지의 무덤.
【反哭】 고대 상례의 하나로 장례를 마친 뒤 신주를 모시고 돌아와 곡을 함.
【練】 부모가 죽은 뒤 일주년에 지내는 제례.
【祔】 죽은 이의 신주를 조상의 사당에 모셔놓고 지내는 제사.
【卒哭】 제례의 하나로 부모가 죽은 뒤 백일 제사를 마친 다음에는 무시로 조석에 곡을 하는 것을 말함.
【以戚】 戚은 促과 같음. '너무 급하게 催促하다'의 뜻.

참고 및 관련 자료

1. 《禮記》 檀弓(下)

殷旣封而弔, 周反哭而弔. 孔子曰:「殷已慤, 吾從周.」葬於北方北首, 三代之達禮也, 之幽之故也.

2. 《禮記》 坊記

殷人弔於壙, 周人弔於家, 示民不偝也. 子云: 死, 民之卒事也, 吾從周. 以此坊民, 諸侯猶有薨而不葬者.

308(43-11) 子貢問曰聞諸晏子
소련과 대련의 상주 노릇

자공子貢이 여쭈었다.

"안자晏子에게 들으니 '소련少連과 대련大連은 상주 노릇을 잘하였다'라 하더이다. 그 외에 달리 칭찬할 일은 없습니까?"

공자가 말하였다.

"부모 초상에 사흘 동안을 게으르게 하지 않았으며, 석 달 동안을 옷을 풀지 않았으며, 기년朞年이 되어도 비통한 슬픔을 가졌으며, 삼 년이 지나도록 근심하는 마음을 가졌었다. 그러니 동이東夷 출신의 아들로서 예에 통달한 자였다."

子貢問曰:「聞諸晏子:『少連·大連善居喪.』其有異稱乎?」

孔子曰:「父母之喪, 三日不怠, 三月不解, 期悲哀, 三年憂, 東夷之子, 達於禮者也.」

【晏子】 晏嬰. 춘추시대 공자와 동시대의 제나라 재상. 재치와 덕으로 이름이 났었음. 《晏子春秋》는 그에 대한 일화를 모은 책임. 《史記》 管晏列傳 참조.

【少連·大連】 모두 인명. 東夷 사람이라 함.

【三日】 부모가 돌아가신 후 일체의 음식을 입에 대지 않고 애통함을 다하는 기간.

【三月】 부모의 장례 전에 아침저녁으로 奠을 마련해 놓고 수시로 곡을 하는 기간.

【期】 일주년 동안 아침저녁으로 곡을 함.

【三年】 부모의 상에 삼년 동안 상복을 입음.

참고 및 관련 자료

1. 《禮記》 雜記(下)

君子不奪人之喪, 亦不可奪喪也. 孔子曰:「少連·大連善居喪, 三日不怠, 三月不解, 期悲哀, 三年憂. 東夷之子也.」

309(43-12) 子游問曰

세자 보모의 초상

자유子游가 여쭈었다.

"제후의 세자世子로서 그 보모의 초상을 당해 친어머니와 같은 복을 입는 것이 예입니까?"

공자가 말하였다.

"그것은 예가 아니다. 옛날에 남자는 밖으로 부부傅父가 있고 안으로 자모가 있는 것은 임금이 그들에게 명령하여 각각 아들로서 가르치게 하였을 뿐이니 어찌 상복까지 입어야 하겠느냐? 옛날 노魯나라 효공孝公이 어려서 어머니를 잃고 그 보모가 훌륭하였다. 그런데 그 보모가 죽자 효공은 차마 견딜 수 없어 자신이 상제 노릇을 하고자 하였다. 그러자 유사有司가 '예에 국군國君은 보모에게 복을 입는 것이 아닙니다. 이제 임금으로서 그 보모를 위하여 복을 입는다는 것은 옛날의 예법을 어기어 국법을 어지럽히는 것이 됩니다. 만일 끝까지 이 법을 행한다면 유사가 장차 역사에 써서 후세에 알릴 것이니 이것은 옳지 못한 일이 아니겠습니까?'라 하였다. 그러자 효공은 '옛날에 천자는 보모를 잃었을 때는 연관練冠만 쓰고 일상생활은 그대로 하였다'라 하였다. 그리고는 드디어 연관을 쓰고 보모의 상을 치렀다. 보모를 잃었을 때 친어머니에게 하는 것처럼 하는 것은 노나라 효공에게서 시작된 것이다."

子游問曰:「諸侯之世子, 喪慈母如母; 禮與?」

孔子曰:「非禮也. 古者男子, 外有傅父, 內有慈母, 君命所使教子也, 何服之有? 昔魯孝公少喪其母, 其慈母良, 及其死也, 公弗忍, 欲喪之. 有司曰:『禮, 國君慈母無服, 今也君爲之服, 是逆古之禮而亂國法也. 若終行之, 則有司將書之以示後世, 無乃不可乎?』公曰:『古者, 天子喪慈母, 練冠以燕居.』遂練以喪慈母. 喪慈母如母, 始則魯孝公之爲也.」

【慈母】 자신을 길러 준 보모를 가리킴.

【傅父】 자신을 길러 주고 가르쳐 준 선생님. 보호자.

【魯孝公】 춘추시대 노나라 군주. 이름은 稱. 惠公의 아버지. 그러나 《禮記》 曾子問에는 '魯昭公'으로 되어 있음. 昭公의 이름은 裯.

【有司】 어떤 일을 직접 맡은 관리.

【練冠】 상복. 小祥 때 주인은 연관을 씀. 이에 소상을 일컫는 말로 쓰임.

참고 및 관련 자료

1. 《禮記》 曾子問

子游問曰:「喪慈母如母, 禮與?」孔子曰:「非禮也. 古者, 男子外有傅, 內有慈母, 君命所使教子也, 何服之有? 昔者, 魯昭公少喪其母, 有慈母良, 及其死也, 公弗忍也, 欲喪之, 有司以聞, 曰: 古之禮, 慈母無服, 今也君爲之服, 是逆古之禮而亂國法也; 若終行之, 則有司將書之以遺後世. 無乃不可乎? 公曰: 古者天子練冠以燕居. 公弗忍也, 遂練冠以喪慈母. 喪慈母, 自魯昭公始也.」

310(43-13) 孔子適衛
친구의 초상

공자가 위衛나라에 갔다가 옛날 자신이 머물던 집 주인의 초상을 만났다. 공자는 들어가 곡을 슬피 하고 나와서 자공子貢으로 하여금 타고 온 수레의 참마驂馬를 벗겨 주도록 하였다.

자공이 말하였다.

"아는 친구의 초상에는 증정하실 수 없다고 하셨음에도 옛날 머물던 집 주인의 상사에 말을 증정하시니 이는 너무 큰 것을 주시는 것이 아닙니까?"

공자가 말하였다.

"내가 아까 들어가 곡을 할 때 한 번 더 슬피 우는 자를 만나 나도 눈물이 흘렀다. 내 어찌 눈물까지 흘려 놓고 아무 것도 주지 않을 수 있겠느냐? 제자야! 내 말대로 행하라."

孔子適衛, 遇舊館人之喪, 入而哭之哀, 出, 使子貢脫驂以贈之. 子貢曰:「於所識之喪, 不能有所贈, 贈於舊館, 不已多乎?」孔子曰:「吾向入哭之, 遇一哀而出涕. 吾惡夫涕而無以將之? 小子行焉.」

【館人】 관사를 정리하고 빈객을 영접하는 임무를 맡은 자.
【驂】 고대 수레는 네 필 말이 끌었으며 그 중 양쪽 끝의 말을 驂이라 하였음.
【向】 방금. 조금 전.
【遇一哀】 주인을 만나자 그가 나를 위해 슬픔을 표시함.

참고 및 관련 자료

1. 《禮記》 檀弓(上)

孔子之衛, 遇舊館人之喪, 入而哭之哀. 出, 使子貢說驂而賻之. 子貢曰: 「於門人之喪, 未有所說驂, 說驂於舊館, 無乃已重乎?」 夫子曰: 「予鄉者入而哭之, 遇於一哀而出涕. 予惡夫涕之無從也. 小子行之.」

311(43-14) 子路問於孔子曰
선생님도 모르시는 예법

자로子路가 공자에게 여쭈었다.

"노魯나라 대부가 연사練祀를 지내고서도 지팡이를 짚고 있으니 이것이 예입니까?"

공자가 말하였다.

"나는 잘 알지 못한다."

자로가 밖으로 나와 자공子貢에게 말하였다.

"나는 선생님께서 모르는 일이 없는 줄 알았더니 선생님도 역시 알지 못하시는 것이 있더라."

자공은 말하였다.

"그대는 무엇을 여쭈어 보았는가?"

자로가 사실대로 일러 주자 자공이 말하였다.

"잠깐! 내 그대를 위해 선생님께 여쭈어 보리라."

그리고 드디어 달려 들어가 공자 앞으로 나서며 여쭈었다.

"연사를 지내고서도 지팡이를 짚는 것이 예입니까?"

공자가 말하였다.

"그것은 예가 아니다."

자공이 나와서 자로에게 이렇게 일러 주었다.

"그대는 선생님께서도 모르시는 것이 있다고 하였는가? 선생님께서는 알지 못하시는 것이 없다. 그대의 질문이 잘못된 것이다. 《예禮》에 '그 나라에 있으면서 그 나라 대부를 그르다 하지 못한다'라 하였다."

子路問於孔子曰:「魯大夫練而杖, 禮也?」

孔子曰:「吾不知也.」

子路出, 謂子貢曰:「吾以爲夫子無所不知, 夫子亦徒有所不知也.」

子貢曰:「子所問何哉?」

子路曰:「止! 吾將爲子問之.」

遂趨而進曰:「練而杖, 禮與?」

孔子曰:「非禮也.」

子貢出, 謂子路曰:「子謂夫子而弗知之乎? 夫子徒無所不知也. 子問非也. 禮: 居是邦, 則不非其大夫.」

【練而杖】 일주기 제사에 喪杖을 짚고 곡을 함. '練'은 일주기 제사를 말함.
【子路】 仲由. 공자 제자. 의협심이 있었으며 강직하고 용맹하였음.
【子路曰: 止, 吾將爲子問之】 이는 '子路以告, 子貢曰: 止, 吾將爲子問之'로 되어야 함.

312(43-15) 叔孫武叔之母死
소렴을 한 다음

숙손무숙叔孫武叔의 어머니가 죽어 이미 소렴小斂을 한 다음 시신을 든 자가 문 밖으로 나가자 숙손이 따라 나왔다. 그리고 문 밖을 나서자 어깨를 드러내고 자신의 모자를 던져 버리고 머리는 상투로 묶는 것이었다. 자로子路가 이를 보고 탄식하였다.

그러자 공자가 말하였다.

"이것이 바로 예이다."

자로가 여쭈었다.

"소렴을 한 다음에는 상복으로 갈아입는 법인데 이제 문 밖까지 나왔습니다. 선생님께서는 그것을 두고 예를 아는 것이라 하셨는데 어찌된 일입니까?"

공자가 말하였다.

"유由야! 너의 질문이 잘못되었다. 군자는 남의 일을 들어 선비의 일을 지적하지 않는 법이다."

叔孫武叔之母死, 旣小斂, 擧屍者出戶, 武孫從之, 出戶乃袒, 投其冠而括髮, 子路歎之.

孔子曰:「是禮也.」

子路問曰:「將小斂則變服, 今乃出戶, 而夫子以爲知禮, 何也?」孔子曰:「由! 汝問非也, 君子不擧人以質士.」

【叔孫武叔】叔孫州仇. 武는 그의 시호.《論語》子張篇에 "叔孫武叔語大夫於朝曰:「子貢賢於仲尼.」子服景伯以告子貢. 子貢曰:「譬之宮牆, 賜之牆也及肩, 窺見室家之好. 夫子之牆數仞, 不得其門而入, 不見宗廟之美, 百官之富. 得其門者或寡矣. 夫子之云, 不亦宜乎!」"라 하여 공자를 비하한 적이 있음.
【小斂】죽은 이에게 옷을 입히는 것을 '小斂'이라 하며, 入棺하는 것을 '大斂'이라 함.
【袒】고대의 상례. 상주가 옷을 벗고 왼쪽 어깨를 드러내는 것을 '左袒'이라 함.
【括髮】머리를 묶음.《禮記》檀弓(上)에 "主人旣小斂, 袒括髮"이라 함.
【質士】다른 사람의 잘못을 지적하여 줌.

참고 및 관련 자료

1.《禮記》檀弓(上)

叔孫武叔之母死, 旣小斂, 擧者出戶, 出戶袒, 且投其冠括髮. 子游曰:「知禮」.

313(43-16) 齊晏桓子卒

안평중의 부친상

제齊나라 안환자晏桓子가 죽자 그 아들 평중平仲이 거친 최복衰服을 잘라 입고 삼으로 만든 질絰을 띠고, 지팡이를 짚고, 왕골로 짠 신을 신고, 죽을 먹으면서 여막廬幕에 거처하였다. 그는 풀로 짠 자리에서 잠을 자며 풀로 베개를 삼아 베었다.

어떤 늙은이가 이렇게 말하였다.

"이는 대부로서 아버지의 상을 치르는 예가 아닙니다."

안자는 이렇게 말하였다.

"오직 경대부卿大夫만이 이렇게 하는 것이라오."

증자曾子가 이 일을 두고 공자에게 여쭙자 공자가 말하였다.

"안평중晏平仲이야말로 가히 해로움을 멀리하는 자라고 하겠다. 자신의 옳은 것을 가지고 남의 잘못을 논박하지 않았으며, 겸손한 말로 그 허물을 피하기만 하였으니 의롭다 하리라."

齊晏桓子卒, 平仲粗衰斬, 苴絰帶, 杖, 以菅屨, 食粥, 居傍廬, 寢苫, 枕草. 其老曰:「非大夫喪父之禮也.」

晏子(晏嬰) 顧沅《古聖賢傳像》

晏子曰:「唯卿大夫.」

曾子以問孔子, 孔子曰:「晏平仲可謂能遠害矣. 不以己之是, 駮人之非, 愻辭以避咎, 義也夫.」

【晏桓子】 晏子(晏嬰)의 아버지.

【平仲】 晏嬰. 齊나라 대부이며 재상. 《晏子春秋》는 그의 일화를 모은 책임. 《史記》 管晏列傳 참조.

【粗衰斬】 거친 베로 만들며 바느질을 하지 않은 상복. 衰는 '최'로 읽으며 縗와 같음. 斬은 옷을 자른 자리에 바느질을 하지 않음을 뜻함.

【絰】 首絰과 腰絰이 있으며 질은 삼으로 만든 머리띠나 허리띠를 말함.

【菅屨】 상례용 짚신.

【傍廬】 무덤 가에 작은 초막을 지어 수묘할 때 거처함.

【寢苫】 풀로 짠 자리에서 잠을 잠.

【唯卿大夫】 부모의 상에 哭泣하며, 齊斬을 입으며 죽을 먹는 것은 존비에 관계없이 경대부나 士라 할지라도 모두 같음. 안자가 이를 바로잡자 가로가 알지 못하고 잘못을 저지른 것.

【駮】 '駁'의 이체자. 음은 '박'. 시비를 늘어놓음. 반박함

【愻辭】 겸손한 말투. '愻'은 '遜'의 이체자.

참고 및 관련 자료

1. 《左傳》 襄公 17년

齊晏桓子卒, 晏嬰麤縗斬, 苴絰·帶·杖, 菅屨, 食鬻, 居倚廬, 寢苫·枕草. 其老曰:「非大夫之禮也.」曰:「唯卿爲大夫.」

2. 《晏子春秋》(5) 內篇 雜上

晏子居晏桓子之喪, 麤衰, 斬. 苴絰帶, 杖, 菅屨. 食粥, 居倚廬, 寢苫枕草. 其家老曰:「非大夫喪父之禮也.」晏子曰:「唯卿爲大夫.」曾子以問孔子. 孔子曰:「晏子可謂能遠害矣. 不以己之是, 駁人之非, 遜辭以避咎, 義也夫!」

3.《禮記》檀弓(下)

曾子曰:「晏子可謂知禮也已, 恭敬之有焉.」有若曰:「晏子一狐裘三十年, 遣車一乘, 及墓而反, 國君七个, 遣車七乘; 大夫五个, 遣車五乘, 晏子焉知禮?」曾子曰:「國無道, 君子恥盈禮焉; 國奢, 則示之以儉; 國儉, 則示之以禮.」

314(43-17) 季平子卒
계평자가 죽었을 때

계평자季平子가 죽었을 때 노나라 임금은 그에게 여번璵璠으로 염을 하고자 하였으며 구슬까지 주었다. 당시 공자는 중도재中都宰로 첫 벼슬을 할 때였는데 이를 듣고 직급을 뛰어넘어 저지하면서 이렇게 말하였다.

"패물과 구슬로 죽은 사람을 보내는 것은 마치 시체를 저 들판에 내다 말리는 것과 같습니다. 그것은 백성들에게 간사한 이익의 단초를 보여 주는 것으로 죽은 이에게도 해가 되는 일인데 어찌 그렇게 하려 합니까? 또 효자는 자신의 정분을 따르느라 어버이를 위태롭게 하지는 않으며, 충신은 간악한 징조로 임금을 함정에 빠뜨려서는 안 되는 것입니다."

그리하여 이를 중지하게 되었다.

季平子卒, 將以君之璵璠斂, 贈以珠玉, 孔子初爲中都宰, 聞之, 歷級而救焉, 曰:「送而以寶玉, 是猶曝屍於中原也, 其示民以姦利之端, 而有害於死者, 安用之? 且孝子不順情以危親, 忠臣不兆姦以陷君.」

乃止.

【季平子】 魯나라 季武子의 손자이며 季悼子의 아들. 季桓子의 아버지. 昭公과 定公을 보좌하였으며 昭公이 도망하였을 때 임금의 일을 대행하였음.

【璵璠】 노나라의 보물로 임금이 차고 다녔음.

【歷級】 계단에 오름.

【救】 저지함.

참고 및 관련 자료

1. 《左傳》 定公 5년

六月, 季平子行東野. 還, 未至, 丙申, 卒于房. 陽虎將以璵璠斂, 仲梁懷弗與, 曰: 「改步改玉.」 陽虎欲逐之, 告公山不狃. 不狃曰: 「彼爲君也, 子何怨焉?」 旣葬, 桓子行東野, 及費. 子洩爲費宰, 逆勞於郊, 桓子敬之. 勞仲梁懷, 仲梁懷弗敬. 子洩怒, 謂陽虎: 「子行之乎?」

315(43-18) 孔子之弟子琴張
조문해서는 안 될 초상

공자의 제자 금장琴張이 종로宗魯의 친구인 위衛나라 제표齊豹와 함께 공자公子 맹집孟縶을 뵈며 종로를 추천하였다. 맹집은 종로를 임용하여 자신의 참승參乘 벼슬로 삼았다.

그런데 제표가 변란을 일으켜 맹집을 죽이려 들자 금장은 종로에게 고하여 떠나도록 하였다. 그러자 종로는 이렇게 말하는 것이었다.

"내가 자네로 인하여 맹집을 섬기게 되었는데 지금 어려운 경우라고 도망해 버린다면 이는 그대를 나쁜 사람으로 만드는 것이 된다네. 그대는 그대 일을 하게나. 나는 장차 죽음으로써 그대를 섬기는 도리로 그 죽음을 맹집을 위해 바치겠네. 그것이 옳은 일이겠지."

제표가 창을 잡고 맹집을 공격하자 종로는 자신의 등으로 이를 막았고 결국 팔이 잘리고 말았으며, 끝내 맹집도 그의 창에 찔리고 말아 종로와 맹집은 모두 죽고 말았다.

금장이 종로가 죽었다는 소식을 듣고 그에게 장차 가서 조문하려 하자 공자가 말하였다.

"종로는 제나라의 도둑이요 맹집은 적신이다. 그런데 너는 어찌 조문을 하려 하느냐? 군자는 간사한 사람의 봉록은 먹지 않아야 그 반란을 입지 않는다. 이익을 위하여 남의 회유에 병들지 않아야 그 회유로 인하여 남을 섬기지 않아도 되는 것이다. 의가 아닌 것을 덮어 주지도 못하였고, 예가 아닌 것을 고쳐 주지도 못하였으면서 너는 어찌 조문을 가려 하느냐?"

금장은 이에 그만두었다.

孔子之弟子琴張, 與宗友衛齊豹見宗魯於公子孟縶, 孟縶以爲參乘焉, 及齊豹將殺孟縶, 告宗魯使行, 宗魯曰: 「吾由子而事之, 今聞難而逃, 是僭子也. 子行事乎? 吾將死以事周子, 而歸死於公孟, 可也.」

齊氏用戈擊公孟, 宗魯以背蔽之, 斷肱, 中公孟, 宗魯, 皆死. 琴張聞宗魯死, 將往弔之.

孔子曰: 「齊豹之盜, 孟縶之賊也, 汝何弔焉? 君不食姦, 不受亂, 不爲利病於回, 不以回事人, 不蓋非義, 不犯非禮, 汝何弔焉?」

琴張乃止.

【琴張】 자는 子開. 공자의 제자. 衛나라 사람.
【齊豹】 衛나라 司寇. 齊惡의 아들.
【宗魯】 금장의 친구.
【孟縶】 公孟. 衛 靈公의 형.
【死以事周子】 '周'는 '終'과 같음. 그러나 《左傳》에는 '以死周事子'라 하여 '죽음으로써 두루 그대를 섬기다'로 되어 있음.
【歸死】 죽음을 달게 여김. 그를 위해 죽음을 각오함.
【公孟】 公子 孟縶.
【齊豹之盜】 宗魯가 齊豹에게 난을 일으킬 것을 종용함.
【利病於回】 '回'는 간악하고 사악한 자의 회유를 뜻함. 이익을 위하여 사악한 제의를 받아들임.
【不蓋非義】 의에 어긋나는 행동을 덮어 주지 않음.
【不犯非禮】 예가 아닌 것에 대하여 대들지 않고 그대로 방치하여 잘못을 저지르도록 함.

참고 및 관련 자료

1.《左傳》昭公 20년

衛公孟縶狎齊豹, 奪之司寇與鄄. 有役則反之, 無則取之. 公孟惡北宮喜·褚師圃, 欲去之. 公子朝通于襄夫人宣姜, 懼, 而欲以作亂. 故齊豹·北宮喜·褚師圃·公子朝作亂. 初, 齊豹見宗魯於公孟, 爲驂乘焉. 將作亂, 而謂之曰:「公孟之不善, 子所知也, 勿與乘, 吾將殺之.」對曰:「吾由子事公孟, 子假吾名焉, 故不吾遠也. 雖其不善, 吾亦知之; 抑以利故, 不能去, 是吾過也. 今聞難而逃, 是僭子也. 子行事乎, 吾將死之, 以周事子; 而歸死於公孟, 其可也.」丙辰, 衛侯在平壽. 公孟有事於蓋獲之門外, 齊子氏帷於門外, 而伏甲焉. 使祝鼃寘戈於車薪以當門, 使一乘從公孟以出; 使華齊御公孟, 宗魯驂乘. 及閎中, 齊氏用戈擊公孟, 宗魯以背蔽之, 斷肱, 以中公孟之肩. 皆殺之. 公聞亂, 乘, 驅自閱門入. 慶比御公, 公南楚驂乘. 使華寅乘貳車. 及公宮, 鴻駵魋駟乘于公. 公載寶以出. 褚師子申遇公于馬路之衢, 遂從. 過齊氏, 使華寅肉袒, 執蓋以當其闕, 齊氏射公, 中南楚之背, 公遂出. 寅閉郭門, 踰而從公. 公如死鳥. 析朱鉏宵從竇出, 徒行從公. 齊侯使公孫青聘于衛. 旣出, 聞衛亂, 使請所聘. 公曰:「猶在竟內, 則衛君也.」乃將事焉, 遂從諸死鳥. 請將事. 辭曰:「亡人不佞, 失守社稷, 越在草莽, 吾子無所辱君命.」賓曰:「寡君命下臣於朝曰:『阿下執事.』臣不敢貳.」主人曰:「君若惠顧先君之好, 照臨敝邑, 鎭撫其社稷, 則有宗祧在.」乃止. 衛侯固請見之. 不獲命, 以其良馬見, 爲未致使故也. 衛侯以爲乘馬. 主人辭曰:「亡人之憂, 不可以及吾子; 草莽之中, 不足以辱從者. 敢辭.」賓曰:「寡君之下臣, 君之牧圉也. 若不獲扞外役, 是不有寡君也. 臣懼不免於戾, 請以除死.」親執鐸, 終夕與於燎. 齊氏之宰渠子召北宮子. 北宮氏之宰不與聞, 謀殺渠子, 遂伐齊氏, 滅之. 丁巳晦, 公入, 與北宮喜盟于彭水之上. 秋七月戊午朔, 遂盟國人. 八月辛亥, 公子朝·褚師圃·子玉霄·子高魴出奔晉. 閏月戊辰, 殺宣姜. 衛侯賜北宮喜謚曰貞子, 賜析朱鉏謚曰成子, 而以齊氏之墓予之. 衛侯告寧于齊, 且言子石. 齊侯將飮酒, 徧賜大夫曰:「二三子之敎也.」苑何忌辭, 曰:「與於青之賞, 必及於其罰. 在康誥曰: 父子兄弟, 罪不相及, 況在羣臣?臣不敢貪君賜以干先王?」琴張聞宗魯死, 將往弔之. 仲尼曰:「齊豹之盜, 而孟縶之賊, 女何弔焉? 君子不食姦, 不受亂, 不爲利疚於回, 不以回待人, 不蓋不義, 不犯非禮.」

316(43-19) 郕人子革卒

예에 어긋나는 곡

성郕 땅 사람 자혁子革이 죽었을 때 곡哭하는 자 가운데 그 '멸滅'이라 외치면서 우는 것이었다.

자유子游가 말하였다.

"이처럼 곡을 하는 것은 너무 예에 어긋난다!"

공자는 그렇게 예에 어긋나게 우는 소리를 증오하였다. 그 자가 이를 듣고 드디어 곡하는 방법을 바꾸었다.

郕人子革卒, 哭之呼滅.

子游曰:「若是哭也, 其野哉!」

孔子惡野哭者, 哭者聞之, 遂改之.

【郕】 고대 제후국 이름. 周 武王이 자신의 동생 武叔을 봉하여 제후국으로 삼았으나 뒤에 魯나라 孟氏의 채읍이 됨. 지금의 山東 范縣.

【子革】《禮記》에는 '子蒲'로 되어 있음.

【呼滅】 "滅"하고 소리쳐 부름. 滅은 子蒲의 이름. 일설에는 우는 자가 계속하여 자신의 아버지 이름을 부른 것으로 이는 예에 맞지 않음을 뜻하는 것이라 함.

【野哭】 예법에 맞지 않게 곡을 함.

참고 및 관련 자료

1. 《禮記》 檀弓(上)

子蒲卒, 哭者呼滅. 子皐曰: 「若是野哉.」 哭者改之.

317(43-20) 公父文伯卒

공보문백의 처첩

공보문백公父文伯이 죽자 그의 처첩이 모두 행곡行哭을 하다가 실성失聲하고 말았다. 그러자 경강敬姜이 경계를 하여 말하였다.

"내 듣건대 밖으로 남을 사귀기를 좋아하는 자는 다른 선비를 죽게 만들고, 안으로 여색만 밝히는 자는 여자들이 죽게 된다더라. 지금 내 자식이 이렇게 일찍 죽었으나 나는 그가 안으로 여자들만 좋아하였다는 소문이 날까 싫다. 너희들 두서너 부인들이 선인의 제사를 받들고자 한다면 청컨대 수척해질 정도로 하지는 말 것이며, 눈물을 자꾸 뿌리지도 말라. 그리고 가슴을 치지도 말 것이며 슬퍼하는 표정도 짓지 말라. 상복도 한 단계 높은 것을 입지 말며 오히려 한 단계 낮추어 입도록 하라. 예에 따라 조용히 치르도록 하라. 이것이 내 아들의 덕을 밝혀 주는 것이다."

공자가 이를 듣고 말하였다.

"여자들의 지혜로서 부인과 같은 이가 없고 남자의 지혜로서 남편만한 이가 없다. 공보씨公父氏의 부인은 지혜로운 여자로구나. 감정을 끊어 버려 그 예를 덜어 가면서까지 자신의 아들의 훌륭한 덕을 밝히고자 하였도다."

公父文伯卒, 其妻妾皆行哭失聲, 敬姜戒之曰:「吾聞好外者士死之, 好內者女死之, 今吾子早夭, 吾惡其以好內聞也, 二三

공자 〈辭官去魯圖〉 石刻畫(石可)

婦人之欲供先祀者, 請無瘠色, 無揮涕, 無拊膺, 無哀容, 無加服, 有降服, 從禮而靜, 是昭吾子也.」

孔子聞之曰: 「女智無若婦, 男智莫若夫, 公文氏之婦智矣, 剖情損禮, 欲以明其子爲令德也.」

【公父文伯】 이름은 歜, 公父穆伯이 아들이며 孟獻子의 아버지. 그 어머니는 敬姜. 《列女傳》에 그 어머니에 대하여 자세히 기록되어 있음. 한편 《禮記》 檀弓(下)에는 "穆伯之喪, 敬姜晝哭, 文伯之喪, 晝夜哭, 孔子曰: 知禮矣"라 함.
【行哭】 걸으면서 곡을 함. 어디서나 언제나 곡을 함을 말함.
【敬姜】 공보문백의 어머니.
【好外者】 밖으로 친구를 사귀기를 좋아하는 사람.
【好內者】 안으로 여색만 밝히는 사람.
【拊膺】 가슴을 침. 지극히 비통함을 뜻함.
【加服】 예에 정해진 상복과 상기보다 더 높임. '降服'은 그에 상대된 경우를 말함.

【剖情】 감정을 끊어 버림.
【損禮】 예절을 감소함.

참고 및 관련 자료

1. 《禮記》 檀弓(下)

文伯之喪, 敬姜據其牀而不哭, 曰:「昔者吾有斯子也, 吾以將爲賢人也, 吾未嘗以就公室; 今及其死也, 朋友諸臣未有出涕者, 而內人皆行哭失聲. 斯子也, 必多曠於禮矣夫.」

2. 《國語》 魯語(下)

公父文伯卒, 其母戒其妾曰:「吾聞之: 好內, 女死之; 好外, 士死之. 今吾子夭死, 吾惡其以好內聞也. 二三婦之辱共先者祀, 請無瘠色, 無洵涕, 無搯膺, 無憂容, 有降服, 無加服. 從禮而靜, 是昭吾子也.」仲尼聞之曰:「女知莫若婦, 男知莫若夫. 公父氏之婦智也夫! 欲明其子之令德.」

3. 《列女傳》(1) 『魯季敬姜』

文伯卒, 敬姜戒其妾曰:「吾聞之: 好內女死之, 好外士死之. 今吾子夭死, 吾惡其以好內聞也. 二三婦之辱共祀先祀者, 請毋瘠色, 毋揮涕, 毋陷膺, 毋憂容, 有降服, 毋加服, 從禮而靜, 是昭吾子.」仲尼聞之曰:「女知莫如婦, 男知莫如夫, 公父氏之婦知矣, 欲明其子之令德.」詩曰:『君子有穀, 貽厥孫子.』此之謂也. 敬姜之處喪也, 朝哭穆伯, 暮哭文伯. 仲尼聞之曰:「季氏之婦, 可謂知禮矣. 愛而無私, 上下有章.」

4. 《韓詩外傳》 卷一

魯公甫文伯死, 其母不哭也. 季孫聞之, 曰:「公甫文伯之母, 貞女也. 子死不哭, 必有方矣.」使人問焉. 對曰:「昔, 是子也, 吾使之事仲尼. 仲尼去魯, 送之, 不出魯郊, 贈之, 不與家珍. 病, 不見士之視者; 死, 不見士之流淚者; 死之日, 宮女縗絰而從者, 十人. 此不足於士, 而有餘於婦人也. 吾是以不哭也.」詩曰:「乃如之人兮, 德音無良.」

5. 《新序》 善謀篇

王曰:「雖然, 試言公之私.」樓緩對曰:「亦聞夫公父文伯母乎? 公父文伯仕於魯, 病死, 女子爲自殺於房中者二人, 其母聞之, 不肯哭也. 其相室曰:「焉有子死而不哭者乎?」其母曰:「孔子, 賢人也, 逐於魯, 而是人不隨也. 今死而婦人爲自殺者二人,若是者必其於長者薄, 而於婦人厚也.」故從母言, 是爲賢母, 從妻言, 是必不免爲妬婦. 故其言一也, 言者異則人心變矣.」

6.《孔叢子》卷上 記義篇

公父文伯死, 室人有從死者, 其母怒而不哭. 相室諫之, 其母曰:「孔子, 天下之賢人也, 不用于魯退而去, 是子素宗之而不能隨. 今死而內人從死者二人焉, 若此于長者薄, 于婦人厚也.」旣而夫子聞之曰:「季氏之婦尙賢哉!」子路愀然對曰:「夫子亦好人之譽己乎? 夫子死而不哭, 是不慈也, 何善爾?」子曰:「怒其子之不能隨賢, 所以爲尙賢者, 吾何有焉其亦善此而已矣?」

7.《蒙求》卷上 文伯羞鼈

魯語曰: 公父文伯, 飮南宮敬叔酒, 以露睹父爲客, 羞鼈小焉. 睹父怒, 相延食鼈, 辭曰:「將使鼈長而後食之.」遂出. 文伯之母聞之怒曰:「吾聞之先子曰:『祭養尸, 饗養上賓.』鼈於何有, 而使夫人怒也?」遂逐之. 五日魯大夫辭而復之.

8.《蒙求》卷下 敬美猶績

古列女傳: 魯季敬姜莒女也, 號戴己. 魯大夫公父穆伯妻, 文伯之母. 博達知禮. 文伯退朝, 朝敬姜. 敬姜方績, 文伯曰:「以歜之家而主猶績, 懼干季孫之怒. 其以歜爲不能事主乎!」敬姜歎曰:「魯其亡乎? 使僮子備官, 而未之聞邪. 昔聖王處民, 男女效績. 否則有辟, 古制也.」又出魯語.

9.《太平御覽》826

文伯相魯, 敬姜謂之曰:「吾語汝, 治國之要, 盡在經耳. 夫幅者, 所以正枉也, 不可不强. 故幅可以爲將, 畫者, 所以均不均不服也. 故畫可以爲正. 物者, 所以治蕪與莫, 莫也, 故物可以爲都大夫. 持交而不失. 出入不絶者梱也, 以爲大行人也. 推而往引而來者綜也, 綜可以爲關內之師. 主多少之數者均也, 均可爲內史. 服重任, 行遠道, 正直而固者軸也, 軸可以爲相. 舒而無窮者摘, 摘可而爲三公.」文伯載拜受敎.

318(43-21) 子路與子羔仕於衛
자로의 죽음에 젓갈을 엎어버린 공자

자로子路가 자고子羔와 함께 위衛나라에 벼슬할 때 그 때 마침 괴외蒯聵의 난이 있었다. 공자는 노魯나라에서 이를 듣고 이렇게 말하였다.

"고시高柴는 돌아오겠지만 중유仲由, 子路는 이 난리에 죽을 것이다."

이윽고 위나라 사신이 와서 이렇게 말하는 것이었다.

"자로가 죽었습니다."

공자는 뜰에서 곡을 하였다. 그리고 조문을 오는 자가 있으면 공자는 그들에게 절을 하였다. 공자는 울음을 그치고 위나라에서 온 사자를 들어오게 하여 자로의 죽음에 대하여 물었다.

그 사자는 이렇게 말하였다.

"자로를 죽여 젓갈을 담갔습니다."

공자는 드디어 좌우에게 젓갈을 모두 엎어 버리도록 명하면서 이렇게 말하였다.

"내 차마 어찌 이런 것을 먹을 수 있겠느냐?"

子路與子羔仕於衛, 衛有蒯聵之難, 孔子在魯聞之曰:「柴也其來, 由也死矣.」

旣而衛使至曰:「子路死焉.」

夫子哭之於中庭, 有人弔者, 而夫子拜之.

已哭, 進使者而問故, 使者曰:「醢之矣.」
遂令左右皆覆醢, 曰:「吾何忍食此.」

【子羔】高柴(B.C.521～?) 字는 子羔. 孔子의 弟子로 30세 아래였다 함. 衛나라 사람으로 일찍이 費 땅과 郈 땅의 宰를 지냄. 심히 못생겨 공자가 그를 어리석은 사람인 줄 착각하였음. 《論語》先秦篇에 "柴也愚, 參也魯, 師也辟, 由也喭." "子路使子羔爲費宰. 子曰:「賊夫人之子.」子路曰:「有民人焉, 有社稷焉, 何必讀書, 然後爲學?」子曰:「是故惡夫佞者.」"라 하였음.

【蒯聵】衛靈公의 태자. 일찍이 靈公의 부인 南子에게 죄를 이어 宋나라로 도망갔다가 영공이 죽자 송나라에서 괴외의 아들 輒을 보내어 뒤를 잇도록 하였음. 이가 위나라 出公. 그러자 趙簡子가 괴외를 보내어 송나라 왕으로 삼으려 하여 싸움 끝에 결국 孔悝의 힘으로 임금 자리에 올랐으며 이가 위나라 莊公임. 《史記》衛康叔世家 참조.

【問故】죽을 때의 정황을 물어본 것.

【覆醢】공자가 위나라에서 子路가 육젓의 처참한 죽음을 당하였다는 말을 듣고 모든 젓갈을 엎어 버린 것.

참고 및 관련 자료

1. 《禮記》檀弓(上)

孔子哭子路於中庭. 有人弔者, 而夫子拜之. 旣哭, 進使者而問故, 使者曰:「醢之矣.」遂命覆醢.

2. 《左傳》哀公 15년

子路,「君子死, 冠不免.」結纓而死. 孔子聞衛亂, 曰:「柴也其來, 由也死矣.」

319(43-22) 季桓子死
나는 동서남북 떠도는 자

계환자季桓子가 죽자 노魯나라 대부들이 조복朝服을 입고 조문을 하였다. 이에 자유子游가 공자에게 여쭈었다.

"이것이 예에 맞습니까?"

공자는 대답을 하지 않았다.

다른 날에 다시 묘를 쓰되 봉분은 하지 않는 것에 대하여 여쭙자 공자는 이렇게 말하였다.

"지금 나는 동서남북으로 떠돌아다니는 사람이다. 그러므로 묘에 표를 해 놓지 않을 수가 없다. 내가 보았더니 봉분을 마루 모양과 같이 모나게 한 자도 있고, 집 모양으로 높게 하여 꼭대기를 덮은 것도 있고, 도끼 모양으로 한 것도 있던데 나는 그 중에서 도끼 모양처럼 한 것을 따르련다."

이에 공자는 봉분을 만드는 데 넉 자 높이로 하였다.

장사를 지내고 나서 공자가 먼저 돌아와 우虞의 제사를 지내고 있을 때 문인들이 나중에 왔다. 비가 심하여 묘가 무너질까 봐 이를 수리하고 돌아온 것이었다. 공자가 물었다.

"너희들은 어찌 이렇게 늦었느냐?"

제자들이 대답하였다.

"묘가 무너질까 이를 수리하느라 늦었습니다."

공자는 아무 응답도 없었다. 세 번을 말하자 눈물을 줄줄 흘리면서 이렇게 말하였다.

"내 듣기로 옛날에는 묘를 수축한 일이 없었다. 장사 지낸 지 25개월이 되면 대상大祥을 지내고 그 후 닷새가 지나면 거문고를 탈 수 있었으나 곡조는 이루지 않았다. 그리고 열흘이 지나 담사禫祀를 지내며 이 때에는 생황의 음악을 연주해도 되었다."

季桓子死, 魯大夫朝服而弔, 子游問於孔子曰:「禮乎?」

夫子不答.

他日, 又問墓而不墳, 孔子曰:「今丘也, 東西南北之人, 不可以弗識也. 吾見封之若堂者矣, 又見若坊者矣, 又見履夏屋者矣, 又見若斧形者矣, 吾從斧者焉.」

於是封之崇四尺.

孔子先反, 虞, 門人後, 雨甚至, 墓崩, 修之而歸.

孔子問焉, 曰:「爾來何遲?」

對曰:「防墓崩.」

孔子不應, 三云, 孔子泫然而流涕曰:「吾聞之, 古不修墓, 及二十五月而大祥, 五日而彈琴, 不成聲, 十日過禫, 而成笙歌.」

【季桓子】 노나라 대부. 이름은 斯. 季平子의 아들이며 季康子의 부친. 魯나라 대부. 叔孫氏, 孟孫氏와 더불어 '三桓'이라 불림. 《史記》 魯周公世家 참조.

【弗識】 표지를 해 놓지 않음.

【若堂】 봉분의 모습을 가옥처럼 함.

【履夏屋】 《禮記》에는 '覆夏屋'으로 되어 있으며 '覆'은 짚이나 갈대로 그 꼭대기를 덮음. 하옥은 큰 집.

【虞】 제사 이름. 신주를 가지고 돌아와서 지내는 것.

【大祥】 부모 사후 2주년째(실제로는 25개월째)의 제사.

【禫】 喪服을 벗을 때의 의식. 혹은 27개월째의 제사라고도 함.

참고 및 관련 자료

1. 본장은 문장이 뒤섞이거나 착간이 있으며 뒷부분은 공자가 그 부모를 합장한 날 있었던 이야기로 보고 있다.

2. 《禮記》 檀弓(上)

孔子之喪, 有自燕來觀者, 舍於子夏氏. 子夏曰:「聖人之葬人與? 人之葬聖人也. 子何觀焉? 昔者夫子言之曰:『吾見封之若堂者矣, 見若坊者矣, 見若覆夏屋者矣, 見若斧者矣.』從若斧者焉. 馬鬣封之謂也. 今一日而三斬板, 而已封, 尙行夫子之志乎哉.」

3. 《禮記》 檀弓(上)

孔子旣得合葬於防, 曰:「吾聞之, 古也墓而不墳; 今丘也, 東西南北之人也, 不可以弗識也.」於是封之, 崇四尺. 孔子先反, 門人後, 雨甚, 至, 孔子問焉曰:「爾來何遲也?」曰:「防墓崩.」孔子不應. 孔子泫然流涕曰:「吾聞之: 古不修墓.」

320(43-23) 孔子有母之喪
어머니의 상을 당한 공자

공자가 어머니의 상을 당하였을 때였다. 이미 연사練祀를 지낸 뒤에 양호陽虎가 조문을 와서 사사롭게 공자에게 이렇게 말하였다.

"지금 계씨季氏가 장차 국내의 모든 선비들을 불러 크게 잔치를 벌인다고 하던데 그대는 들으셨습니까?"

공자가 대답하였다.

"나는 듣지 못하였소. 만일 들었다면 비록 최질衰絰의 몸이지만 가보고자 하였을 것이오."

양호가 말하였다.

"어찌 그렇게 여기지 않을 수 있겠습니까? 계씨가 선비들을 청하면서 그대에게는 기별을 하지 않은 것입니다."

양호가 나가자 증점이 여쭈었다.

"무슨 말씀을 하신 것입니까?"

공자가 말하였다.

"내가 상복을 입은 몸으로서 그가 묻는 말에 응하여 그가 그르지 않다는 것을 보여준 것이다."

孔子有母之喪, 旣練, 陽虎弔焉, 私於孔子曰:「今季氏將大饗境內之士, 子聞諸?」

孔子答曰:「丘弗聞也. 若聞之, 雖在衰絰, 亦欲與往.」

陽虎曰:「子謂不然乎? 季氏饗士, 不及子也.」
陽虎出, 曾點問曰:「吾子何謂也?」
孔子曰:「己則衰服猶應其言, 示所以不非也.」

【母】 공자의 어머니 顔徵在.
【練】 부모가 죽은 뒤 일주기의 제사.
【陽虎】 陽貨(虎와 貨는 쌍성관계). 季氏의 家臣. 陽貨는 오히려 三桓을 소멸시키려다가 뜻을 이루지 못하자 晉나라로 도망하였음. 何晏의 《論語集解》와 朱熹의 《論語集注》 등 모두 陽貨를 陽虎로 하며 같은 인물로 보았으나, 일찍이 趙岐는 《孟子注》에서 「陽貨, 魯大夫也; 陽虎, 魯季氏家臣也」라 하여 별개의 두 사람으로 보았음. 《左傳》에는 陽貨란 인물이 없음. 한편 淸代 崔述은 《洙泗考信錄》에서 이는 서로 다른 두 사람임을 자세히 辨析하고 있음.
【衰絰】 고대의 상복. 최복(衰服, 縗服)은 가장 무거운 것을 일러 斬衰라 하며 그 다음 단계가 齊衰로 모두가 五服의 하나.
【不非】 비난하지 않음.

참고 및 관련 자료

1. 《史記》 孔子世家

孔子母死, 乃殯五父之衢, 蓋其愼也. 郰人輓父之母誨孔子父墓, 然後往合葬於防焉. 孔子要絰, 季氏饗士, 孔子與往. 陽虎絀曰:「季氏饗士, 非敢饗子也.」孔子由是退.

321(43-24) 顏回死

안회가 죽다

안회顏回가 죽자 노魯나라 정공定公이 와서 조문을 한 다음 사람을 시켜 공자를 찾아보도록 하자 공자는 이렇게 대답하였다.

"대체로 이 국토 안에 있는 자는 누구나 모두 신하입니다. 예에 그 임금이 신하를 조문할 때는 동쪽 뜰로 올라와서 시신을 향해 곡을 하는데 이는 그 임금으로서 베푼 것에 대하여 이를 계산하지 않기 때문이라 하였습니다."

顏回死, 魯定公弔焉, 使人訪於孔子, 孔子對曰:「凡在封內, 皆臣子也. 禮: 君弔其臣, 升自東階, 向尸而哭, 其恩賜之施, 不有筭也.」

【封內】 봉지나 강역의 안쪽. 나라 안을 말함.

【筭】 계산함. 임금이 은혜를 베푼 대상이라 자부하지 않음을 말함.

顏回 王立忠《精選中華文物石索》

322(43-25) 原思言於曾子曰
명기란 귀신의 그릇

원사原思가 증자曾子에게 말하였다.

"하후씨夏后氏가 장례를 치를 때에 맹기盟器를 쓴 것은 백성들에게 죽은 자는 아무것도 알지 못한다는 것을 보여 주기 위한 것이었으며, 은殷나라가 제기祭器를 쓴 것은 백성들에게 죽은 자는 아는 것이 있다는 것을 보여 주기 위한 것이었으며, 주周나라 사람이 명기와 제기를 함께 쓴 것은 백성들에게 죽은 자가 아는 것이 있는지 없는지 의심스럽다는 것을 보여 주기 위한 것입니다."

증자가 말하였다.

"그렇지 않다. 무릇 명기란 귀신의 그릇이며, 제기란 살아 있는 사람의 그릇이다. 옛 사람이 어찌해서 그 부모를 죽은 이로 대접하였겠는가?"

자유子游가 이를 공자에게 여쭈었다.

"죽은 자를 죽었다고 여길까?

原憲 王立忠《精選中華文物石索》

이는 어질지 못한 것이니 그렇게 할 수 없는 것이다. 죽은 자를 살아 있다고 여길 수 있을까? 이는 지혜롭지 못한 것이니 그렇게 할 수가 없다. 무릇 맹기를 함께 넣는 것은 장례의 도를 아는 것이다."

그리고 이렇게 말하였다.

"죽고 나면 그것으로 끝이다. 양가죽 옷을 입고 현관玄冠을 썼던 자라 해도 죽고 나면 아무것도 모르는 것으로 바뀌는 것이다. 그런데 너는 어찌 이를 의심하느냐?"

原思言於曾子曰:「夏后氏之送葬也, 用盟器, 示民無知也; 殷人用祭器, 示民有知也; 周人兼而用之, 示民疑也.」

曾子曰:「其不然矣, 夫以盟器, 鬼器也; 祭器, 人器也, 古之人胡爲而死其親也?」

子游問於孔子, 曰:「之死而致死乎? 不仁不可爲也; 之死而致生乎? 不智不可爲也. 凡爲盟器者, 知喪道也. 夫子始死則矣, 羔裘玄冠者易之而已, 汝何疑焉?」

【原思】 原憲. 자는 子思. 공자의 제자. 仲憲이라고도 함.

【盟器】《예기》에는 '明器'로 되어 있음. 죽은 이의 무덤에 넣는 기물.

【祭器】 제사에 쓰이는 그릇. 樽, 彝, 簠, 簋, 籩, 豆 등.

【疑】 죽은 이가 지각이 있는지 여부가 의심스러움.

【之死】 '之'는 실사. 죽음을 보냄.

【致死】 죽은 이는 지각이 없음을 인정한 것. 그 아래 '致生'은 죽은 자도 지각이 있다고 여긴 것.

【羔裘】 검은 양의 가죽으로 만든 외투. 고대 제후들이 입던 조회복.

【玄冠】 조회 때 쓰는 모자. 《儀禮》 士官禮에 "主人玄冠朝服, 緇帶素韠"라 함.

참고 및 관련 자료

1. 《禮記》 檀弓(上)

仲憲言於曾子曰:「夏后氏用明器, 示民無知也; 殷人用祭器, 示民有知也; 周人兼用之, 示民疑也.」曾子曰:「其不然乎! 其不然乎! 夫明器, 鬼器也; 祭器, 人器也; 夫古之人, 胡爲而死其親乎?」

323(43-26) 子罕問於孔子曰
위패

자한子罕이 공자孔子에게 여쭈었다.

"사람이 막 숨을 거두었을 때 잠시 위패를 설치하는 것은 무엇 때문입니까?"

공자가 말하였다.

"그것을 설치하는 것은 그것을 영혼의 주로 삼는 것입니다. 은殷나라 사람들은 이를 정식 위패로 여겨 사당에 걸어 두었고, 주周나라 사람들은 이를 철거하였습니다."

"상조喪朝에 대하여 청하여 여쭙습니다."

공자가 말하였다.

"상례에서의 조朝란 죽은 자의 효심을 따르는 것이지요. 그 때문에 조고祖考의 사당에 이르러 알린 다음 떠나는 것입니다. 은나라 때는 조를 올린 다음 빈소를 차렸고, 주나라 때는 조를 올린 다음 드디어 장례를 치렀습니다."

子罕問於孔子曰:「始死之設重也, 何爲?」

孔子曰:「重, 主道也. 殷主綴重焉, 周人徹重焉.」

「請問喪朝?」

子曰:「喪之朝也, 順死者之孝心, 故至於祖考之廟而後行, 殷朝而後殯, 周朝而後遂葬.」

【子罕】 司城子罕. 그러나 다른 본에는 '子皐'로 되어 있으며 기록마다 조금씩 다름.
【重】 죽은 즉시 임시로 위패를 만들어 죽은 이의 영혼이 붙도록 함.
【綴重】 정식으로 위패를 마련하여 혼령이 붙도록 하여 사당에 걸어 둠.
【徹重】 잠시 설치해 두었던 임시 위패를 철거함. '徹'은 '撤'과 같음.
【喪朝】 고대 상례의 하나로 발인하기 하루 전 집안사람들이 靈柩를 사당으로 옮겨 조상에게 먼 길을 떠남을 알리는 의식. '朝'는 '祖'와 같음. 죽은 이의 '祖餞'을 말함. '祖餞'은 '餞行'과 같음. 길을 떠나보낼 때 지내는 제사나 잔치. 고대 黃帝의 아들 유조(纍祖)가 먼 길을 떠나 도중에 죽자 사람들이 그를 '路神'으로 여겨 길 떠나는 자를 보호해 달라는 뜻으로 제를 올리기 시작한 것에서 유래되었다 함.
【孝心】 조상의 사당에 먼 길을 떠남을 알리는 효심을 말함.
【殯】 영구를 안치한 빈소.
【祖考】 조는 선조. 고는 이미 돌아가신 아버지.

참고 및 관련 자료

1. 《禮記》 檀弓(下)

喪禮, 哀戚之至也, 節哀, 順變也; 君子念始之者也. 復, 盡愛之道也, 有禱祠之心焉; 望反諸幽, 求諸鬼神之道也; 北面, 求諸幽之義也. 拜稽顙, 哀戚之至隱也; 稽顙, 隱之甚也. 飯用米貝, 弗忍虛也; 不以食道, 用美焉爾. 銘, 明旌也, 以死者爲不可別已, 故以其旗識之. 愛之, 斯錄之矣; 敬之, 斯盡其道焉耳. 重, 主道也, 殷主綴重焉; 周主重徹焉. 奠以素器, 以生者有哀素之心也; 唯祭祀之禮, 主人自盡焉爾; 豈知神之所饗, 亦以主人有齊敬之心也. 辟踊, 哀之至也, 有算, 爲之節文也. 袒·括髮, 變也; 慍, 哀之變也. 去飾, 去美也; 袒·括髮, 去飾之甚也. 有所袒·有所襲, 哀之節也. 弁絰葛而葬, 與神交之道也, 有敬心焉. 周人弁而葬, 殷人冔而葬. 歠主人主婦室老, 爲其病也, 君命食之也. 反哭升堂, 反諸其所作也; 主婦入于室, 反諸其所養也. 反哭之弔也, 哀之至也—反而亡焉, 失之矣, 於是爲甚. 殷既封而弔, 周反哭而弔. 孔子曰: 「殷已慤, 吾從周.」 葬於北方北首, 三代之達禮也, 之幽之故也. 既封, 主人贈, 而祝宿虞尸. 既反哭, 主人與有司視虞牲, 有司以几筵舍奠於墓左, 反, 日中而虞. 葬日虞, 弗忍一日離也. 是月也, 以虞易奠. 卒哭曰成事, 是日也, 以吉祭易喪祭,明日, 祔於祖父. 其變而之吉祭也, 比至於祔, 必於是日也接一不忍一日末有所歸也. 殷練而祔, 周卒哭而祔. 孔子善殷. 君臨臣喪, 以巫祝桃茢執戈一惡之也; 所以異於生也. 喪有死之道焉. 先王之所難言也. 喪之朝也, 順死者之孝心也, 其哀離其室也, 故至於祖考之廟而后行, 殷朝而殯於祖, 周朝而遂葬. 孔子謂: 爲明器者, 知喪道矣, 備物而不可用也. 哀哉! 死者而用生者之器也. 不殆於用殉乎哉. 其曰明器, 神明之也. 塗車芻靈, 自古有之, 明器之道也. 孔子謂爲芻靈者善, 謂爲俑者不仁一殆於用人乎哉.

324(43-27) 孔子之守狗死
공자 집에 기르던 개의 죽음

공자의 집을 지키던 개가 죽자 공자가 자공子貢에게 일렀다.

"타던 말이 죽으면 장막으로 묻어 주고, 개가 죽으면 수레 덮개 천으로 묻어 주는 것이다. 네가 가서 묻어 주어라. 내 듣기로 떨어진 장막을 버리지 않는 것은 장차 말을 묻어 주기 위한 것이요, 떨어진 수레 덮개 천도 버리지 않는 것은 장차 개를 묻어 주기 위한 것이라 하더라. 지금 나는 가난하여 수레 덮개 천도 없으니 그 개를 묻는데 내 깔고 있던 이 자리를 주리라. 이것으로 그 개의 머리가 흙 속에 파묻히지 않도록 해 주어라."

孔子之守狗死, 謂子貢曰:「路馬死, 則藏之以帷, 狗則藏之以蓋, 汝往埋之. 吾聞弊帷不棄, 爲埋馬也; 弊蓋不棄, 爲埋狗也. 今吾貧無蓋, 於其封也與之蓆, 無使其首陷於土焉.」

【守狗】 집의 대문을 지키는 개. 그러나 《禮記》에는 畜狗(기르는 개)로 되어 있음.

【路馬】 늘 타고 다니는 말.

【蓋】 수레 덮개의 천. 혹은 흰 풀로 엮은 덮개라고도 함.

【弊帷】 낡고 헤진 휘장.

【封】 흙을 쌓아 봉분을 만듦.
【薦】 풀로 짠 자리. 草席.

참고 및 관련 자료

1. 《禮記》 檀弓(下)

仲尼之畜狗死, 使子貢埋之, 曰:「吾聞之也, 敝帷不棄, 爲埋馬也; 敝蓋不棄, 爲埋狗也. 丘也貧, 無蓋; 於其封也, 亦予之席, 毋使其首陷焉.」路馬死, 埋之以帷.

44. 곡례공서적문曲禮公西赤問

'곡례공서적문曲禮公西赤問'은 첫 머리의 공자 제자 '공서적公西赤(子華)이 공자에게 여러 가지 예에 대하여 질문을 하다'는 내용으로 편명을 삼은 것이다. 특히 상장喪葬과 제사의 예에 대한 것이 주를 이루고 있으며 역시 《예기禮記》 단궁檀弓과 왕제王制, 제의祭義, 예기禮器편의 내용을 채록한 것이다.

〈陶馬俑〉(北朝) 明器 1948 河北 景縣 封氏墓 출토

325(44-1) 公西赤問於孔子曰

죄를 지었던 대부의 죽음

공서적公西赤이 공자에게 여쭈었다.

"대부로서 죄를 짓고 면직되었다가 죽었다면 그 장례를 어떻게 치러야 합니까?"

공자가 말하였다.

"대부로서 자신의 일을 그르쳤다면 종신토록 벼슬을 하지 않았을 것이다. 이렇게 죽었다면 사士의 예로 지내야 하며, 늙어서 벼슬을 도로 바친 자라면 죽어서 그 반열에 따라서 장사를 지내야 한다."

公西赤問於孔子曰:「大夫以罪免, 卒, 其葬也如之何?」

孔子曰:「大夫廢其事, 終身不仕, 死則葬之以士禮; 老而致仕者, 死則從其列.」

【士禮】 보통 선비로서 갖추어야 할 예.
【致仕】 벼슬을 사직함.

참고 및 관련 자료

1. 《禮記》 王制

大夫廢其事, 終身不仕, 死以士禮葬之. 有發, 則命大司徒教士以車甲. 凡執技論力, 適四方, 臝股肱, 決射御. 凡執伎以事上者: 祝史射御醫卜及百工. 凡執技以事上者: 不貳事, 不移官, 出鄉不與士齒. 仕於家者, 出鄉不與士齒.

326(44-2) 公儀仲子嫡子死而立其弟
아들이 죽으면 손자를 세운다

공의중자公儀仲子는 맏아들이 죽자 그 아우 둘째를 자신의 직위를 잇도록 세웠다. 그러자 단궁檀弓이 자복백자子服伯子에게 물었다.

"어찌 된 일입니까? 나는 전에는 이런 경우를 들어보지 못하였습니다."

자복백자가 말하였다.

"공의중자도 역시 옛 사람의 도를 실행한 것입니다. 옛날 문왕文王은 백읍고伯邑考를 버리고서 무왕武王을 세웠으며, 미자微子는 손자 돌腯을 버리고 그 아우 연衍을 세웠습니다."

자유子游가 이를 공자孔子에게 여쭙자 공자가 말하였다.

"그렇지 않다! 주周나라의 제도로는 아들이 죽으면 손자를 세우도록 되어 있다."

公儀仲子嫡子死而立其弟, 檀弓問子服伯子曰:「何居? 我未之前聞也.」

子服伯子曰:「仲子亦猶行古人之道. 昔者, 文王捨伯邑考而立武王, 微子捨其孫腯立其弟衍.」

子游以問諸孔子, 子曰:「否! 周制立孫.」

【公儀仲子】 성은 公儀, 이름은 仲子. 노나라 사람.

【檀弓】 노나라 사람 이름. 성은 檀, 이름은 弓. 예절에 매우 밝아 그의 이름이 《예기》의 편명이 되었음.

【子服伯子】 子服景伯. 노나라 대부 仲孫蔑의 현손.

【何居】 '어찌하여'의 뜻. 당시 山東(齊魯) 지역의 방언이었다 함.

【伯邑考】 인명. 文王의 장자.

【微子】 微子啓(開). 殷나라 紂王의 서형. 周 武王이 은을 쳐들어오자 제기를 가지고 달아남. 뒤에 그 후손을 宋나라에 제후로 세워 줌. 《史記》 宋微子世家 참조.

【周制立孫】 주나라의 제도는 적장자를 거쳐 손자로 이어지는 종법제도를 실시하였음을 말함.

참고 및 관련 자료

1. 《禮記》 檀弓(上)

公儀仲子之喪, 檀弓免焉. 仲子舍其孫而立其子, 檀弓曰: 「何居? 我未之前聞也.」 趨而就子服伯子於門右, 曰: 「仲子舍其孫而立其子, 何也?」 伯子曰: 「仲子亦猶行古之道也. 昔者文王舍伯邑考而立武王; 微子舍其孫腯而立衍也; 夫仲子亦猶行古之道也.」 子游問諸孔子, 孔子曰: 「否! 立孫.」

327(44-3) 孔子之母旣喪
공자 부모의 합장

공자의 어머니가 죽자 장차 그 아버지와 합장을 하려 하면서 이렇게 말하였다.

"옛날에 부장祔葬을 하지 않은 것은 먼저 죽은 이를 차마 파서 다시 볼 수가 없었기 때문이었다. 그러나 《시詩》에 '사람이 죽으면 같은 굴에 묻히나니'라 하였다. 주공周公 이래로 부장한 일이 있었으니 그 때문에 위衛나라 사람은 부장할 때 간격을 조금 띄어서 하고, 노魯나라 사람은 부장할 때는 합하여 묻었다. 아름답도다! 나는 노나라 법을 따르리라."

그리고 드디어 방防 땅에 합장하면서 이렇게 말하였다.

"내 듣기로 물건이 아무리 구비되어 있어도 쓸 수 없는 것이 있다. 이 까닭으로 대나무가 있어도 이것을 쓰지 않는 것이며, 기왓장이 있어도 이것으로 세수를 할 수 없는 것이며, 금슬琴瑟도 벌여 놓기만 하였을 뿐 이것을 쓸 수는 없는 것이며, 생황笙簧과 우쟁竽箏도 갖추어만 놓을 뿐 이를 연주하지 않는 것이며, 종경鐘磬도 가져다 놓을 뿐 이를 달아맬 시렁이 없다. 이를 일러 맹기盟器라 하나니 이는 신명을 위한 것이기 때문이다. 안타깝도다! 죽은 자가 살아 있는 자의 그릇을 쓰다니 거의 순장용으로 쓰라는 뜻이 아니겠느냐?"

孔子之母旣喪, 將合葬焉, 曰:「古者, 不祔葬, 爲不忍先死者之復見也.《詩》云:『死則同穴.』自周公已來祔葬矣, 故衛人之祔也離之, 有以間焉; 魯人之祔也合之, 美夫! 吾從魯.」

遂合葬於防, 曰:「吾聞之, 有備物而不可用也, 是故竹不成用, 而瓦不成膝, 琴瑟張而不平, 笙竽備而不和, 有鐘磬而無簨簴, 其曰盟器, 神明之也. 哀哉! 死者而用生者之器, 不殆而用殉也?」

【祔葬】 合葬과 같음.

【死則同穴】《詩經》王風 大車의 구절.

【防】 防山. 筆架山이라고도 하며 지금의 山東 曲阜 동쪽에 있음.

【竹不成用】 대나무로 만든 그릇은 물건을 담기에 좋지 않음.

【瓦不成膝】 토기의 그릇은 세수하기에 좋지 않음. '膝'은 '沫'과 같으며 '세수하다'의 뜻.

【張而不平】 宮商의 곡조가 없음.

【簨簴】 鐘磬을 매달아 놓는 나무 틀.

【盟器】 明器, 冥器, 죽은 이의 무덤에 함께 넣은 물건들. 여기서는 죽은 이가 사용해야 할 것들이라는 뜻.

【用殉】 사람이 쓰던 것을 함께 묻어 주어야 한다는 뜻으로 봄.

참고 및 관련 자료

1.《禮記》檀弓(上下)

孔子少孤, 不知其墓. 殯於五父之衢. 人之見之者, 皆以爲葬也. 其愼也, 蓋殯也. 問於郰曼父之母, 然後得合葬於防.

328(44-4) 子游問於孔子曰
장례에 쓰이는 허수아비

자유子游가 공자에게 여쭈었다.

"장례에서 진흙으로 수레를 만들고 풀잎으로 영령의 형상을 만드는 것은 예로부터 있었습니다. 그러나 지금 사람들은 혹 허수아비를 만드는 자가 있는데 이는 장례에 아무런 유익함도 없습니다."

공자가 말하였다.

"풀잎으로 영령의 형상을 만든 자는 잘한 것이지만 허수아비를 만든 자는 어질지 못한 것이다. 이렇게 하다가는 산 사람을 순장하게 되지 않겠느냐?"

子游問於孔子曰:「葬者塗車芻靈, 自古有之, 然今人或有偶, 是無益於喪.」

孔子曰:「爲芻靈者善矣, 爲偶者不仁, 不殆於用人乎?」

【塗車】 진흙으로 만든 수레. 泥車라고도 하며 고대 장례에 사용하던 明器.

【芻靈】 짚으로 엮어 만든 말이나 사람의 형상. 역시 장례에 사용하던 명기.

【偶】《禮記》에는 '俑'으로 되어 있으며 무덤에 함께 넣은 土偶나 木偶.

【爲偶者不仁】《孟子》梁惠王(上)에 "仲尼曰: '始作俑者, 其無後乎!' 爲其像人而用之也."라 함.

참고 및 관련 자료

1. 《禮記》 檀弓(下)

孔子謂:「爲明器者, 知喪道矣, 備物而不可用也. 哀哉! 死者而用生者之器也. 不殆於用殉乎哉. 其曰明器, 神明之也. 塗車芻靈, 自古有之, 明器之道也. 孔子謂爲芻靈者善, 謂爲俑者不仁, 殆於用人乎哉!」

329(44-5) 顔淵之喪
안연이 죽고 나서

안연顔淵이 죽어 이미 대상大祥 때가 되었다. 이때 안로顔路가 대상에 썼던 고기를 공자에게 드렸다. 공자가 친히 나가서 받아서 들어오더니 거문고를 타서 자기의 슬픈 심정을 흩어 버린 다음에 그 고기를 먹었다.

顔淵之喪, 旣祥, 顔路饋祥肉於孔子, 孔子自出而受之, 入, 彈琴以散情, 而後乃食之.

【祥】 제사 이름. 사후 1주년을 小祥이라 하며 2주년을 大祥이라 함.
【顔路】 顔無繇. 자는 路. 혹은 顔由를 가리키며 字는 季路였음. 공자 제자로 顔淵의 아버지.

참고 및 관련 자료

1. 《禮記》 檀弓(上)

顔淵之喪, 饋祥肉, 孔子出受之, 入, 彈琴而后食之.

330(44-6) 孔子嘗奉薦而進
장례에 너무 지쳐

공자가 상嘗의 제사에 제수를 바칠 때 직접 나서서 친히 정성을 다하였으며, 그 행사에는 잦은걸음으로 여러 번 서둘러 하여 위의가 없어 보일 정도였다. 제사를 끝내고 나자 자공이 여쭈었다.

"선생님께서 제사에 대한 것을 말씀하실 때에는 그 위의가 있고 단정하고 깨끗하게 해야 한다고 말씀하시더니, 지금 자로子路가 계씨季氏의 가신이 되어 계씨가 제사를 지내면서 저녁이 되도록 차렸지만 하루를 마치도록 제대로 되지 못하였습니다. 그래서 촛불을 밝혀 밤에도 하고 있으니 비록 강한 체력으로 얼굴을 하고 엄숙하고 공경의 마음을 가졌다 해도 모두가 지쳐 있습니다. 유사有司들은 모두 비스듬히 몸을 굽히고 일에 임하고 있어 그 불경스러움이 너무 큽니다."

다른 날 또 그러한 제사에 이번에는 자로가 참여하게 되었다. 자로는 방에서 할 일은 문간에서부터 하게 하고 마루에서 할 일은 처마 밑에서부터 준비하게 하였다. 이렇게 하여 날이 막 밝아올 때 그 행사를 시작하여 해가 넘어갈 때쯤 이를 마치게 되었다.

공자가 이를 듣고 말하였다.

"어찌 선비가 되어 예를 모를 수 있겠느냐?"

孔子嘗奉薦而進, 其親也慤, 其行也趨趨以數.

已祭, 子貢問曰:「夫子之言祭也, 濟濟漆漆焉. 今夫子路爲季氏宰, 季氏祭, 逮昏而奠, 終日不足, 繼以燭, 雖有彊力之容·肅敬之心, 皆倦怠矣. 有司跛倚以臨, 其爲不敬也大矣.」

他日, 子路與焉, 室事交于戶, 堂事當于階, 質明而始行事, 晏朝而徹.

孔子聞之曰: 「孰爲士也而不知禮?」

【嘗】 제사 이름. 가을 제사를 '嘗'이라 함.
【奉薦】 제물을 올려 바침.
【愨】 박실함, 근신함. 삼감.
【數】 '速'과 같음.
【濟濟】 威儀가 있는 모습.
【漆漆】 매우 깨끗하고 단정한 모습.
【跛倚】 삐딱하게 굽어 있는 모습.
【室事交于戶】 밖에서 음식물을 넣어 주면 안에서 받아 이를 시신 앞에 바침.
【堂事】 正祭 뒤 빈소를 차릴 때 堂의 중앙에 설치함.
【當于階】 당 아래 사람이 음식을 바칠 때 주인이 당 위에서 이를 받음.
【質明】 날이 막 밝아올 때.
【晏朝】 해가 넘어갈 때.
【徹】 제사 의식을 마침.
【孰】 여기서는 의문부사 '어찌'의 뜻.

참고 및 관련 자료

1. 《禮記》 祭義

仲尼嘗, 奉薦而進其親也愨, 其行也趨趨以數. 已祭, 子贛問曰: 「子之言祭, 濟濟漆漆然; 今子之祭, 無濟濟漆漆何也?」 子曰: 「濟濟者, 容也遠也; 漆漆者, 容也自反也.

容以遠若容以自反也, 夫何神明之及交, 夫何濟濟漆漆之有乎? 反饋, 樂成, 薦其薦俎, 序其禮樂, 備其百官. 君子致其濟濟漆漆, 夫何慌惚之有乎? 夫言, 豈一端而已, 夫各有所當也.」

2.《禮記》禮器

子路爲季氏宰. 季氏祭, 逮闇而祭, 日不足, 繼之以燭. 雖有强力之容, 肅敬之心, 皆倦怠矣. 有司跛倚以臨祭, 其爲不敬大矣. 他日祭, 子路與, 室事交乎戶, 堂事交乎階, 質明而始行事, 晏朝而退. 孔子聞之曰: 誰謂由也而不知禮乎?

※ 이하는 《孔子家語》(中州古籍出版社. 1991, 河南 鄭州)에 실려 있는 것으로 〈四部備要本〉 등에는 실려 있지 않다.

331(44-7) 衛莊公之反國
역제

위衛나라 장공莊公이 귀국하여 옛날의 모든 제도를 고치고 종묘를 변경하였으며 조시朝市까지 바꾸어 버리자 고자고高子皐가 공자에게 이렇게 여쭈었다.

"주周나라 예禮에 '역제繹祭는 팽祊에서 지내는 것인데 팽은 사당의 문 서쪽에 있으며 그 자리는 조정을 앞으로 두고 시장을 뒤로 한다'라 하였는데 지금 위군衛君은 일마다 하나씩 바꾸고자 하니 어찌하면 되겠습니까?"

공자가 말하였다.

"원래 역이란 종묘 문 안에서 지내는 것으로, 팽은 동쪽으로 하고 시장은 서쪽으로 한다는 것은 모두 예에 어긋난 일들이다."

衛莊公之反國, 改舊制, 變宗廟, 易朝市.

高子皐問於孔子曰:「周禮繹祭於祊, 祊在廟門之西, 前朝而後市. 今衛君欲其事事一更之, 如之何?」

孔子曰:「繹之於庫門內, 祊之於東市, 朝於西方, 失之矣.」

【衛莊公】 蒯聵. 衛나라 莊公. 衛 靈公의 태자이며 出公을 이어 왕위에 오름. B.C.480~478년까지 3년간 재위함. 그가 태자였을 때 靈公의 총희 南子에게 죄를 지어 晉나라고 도망갔다가 영공이 죽고 괴외 자신의 아들 輒이 임금(出公)이 되자 괴외는 衛나라 대부 孔悝와 결탁하여 임금 자리를 빼앗았음. 《史記》에는 '蕢聵'로 되어 있음. 《列女傳》(7) '衛二亂女' 참조.

【高子皐】 인명.

【繹】 제사 이름. 周나라 때의 제사 방법으로 정식 제사를 지낸 다음의 제 2차 제사를 '繹'이라 함.

【祊】 사당의 서쪽에서 지내는 제사.

참고 및 관련 자료

1. 《禮記》 郊特牲

鄕人禓, 孔子朝服立于阼, 存室神也. 孔子曰: 「射之以樂也, 何以聽, 何以射?」 孔子曰: 「士, 使之射, 不能, 則辭以疾. 縣弧之義也.」 孔子曰: 「三日齊, 一日用之, 猶恐不敬; 二日伐鼓, 何居?」 孔子曰: 「繹之於庫門內, 祊之於東方, 朝市之於西方, 失之矣.」

332(47-8) 季桓子將祭齊三日
제사에 삼가야 할 일들

계환자季桓子가 제사를 지낼 때에는 사흘 동안 재계齋戒를 하고 그리고 이틀 동안 종고鐘鼓 소리가 끊어지질 않았다.

이에 염유冉有가 공자에게 여쭙자 공자가 말하였다.

"효자가 제사를 지낼 때에 칠일 동안을 밖에서 재계하는 것은 그 제사에 대해서 삼가기 때문이며, 사흘 동안을 집 안에서 재계하는 것은 그 정성을 한결같이 하고자 함이다. 그렇게 하고서도 오히려 그 공경하는 마음이 부족할까 두려워하는 것인데 이틀 동안이나 북을 울려댔다면 어디에 정성을 두고 있는 것이겠느냐?"

季桓子將祭齊三日, 而二日鐘鼓之音不絶.

冉有問於孔子, 子曰:「孝子之祭也, 散齋七日, 愼思其事; 三日致齋, 而一用之, 猶恐其不敬也, 而二日伐鼓, 何居焉?」

【季桓子】 노나라 대부. 이름은 斯. 季平子의 아들이며 季康子의 부친. 魯나라 대부. 叔孫氏, 孟孫氏와 더불어 '三桓'이라 불림. 《史記》 魯周公世家 참조.

【祭齊】 祭齋와 같음.

【冉有】 冉求. 공자 제자.

【散齋】 밖에 나가서 재실에서 홀로 재계함을 뜻한다고 함.

333(47-9) 公父文伯之母
남녀의 분별

공보문백公父文伯의 어머니는 계강자季康子의 종조모從祖母이다. 강자가 찾아갔더니 문 곁에 서서 이야기하고 안으로 문지방을 넘어서지 않았다. 또 문백이 자기 조부 도자悼子에게 제사 지낼 때에도 강자는 여기에 참석하였는데 그 제물을 차릴 때에 강자에게 친히 주지 않고 상을 물린 뒤에도 한자리에서 음복을 하지 않았다.

일가 집 가신들이 모두 모이지 않으면 역제繹祭를 지내지 않았으며, 또 역제를 지내고 나서도 배부르게 먹지 않은 채 그대로 물러가는 것이었다.

공자가 이를 듣고 이렇게 말하였다.

"남녀의 분별이란 예에서 큰 벼리이다. 그런데 공보씨公父氏의 부인은 행동이 모두 덕德과 취향에 맞았으며 태도도 모두 예에 맞았다."

公父文伯之母季康子之從祖母. 康子往焉, 側門而與之言, 內皆不踰閾. 文伯祭其祖悼子, 康子與焉. 進俎而不受, 徹俎而不與燕, 宗老不具, 則不繹, 繹不進飫則退.

孔子聞之曰:「男女之別, 禮之大經, 公父氏之婦, 動中德趣, 度於禮矣.」

【公父文伯】 이름은 穀, 公父穆伯이 아들이며 孟獻子의 아버지. 그 어머니는 敬姜.《列女傳》에 그 어머니에 대하여 자세히 기록되어 있음. 한편《禮記》檀弓(下)에는 "穆伯之喪, 敬姜晝哭, 文伯之喪, 晝夜哭, 孔子曰: 知禮矣"라 함.
【季康子】 노나라의 실권자. 季桓子의 庶子로 여러 차례 孔子에게 정치에 대한 자문을 받기도 한 인물.《論語》顔淵篇 참조.
【悼子】 季悼子. 公父文伯의 始祖이며 敬姜의 시아버지.
【宗老】 대부 집안의 가신.
【德趣】 덕과 雅趣. 아주 훌륭한 덕행을 말함.

참고 및 관련 자료

1.《列女傳》(1)『魯季敬姜』

敬姜之處喪也, 朝哭穆伯, 暮哭文伯. 仲尼聞之曰:「季氏之婦, 可謂知禮矣. 愛而無私, 上下有章.」敬姜嘗如季氏, 康子在朝, 與之言不應. 從之, 及寢門, 不應而入. 康子辭於朝, 而入見曰:「肥也不得聞命, 毋乃罪耶?」敬姜對曰:「子不聞耶? 天子及諸侯, 合民事於內朝, 自卿大夫以下, 合官職於外朝, 合家事於內朝. 寢門之內, 婦人治其職焉, 上下同之. 夫外朝, 子將業君之官職焉; 內朝, 子將庀季氏之政焉, 皆非吾所敢言也.」康子嘗至敬姜闆門而與之言, 皆不踰閾. 祭悼子康子與焉, 酢不受, 徹俎不讌, 宗不具不繹, 繹不盡飮則不退. 仲尼謂:「敬姜別於男女之禮矣.」

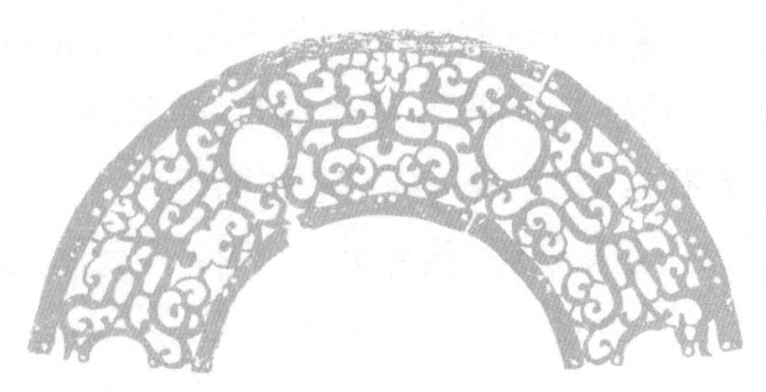

334(47-10) 季康子朝服以縞
조복의 예법

계강자季康子가 조복朝服을 흰 비단으로 만들어 입자 증자曾子가 공자에게 여쭈웠다.

"이렇게 하는 것이 예입니까?"

공자가 말하였다.

"제후는 피변皮弁 차림으로 곡삭告朔의 예를 행한다. 그런 연후에야 조복을 입고 조회를 하는 것이니 이렇게 해야 예에 맞는다."

季康子朝服以縞.

曾子問於孔子曰:「禮乎?」

孔子曰:「諸侯皮弁以告朔, 然後服之以視朝, 若此禮者也.」

【縞】 흰 색의 예복. 이는 제후들의 복장임.

【皮弁】 모자 이름. 사슴 가죽으로 만들며 조회 때 입는 常服의 복장 차림.

【告朔】 '곡삭'으로 읽음. 古代의 制度로 매년 秋冬 交替期에 周나라 天子가 曆書를 諸侯國에게 주면, 이를 諸侯國에서는 祖廟에 保管하고 매월 초하루마다 祖上神에게 달이 바뀜을 告하는 의식.(《左傳》 文公 16年 疏 참조) '告'은 入聲 '곡'으로 읽음. 《論語》 八佾篇에 "子貢欲去告朔之餼羊. 子曰:「賜也! 爾愛其羊, 我愛其禮.」"라 함.

참고 및 관련 자료

1.《禮記》玉藻

朝服之以縞也, 自季康子始也. 孔子曰:「朝服而朝, 卒朔然後服之.」曰:「國家未道, 則不充其服焉.」

부 록

I. 序跋 및 傳類

〈放風箏〉

Ⅰ. 序跋 및 傳類

1.《孔子家語》序 ······································ 王肅

鄭氏學, 行五十載矣. 自肅成童, 始志於學, 而學鄭氏學矣, 然尋文責實, 考其上下, 義理不安違錯者多, 是以奪而易之然世未明其疑情, 不謂其苟駁前師, 以見異於前人. 乃慨然而嘆曰, 予豈好難哉,予 不德巳也. 聖人之門, 方壅不通, 孔氏之路, 枳棘充焉, 豈得不開而辟之哉. 若無由之者亦非予之罪也. 是以撰經禮, 申明其義, 及朝論制度, 皆據所見而言. 孔子二十二世孫有孔猛者, 家有其先人之書, 昔相從學, 頃還家方取巳來, 與予所論有若重規疊矩. 昔仲由曰, 文王旣沒, 文不在玆平, 天之將喪斯文也, 後死者不得與於斯文也, 天之未喪斯文也, 匡人其如予何. 言天喪斯文, 故令己傳斯文於天也. 今或者天未欲亂斯文, 高令從予學, 而予從猛得斯論以明, 相與孔氏之無違也. 斯皆聖人實事之論, 而恐其將絶, 故特爲解, 以貽好事之君子. 語云, 牢曰, 子云吾不試故藝, 談者不知爲誰, 多妄爲之說. 孔子家語, 弟子有琴張, 一名牢, 字子開, 子張衛人也, 宗魯死, 將往吊, 孔子之焉. 春秋外傳曰, 昔堯臨民以五, 說者曰, 堯五載一巡狩, 五載一巡狩, 不得稱臨民以五也. 經曰, 五載一巡狩, 此乃說舜之文, 非說堯. 孔子說論五帝, 各道其異事, 於舜云巡狩天下, 五載一始, 則堯之巡狩年數未明. 周十二歲一巡, 寧可言周臨民十二乎. 孔子曰, 堯以火德王天下而尚黃, 黃土德, 五土之數, 故曰臨民以五, 此其義也.

2.《孔子家語》後序 ……………………………… 黃魯曾

嗚呼至哉, 孔子之文德而有是書也. 孔子生於過曆, 上不逮於文武, 而爲大行, 中不親於成康, 而爲共和, 而欲行其道, 周流於齊楚蔡衛之邦, 所遇者皆晏嬰子西之徒, 未獲多契. 於東魯本國, 乃卑秩膴仕, 兩不辭焉, 但相以攝而經, 會以兵而潰, 且有容璣之沮, 懷寶之誚不一也. 終與門人小子相明道以傳后世, 是以孔氏獨多述作, 自魯論齊論言之, 又有家語, 疑多鯉伋所記幷門人先后雜附之者, 要之咸孔子之意也. 故一典一事, 莫非宗旨, 一軌一物, 莫非玄訓, 信義美文, 包二變於獨覺, 禮樂刑政, 斂四達於大鳴. 何也, 蓋孔子之道, 傳者無幾, 惟一貫發自聖思, 卓爾闡於賢力, 此數字可以忌言略授, 可以絶口, 粹昭而梗則廢, 原得而支則舍. 三墳五典, 何必顯顯, 入索九丘何必優優, 六經二論, 何必諄諄. 特以聖質罕聞, 而淵參短列, 睿心希觸, 而冉閔續依, 性天遐轍, 高堅遠路, 此所以必其辭, 必繁其篇. 譬之繫臂以姸珠, 而珠存斯貴, 帶腰以良玉, 而玉在斯奇. 此書雖若言之廣且曲, 道則載焉古人所謂載道之器, 余敢以先歸諸. 今考之藝文志有二十一卷. 王肅所註, 何乃至宋人梓傳者止十卷, 已亡其太半. 如由混簡錯袟, 則又不可分析, 比之王廣謀句解者, 又止三卷. 近何氏孟春所註, 則卷雖盈於前本, 而文多不齊. 余頗惜王肅所註之少播於世, 力求宋刻者而校仇之, 僅得十之七八, 雖宋刻亦有訛謬者也. 然此書乃孔氏久成之典, 余距孔氏一千五百餘年, 序之, 僭妄深矣, 觀者勿以無取尤之.

3.《孔子家語》序 ·································· 張繇周

家語非孔子之書也. 其中思想參合於儒道二家, 而又糅以漢代董仲舒劉子政等儒家之思想; 有時又德與法並重, 完全與孔家之思想相背而馳. 以愚觀之, 除一部分較可微信外, 其餘或是王肅所僞造, 亦未可知. 本來二戴記卽不可靠, 而爲漢人所僞託; 而肅之家語卽取材於是書與左博國語荀孟各書. 然則其可靠之程度, 至多不過一不分而已. 胡適之先生於孔家哲學只信論語及易春秋三書; 而梁漱溟先生且斥禮運大同之語爲不可信. 然則二戴記之不可靠, 已成爲學界公論; 而乃謂孔子家語爲孔子之眞事實, 不亦可笑矣乎? 但對於儒家哲學, 有時也可爲硏究之助, 又孔子的遺文軼事, 往往見於其中, 此所以歷數千年而不能廢也. 張繇周敍.

4. 〈四庫全書總目〉《孔子家語》提要

魏王肅註. 肅字子雍, 東海仁, 官至中領軍散騎常侍, 事跡具三國志本傳. 是書肅自序云: 「鄭氏學行五十載矣, 義理不安違錯者多, 是以奪而易之, 孔子二十二世孫有孔猛者, 家有其先人之書. 昔相從學, 頃還家, 方取以來, 與余所論有若重規疊矩」云云. 是此本自肅始傳也. 考漢書藝文志有孔子家語二十七卷. 顔師古注云, 非今所有家語. 禮樂記稱舜彈五絃之琴以歌南風, 鄭註其詞未聞. 孔穎達疏, 載肅作聖證論, 引家語阜財解慍之詩以難康成. 又載馬昭之說, 謂家語王肅所增加, 非鄭所見. 故王柏家語考曰: 四十四篇之家語, 乃王肅自取左傳國語荀孟二戴記, 割裂織成之. 孔衍之序, 亦王肅自爲也. 獨史繩祖學齋佔筆曰: 大戴一書, 雖列之十四經, 然其書大抵雜取家語之書, 分析而爲篇目. 其公冠篇載成王冠祝辭內, 有「先帝」及「陛下」字, 周初豈曾有此? 家語止稱王字, 當以家語爲正云云. 今考陛下離顯先帝之光曜以下, 篇內已明云「孝昭冠辭」, 繩祖誤連爲祝雍之言, 殊未之考. 蓋王肅襲取公冠篇爲冠頌, 已誤合孝昭冠辭於成王冠辭, 故刪去「先帝陛下」字, 竄改「王」字. 家語襲大戴, 非大戴襲家語, 就此一條, 亦其明證. 其割烈他書, 亦往往類此. 反覆考證, 其出入肅手無疑. 特於其流傳旣久, 且遺文軼事, 往往多見於其中, 故自唐以來, 知其僞而不能廢也. 其書至明代, 傳本頗稀, 故何孟春所註家語, 自云未見王肅本. 王鏊震澤長語, 亦稱「家語今本爲近世妄庸所刪削, 惟有王肅註者, 今本所無多具焉.」 則亦僅見之也. 明代所傳凡二本: 閩徐㶿家本, 中缺二十餘頁; 海虞毛晉家本稍異, 而首尾完全. 今徐本不知存佚, 此本則毛晉所校刊, 較之坊刻猶爲近古者矣.

5.《孔子家語》後序

孔子家語者, 皆當時公卿士大夫及七十二弟子之所諮訪交相對問言語者. 旣而諸弟子各自記其所問焉. 與論語孝經竝時. 弟子取其正實而切事者, 別出爲論語. 其餘則都集錄, 名之曰孔子家語. 凡所論辨流判較歸, 實自夫子本旨也. 屬文下辭, 往往頗有浮說, 煩而不要者. 亦猶七十二子各共敍述, 首尾加之潤色, 其材或有優劣, 故使之然也. 孔子旣沒而微言絶, 七十二弟子終而大義乖. 六國之世, 儒道分散, 遊說之士, 各以巧意而爲枝葉. 唯孟軻孫卿, 守其所習, 當秦昭王時, 孫卿入秦, 昭王從之問儒術. 孫卿以孔子之語及諸國事, 七十二弟子之言. 凡百餘篇與之. 由此秦悉有焉. 始皇之世, 李斯焚書, 而孔子家語與諸子同列, 故不見滅. 高祖尅秦, 悉斂得之, 皆載於二尺竹簡, 多有古文字. 及呂氏專漢, 取歸藏之. 其後被誅亡, 而孔子家語乃散在人間. 好事亦各以意增損其言, 故使同是一事, 而輒異辭. 孝景皇帝末年, 募求天下禮書. 於時士大夫皆送官, 得呂氏之所傳孔子家語, 而與諸國事及七十二子辭, 妄相錯雜, 不可得知, 以付掌書, 與曲禮衆篇亂簡, 合而藏之祕府. 元封之時, 吾仕京師. 竊懼先人之典辭, 將遂泯滅, 於是因諸公卿士大夫私以人事, 募求其副, 悉得之. 乃以事類相次, 撰集爲四十四篇. 又有曾子問禮一篇, 自別屬曾子問, 故不復錄. 其諸弟子書所稱引孔子之言者, 本不存乎家語, 亦以其已自有所傳也. 是以皆不取也. 將來君子, 不可不鑒.

孔安國, 字子國, 孔子十二世孫也. 孔子生伯魚, 魚生子思, 名伋, 伋常遭困於宋, 作中庸之書四十七篇, 以述聖祖之業. 授弟子孟軻之徒數百人. 年六十二而卒. 子思生子上, 名白, 年四十七而卒. 自叔梁紇始出妻, 及伯魚亦出妻, 至子思又出妻, 故稱孔氏三世出妻. 子上生子家, 名傲, 後名永, 年四十五而卒. 子家生子直, 名榼, 年四十六而卒. 子直生子高, 名穿, 亦著儒家語十二篇, 名曰讕言, 年五十七而卒. 子高生武, 字子順, 名微, 後名斌, 爲魏文王相, 年五十七而卒. 子武生子魚, 名鮒, 及子襄, 名騰.

子文, 名袝, 子魚後名甲, 子襄以好經書, 博學畏秦法峻急, 乃壁藏其家語·孝經·尙書及論語於夫子之舊堂壁中. 子魚爲陳王涉博士太師卒. 陳下生元路, 一字元生, 名育, 後名隨, 子文生冣, 字子産. 子産後從高祖, 以左司馬將軍從韓信破楚於垓下, 以功封蓼侯, 年五十三而卒. 謚曰夷侯. 長子滅嗣官至太常, 次子襄, 字子士, 後名讓, 爲孝惠皇帝博士, 遷長沙王太傅, 年五十七而卒. 生季中, 名員, 年五十七而卒. 生武, 及子國, 子國少學詩於申公, 受尙書於伏生, 長則博覽經傳, 問無常師, 年四十爲諫議大夫, 遷侍中博士. 天漢後, 魯恭王壞夫子古宅, 得壁中詩書, 悉以歸子國, 子國乃考論古今文字, 撰衆師之義, 爲古文論語訓十一篇. 孝經傳二篇, 尙書傳五十八篇, 皆所得壁中科斗本也. 又集錄孔氏家語爲四十四篇. 旣成, 會値巫蠱事, 寢不施行. 子國由博士爲臨淮太守, 在官六年, 以病免, 年六十, 卒於家. 其後孝成皇帝詔光祿大夫劉向校定衆書, 都記錄名古今文書論語別錄. 子國孫衍爲博士, 上書辯之曰:「臣聞明王不掩人之功, 大聖不遺人小善, 所以能其明聖也. 陛下發明詔諮羣儒, 集天下書籍, 無言不悉, 命通才大夫校定其義, 使遐載之文以大著於今日, 立言之士垂於不朽, 此則蹈明王之軌, 遵大聖之風者也. 雖唐帝之煥然, 周王之彧彧, 未若斯之極也. 故述作之士, 莫不樂測大倫焉. 臣祖故臨淮太守安國建仕於孝武皇帝之世, 以經學爲名; 以儒雅爲官, 讚明道義, 見稱前朝. 時魯恭王壞孔子故宅, 得古文科斗尙書孝經論語, 世人莫有能言者. 安國爲之今文讀而訓傳其義, 又撰孔子家語, 旣畢, 會値巫蠱事起, 遂各廢不行於時. 然其典雅正實, 與世所傳者, 不同日而論也. 光祿大夫向以爲其時所未施之故, 尙書則不記於別錄, 論語則不使名家也. 臣竊惜之, 且百家章句無不畢記, 況孔子家語古文正實而疑哉? 又戴聖近世小儒以曲禮不足, 而乃取孔子家語雜亂者, 及子思孟軻孫卿之書以裨益之. 摠名曰禮記, 今尙見其已載禮記者, 則便除家語之本篇, 是滅其原而存其末, 不亦難乎? 臣之愚以爲宜如此爲例皆記錄別見, 故敢冒昧以聞.」

奏上, 天子許之. 未卽論定, 而遇帝崩. 向又病亡, 遂不果立.

6.《孔子家語》序 ………………………………… 何孟春

孔子家語如孔衍言. 則壁藏之餘. 實孔安國爲之. 而王肅代安國序. 未始及焉. 不知何謂. 此書源委流傳. 肅書詳矣. 愚考漢書藝文志載家語二十七卷. 顔師古曰. 非今所有家語也. 唐書志藝文. 有王肅注家語十卷. 然則師古所謂今之家語者歟. 班史所志. 大都劉向較錄已定之書. 肅序稱. 四十四篇. 乃先聖二十二世孫猛之所傳者. 肅闢鄭氏學. 猛嘗學於肅. 肅從猛得次書. 遂行於世. 然則肅之所注家語也. 非安國之所撰次. 及向之所較者明矣. 虞舜南風之詩. 玄注樂記. 云其辭未聞. 今家語有之. 馬昭謂王肅增加. 非鄭玄所見. 其言豈無據耶? 肅之誇異於玄. 蓋每如此. 旣於曾子問篇不錄. 又言諸弟子所稱引皆不取. 而胡爲贅此. 此自有爲云爾. 肅之注. 愚不獲見而見其序. 今世相傳家語. 殆非肅本. 非師古所謂今之所有者. 安國本世遠. 不復可得. 今於何取正哉. 司馬貞與師古同代人也. 貞作史記索隱引及家語. 今本或有或無有. 亦不同. 愚有以知其非肅之全書矣. 今家語. 勝國王廣謨所句解也. 注庸陋荒昧. 無所發明何足與語於述作家. 而其本使正文漏略. 復不滿人意可恨哉. 今本而不同於唐. 未必非廣謨之妄庸. 有所刪除而致然也. 史記傳. 顔何字再. 索隱曰. 家語字稱. 仁山金氏考七十二子姓氏. 以顔何不載於家語. 論語. 仲弓問子桑伯子. 朱子注家語記伯子不衣冠而處. 張存中取說怨中語爲證. 顔何曁伯子事. 廣謨本所無者蓋金張二人所見. 已是今本. 以此而推. 此書同事異辭滅源存末. 亂於人手. 不啻在漢而已. 安國及向之舊. 至肅凡幾變. 而今重亂而失眞矣. 今何所取正. 而愚重爲之注. 不亦廣謨之比乎. 嗟夫. 先民有言. 見稱聖人. 聖有遺訓. 誰其弗循. 書莫古於三代古莫聖於孔子. 吾夫子之言. 如雷霆之洞人耳. 如日月之啓人目. 六經外. 孝經論語後. 幸存此書. 奈之何使其汶汶而可也. 此書肅謂其煩而不要. 大儒子朱子亦曰雜而不純. 然實自夫子本旨. 忠當時書也. 而吾何可忽焉而莫之重耶. 論語出聖門高弟. 記錄正實而切事者. 顔回死. 顔路請子之車 子曰. 鯉也死. 有棺而無槨.

校以家語所紀歲年. 子淵死時. 伯魚蓋無恙也. 或疑論語爲設事之事. 論語且有不可信者矣. 吾又何得於此書之不可信者. 而幷疑其餘之可信者哉. 學者就其所見. 而求其論於至當之地. 斯善學者之益也. 春謹卽他書有明著家語云云而今本缺略者. 以補綴之. 今本不少槩見則不知舊本爲在何篇. 而不敢以入焉. 分四十四篇爲八卷. 他書所記. 事同語異者. 箋其下. 而一二愚得附焉. 大戴禮內. 與此互詳略者. 不箋. 春於彼又有專注故也. 其不敢以入焉者. 仍別錄之. 幷春秋戰國秦漢間文字. 載有孔子語者. 錄爲家語外集. 存之私塾. 以竢博雅君子. 或得肅舊本而是正焉. 是豈獨春之幸哉. 旹大明正德二年. 歲次丁卯. 仲春. 二月壬寅. 後學郴陽何孟春子元謹序.

7. 王肅傳 ……………………………《三國志》魏志(13) 王朗傳(附)

肅字子雍. 年十八, 從宋忠讀太玄, 而更爲之解. 黃初中, 爲散騎黃門侍郎. 太和三年, 拜散騎常侍. 四年, 大司馬曹眞征蜀, 肅上疏曰:「前志有之, 『千里饋糧, 士有飢色, 樵蘇後爨, 師不宿飽』, 比謂平塗之行軍者也. 又況於深入阻險, 鑿路而前, 則其爲勞必相百也. 今又加之以霖雨, 山坂峻滑, 衆逼而不展, 糧縣而難繼, 實行軍者之大忌也. 聞曹眞發已踰月而行裁半谷, 治道工夫, 戰士悉作. 是賊偏得以逸以待勞, 乃兵家之所憚也. 言之前代, 則武王代紂, 出關而復還, 論之近事, 則武, 文征權, 臨江而不濟. 豈非所謂順天知時, 通於權變者哉! 兆民知聖上而水雨艱劇之故, 休而息之, 後日有釁, 乘而用之, 則所謂悅以犯難, 民忘其死者矣.」於是遂罷. 又上疏:「宜遵舊禮, 爲大臣發哀, 薦果宗廟.」事皆施行. 又上疏陳政本曰:「除無事之位, 損不急之祿, 止因食之費, 并從容之官; 使官必有職, 職任其事, 事必受祿, 祿代其耕, 乃往古之常式, 當今之所宜也. 官寡而祿厚, 則公家之費鮮, 進仕之志勸. 各展才力, 莫相倚仗. 敷奏以言, 明試以功, 能之與否, 簡在帝心. 是以唐, 虞之設官分職, 申命公卿, 各以其事, 然後惟龍爲納言, 猶今尙書也, 以出內帝命而已. 夏, 殷不可得而詳. 甘誓曰『六書之人』, 明六卿亦典事者也. 周官則備矣, 五日視朝, 公卿大夫並進, 而司士辨其位焉. 其記曰:『坐而論道, 謂之王公; 作而行之, 謂之士大夫.』及漢之初, 依擬前代, 公卿皆親以事升朝. 故高祖躬追反走之周昌, 武帝遙可奉奏之汲黯, 宣帝使公卿五日一朝, 成帝始置尙書五人. 自是陵遲, 朝禮遂闕. 可復五日視朝之儀, 使公卿尙書各以事進. 廢禮復興, 光宣聖緖, 誠所謂名美而實厚者也.」

靑龍中, 山陽公薨, 漢主也. 肅上疏曰:「昔唐禪虞, 虞禪夏, 皆終三年之喪, 然後踐天子之尊. 是以帝號無虧, 君禮猶存. 今山陽公承順天命, 允答民望, 進禪大魏, 退處賓位. 公之奉魏, 不敢不盡節. 魏之待公, 優崇而不臣. 旣至其薨, 櫬斂之制, 輿徒之飾, 皆同之於王者, 是故遠近歸仁, 以爲盛美.

且漢總帝皇之號, 號曰皇帝. 有別稱帝, 無別稱皇, 則皇是其差輕者也. 故當高祖之時, 土無二王, 其父見在而使稱皇, 明非二王之嫌也. 況今以贈終, 可使稱皇以配其諡.」明帝不從使稱皇, 乃追諡曰漢孝獻皇帝.

後肅以常侍領祕書監, 兼崇文觀祭酒. 景初間, 宮室盛興, 民失農業, 期信不敦, 刑殺倉卒. 肅上疏曰:「大魏承百王之極, 生民無幾, 干戈未戢, 誠宜息民而惠之以安靜遐邇之時也. 夫務畜積而息疲民, 在於省徭役而勤稼穡. 今宮室未就, 功業未訖, 運漕調發, 轉相供奉. 是以丁夫疲於力作, 農者離其南畝, 種穀者寡, 食穀者衆, 舊穀旣沒, 新穀莫繼. 斯則有國之大患, 而非備豫之長策也. 今見作者三四萬人, 九龍可以安聖體, 其內足以列六宮, 顯陽之殿, 又向將畢, 惟泰極已前, 功夫向大, 方向盛寒, 疾疢或作. 誠願陛下發德音, 下明詔, 深愍役夫之疲勞, 厚矜兆民之不贍, 取常食廩之士, 非急要者之用, 選其丁壯, 擇留萬人, 使一期而更之, 咸知息代有日, 則莫不悅以卽事, 勞而不怨矣. 計一歲有三百六十萬夫, 亦不爲少. 當一歲成者, 聽且三年. 分遣其餘, 使皆卽農, 無窮之計也. 倉有溢粟, 民有餘力, 以此興功, 何功不立? 以此行化, 何化不成? 夫信之於民, 國家大寶也. 仲尼曰:『自古皆有死, 民非信不立.』夫區區之晉國, 微微之重耳, 欲用其民, 先示以信, 是故原雖將降, 顧信而歸, 用能一戰而霸, 于今見稱. 前車駕當幸洛陽, 發民爲營, 有司命以營成而罷. 旣成, 又利其功力, 不以時遣. 有司徒營其目前之利, 不顧經國之體. 臣愚以爲自今以後, 儻復使民, 宜明其令, 使必如期. 若有事以次, 寧復更發, 無或失信. 凡陛下臨時之所行刑, 皆有罪之吏, 宜死之人也. 然衆庶不知, 謂爲倉卒. 故願陛下下之於吏而暴其罪. 鈞其死也, 無使汙于宮掖以爲遠近所疑. 且人命至重, 難生易殺, 氣絶而不續者也, 是以聖賢重之. 孟軻稱殺一無辜以取天下, 仁者不爲也. 漢時有犯蹕驚乘輿馬者, 廷尉張釋之奏使罰金, 文帝怪其輕, 而釋之曰:『方其時, 上使誅之則已. 今下廷尉. 廷尉, 天下之平也, 一傾之, 天下用法皆爲輕重, 民安所措其手足?』臣以爲大失其義, 非忠臣所宜陳也. 廷尉者, 天子之吏也, 猶不可以失平, 而天子之身, 反可以惑謬乎? 斯重於爲己, 而輕於爲君, 不忠之甚也. 周公曰:『天子無戲言., 言則史書之, 工誦之, 士稱之.』言猶不戲, 而況行之乎? 故釋之之言不可不察, 周公之戒不可不法也.」又陳「諸鳥獸無用之物, 而有芻殺人徒之費, 皆可蠲除.」

帝嘗問曰:「漢桓帝時, 白馬令李雲上書言:『帝者, 諦也. 是帝欲不諦.』當何得不死?」肅對曰:「但爲言失逆順之節. 原其本意, 皆欲盡心, 念存補國. 且帝者之威, 過於雷霆, 殺一匹夫, 無異螻蟻. 寬而宥之, 可以示容受切言, 廣德宇於天下. 故臣以爲殺之未 必爲是也.」帝又問:「司馬遷以受刑之故, 內懷隱切, 著史記非貶孝武, 令人切齒.」對曰:「司馬遷記事, 不虛美, 不隱惡. 劉向・揚雄服其善敍事, 有良事之才, 謂之實錄. 漢武帝聞其述史記, 取孝景及已本紀覽之, 於是大怒, 削而投之. 於今此兩紀有錄無書. 後遭李陵事, 遂下遷蠶室. 此爲隱切在孝武, 而不在於司遷也.」

正始元年, 出爲廣平太守. 公事徵還, 拜議郞. 頃之, 爲侍中, 遷太常. 時大將軍曹爽專權, 任用何晏, 鄧颺等. 肅與太尉蔣濟, 司農桓範論及時政, 肅正色曰:「此輩卽弘恭, 石顯之屬, 復稱說邪!」爽聞之, 戒何晏等曰:「當共愼之! 公卿已此諸君前世惡人矣.」坐宗廟事免. 後爲光祿勳. 時有二魚長尺, 集于武庫之屋, 有司以爲吉祥. 肅曰:「魚生於淵而亢於屋, 介鱗之物失其所也. 邊將其殆有棄甲之變乎?」其後果有東關之敗. 徙爲河南尹. 嘉平六年, 持節兼太常, 奉法駕, 迎高貴鄕公于元城. 是歲, 白氣經天, 大將軍司馬景王問肅其故, 肅答曰:「此蚩尤之旗也, 東南其有亂乎? 君若脩己以安百姓, 則天下樂安者歸德, 唱亂者先亡矣.」明年春, 鎭東將軍毌丘儉・揚州刺史文欽反, 景王謂肅曰:「霍光感夏侯勝之言, 始重儒學之士, 良有以也. 安國寧主, 其術焉在?」肅曰:「昔關羽率荊州之衆, 降于禁於漢濱, 遂有北向爭天下之志. 後孫權襲取其將士家屬, 羽士衆一旦瓦解. 今淮南將士父母妻子皆在內州, 旦急往禦衛, 使不得前, 必有關羽土崩之勢矣.」景王從之, 遂破儉・欽. 後遷中領軍, 加散騎常侍, 增邑三百, 幷前二千二百戶. 甘露元年薨, 門生縗絰者以百數. 追贈衛將軍, 諡曰景侯. 子惲嗣. 惲嗣, 無子, 國絶. 景元四年, 封肅子恂爲蘭陵侯. 咸熙中, 開建五等,以肅著勳前朝, 改封恂爲承子.

初, 肅善賈·馬之學, 而不好鄭氏, 采會同異, 爲尙書·詩·論語·三禮·左氏解, 及撰定父朗所作易傳, 皆列於學官. 其所論駁朝廷典制·郊祀·宗廟·喪紀·輕重·凡百餘篇. 時樂安孫叔然, 受學鄭玄之門, 人稱東州大儒. 徵爲祕書監, 不就. 肅集聖證論以譏短玄. 叔然駁而釋之, 及作周易·春秋例·毛詩·禮記·春秋三傳·國語·爾雅諸注, 又注書十餘篇. 自魏初徵士燉煌周生烈, 明帝時大司農弘農董遇等, 亦歷注經傳, 頗傳於世.

8.《史記》孔子世家 ································ 司馬遷

孔子生魯昌平鄉陬邑. 其先宋人也, 曰孔防叔. 防叔生伯夏, 伯夏生叔梁紇. 紇與顔氏女野合而生孔子, 禱於尼丘得孔子. 魯襄公二十二年而孔子生. 生而首上圩頂, 故因名曰丘云. 字仲尼, 姓孔氏.

丘生而叔梁紇死, 葬於防山. 防山在魯東, 由是孔子疑其父墓處, 母諱之也. 孔子爲兒嬉戲, 常陳俎豆, 設禮容. 孔子母死, 乃殯五父之衢, 蓋其愼也. 郰人輓父之母誨孔子父墓, 然後往合葬於防焉.

孔子要絰, 季氏饗士, 孔子與往. 陽虎絀曰:「季氏饗士, 非敢饗子也.」孔子由是退.

孔子年十七, 魯大夫孟釐子病且死, 誡其嗣懿子曰:「孔丘, 聖人之後, 滅於宋. 其祖弗父何始有宋而嗣讓厲公. 及正考父佐戴·武·宣公, 三命茲益恭, 故鼎銘云:'一命而僂, 再命而傴, 三命而俯, 循牆而走, 亦莫敢余侮. 饘於是, 粥於是, 以餬余口.' 其恭如是. 吾聞聖人之後, 雖不當世, 必有達者. 今孔丘年少好禮, 其達者歟? 吾卽沒, 若必師之.」及 釐子卒, 懿子與魯人南宮敬叔往學禮焉. 是歲, 季武子卒, 平子代立.

孔子貧且賤. 及長, 嘗爲季氏史, 料量平; 嘗爲司職吏而畜蕃息. 由是爲司空. 已而去魯, 斥乎齊, 逐乎宋·衛, 困於陳蔡之閒, 於是反魯. 孔子長九尺有六寸, 人皆謂之「長人」而異之. 魯復善待, 由是反魯.

魯南宮敬叔言魯君曰:「請與孔子適周.」魯君與之一乘車, 兩馬, 一豎子俱, 適周問禮, 蓋見老子云. 辭去, 而老子送之曰:「吾聞富貴者送人以財, 仁人者送人以言. 吾不能富貴, 竊仁人之號, 送子以言, 曰:'聰明深察而近於死者, 好議人者也. 博辯廣大危其身者, 發人之惡者也. 爲人子者毋以有己, 爲人臣者毋以有己.'」孔子自周反于魯, 弟子稍益進焉.

是時也, 晉平公淫, 六卿擅權, 東伐諸侯; 楚靈王兵彊, 陵轢中國; 齊大而近於魯. 魯小弱, 附於楚則晉怒; 附於晉則楚來伐; 不備於齊, 齊師侵魯.

魯昭公之二十年, 而孔子蓋年三十矣. 齊景公與晏嬰來適魯, 景公問孔子曰:「昔秦穆公國小處辟, 其霸何也?」對曰:「秦, 國雖小, 其志大; 處雖辟, 行中正. 身擧五羖, 爵之大夫, 起纍紲之中, 與語三日, 授之以政. 以此取之, 雖王可也, 其霸小矣.」景公說.

孔子年三十五, 而季平子與郈昭伯以鬪雞故得罪魯昭公, 昭公率師擊平子, 平子與孟氏·叔孫氏三家共攻昭公, 昭公師敗, 奔於齊, 齊處昭公乾侯. 其後頃之, 魯亂. 孔子適齊, 爲高昭子家臣, 欲以通乎景公. 與齊太師語樂, 聞韶音, 學之, 三月不知肉味, 齊人稱之.

景公問政孔子, 孔子曰:「君君, 臣臣, 父父, 子子.」景公曰:「善哉! 信如君不君, 臣不臣, 父不父, 子不子, 雖有粟, 吾豈得而食諸!」他日又復問政於孔子, 孔子曰:「政在節財.」景公說, 將欲以尼谿田封孔子. 晏嬰進曰:「夫儒者滑稽而不可軌法; 倨傲自順, 不可以爲下; 崇喪遂哀, 破産厚葬, 不可以爲俗; 游說乞貸, 不可以爲國. 自大賢之息, 周室旣衰, 禮樂缺有閒. 今孔子盛容飾, 繁登降之禮, 趨詳之節, 累世不能殫其學, 當年不能究其禮. 君欲用之以移齊俗, 非所以先細民也.」後, 景公敬見孔子, 不問其禮. 異日, 景公止孔子曰:「奉子以季氏, 吾不能.」以季孟之閒待之. 齊大夫欲害孔子, 孔子聞之. 景公曰:「吾老矣, 弗能用也.」孔子遂行, 反乎魯.

孔子年四十二, 魯昭公卒於乾侯, 定公立. 定公立五年, 夏, 季平子卒, 桓子嗣立. 季桓子穿井得土缶, 中若羊, 問仲尼云「得狗」. 仲尼曰:「以丘所聞, 羊也. 丘聞之, 木石之怪夔·罔閬, 水之怪龍·罔象, 土之怪墳羊.」

吳伐越, 墮會稽, 得骨節專車. 吳使使問仲尼:「骨何者最大?」仲尼曰:「禹致群神於會稽山, 防風氏後至, 禹殺而戮之, 其節專車, 此爲大矣.」吳客曰:「誰爲神?」仲尼曰:「山川之神足以綱紀天下, 其守爲神, 社稷爲公侯, 皆屬於王者.」客曰:「防風何守?」仲尼曰:「汪罔氏之君守封·禺之山, 爲釐姓. 在虞·夏·商爲汪罔, 於周爲長翟, 今謂之大人.」客曰:「人長幾何?」仲尼曰:「僬僥氏三尺, 短之至也. 長者不過十之, 數之極也.」於是吳客曰:「善哉聖人!」

桓子嬖臣曰仲梁懷, 與陽虎有隙. 陽虎欲逐懷, 公山不狃止之. 其秋,懷益驕, 陽虎執懷. 桓子怒, 陽虎因囚桓子, 與盟而醳之. 陽虎由此益輕季氏. 季氏亦僭於公室, 陪臣執國政, 是以魯自大夫以下皆僭離於正道. 故孔子不仕, 退而脩詩書禮樂, 弟子彌衆, 至自遠方, 莫不受業焉.

定公八年, 公山不狃不得意於季氏, 因陽虎爲亂, 欲廢三桓之適, 更立其庶孼陽虎素所善者, 遂執季桓子. 桓子詐之, 得脫. 定公九年, 陽虎不勝, 奔于齊. 是時孔子年五十.

公山不狃以費畔季氏, 使人召孔子. 孔子循道彌久, 溫溫無所試, 莫能己用, 曰:「蓋周文武起豐鎬而王, 今費雖小, 儻庶幾乎!」欲往. 子路不說, 止孔子. 孔子曰:「夫召我者豈徒哉? 如用我, 其爲東周乎!」然亦卒不行.

其後定公以孔子爲中都宰, 一年, 四方皆則之. 由中都宰爲司空, 由司空爲大司寇.

定公十年春, 及齊平. 夏, 齊大夫黎鉏言於景公曰:「魯用孔丘, 其勢危齊.」乃使使告魯爲好會, 會於夾谷. 魯定公且以乘車好往. 孔子攝相事, 曰:「臣聞有文事者必有武備, 有武事者必有文備. 古者諸侯出疆, 必具官以從. 請具左右司馬.」定公曰:「諾.」具左右司馬. 會齊侯夾谷, 爲壇位, 土階三等, 以會遇之禮相見, 揖讓而登. 獻酬之禮畢, 齊有司趨而進曰:「請奏四方之樂.」景公曰:「諾.」於是旍旄羽袚矛戟劍撥鼓噪而至. 孔子趨而進, 歷階而登, 不盡一等, 擧袂而言曰:「吾兩君爲好會, 夷狄之樂何爲於此! 請命有司!」有司卻之, 不去, 則左右視晏子與景公. 景公心怍, 麾而去之. 有頃, 齊有司趨而進曰:「請奏宮中之樂.」景公曰:「諾.」優倡侏儒爲戲而前. 孔子趨而進, 歷階而登, 不盡一等, 曰:「匹夫而營惑諸侯者罪當誅! 請命有司!」有司加法焉, 手足異處. 景公懼而動, 知義不若, 歸而大恐, 告其群臣曰:「魯以君子之道輔其君, 而子獨以夷狄之道教寡人, 使得罪於魯君, 爲之柰何?」有司進對曰:「君子有過則謝以質, 小人有過則謝以文. 君若悼之, 則謝以質.」於是齊侯乃歸所侵魯之鄆·汶陽·龜陰之田以謝過.

定公十三年夏, 孔子言於定公曰:「臣無藏甲, 大夫毋百雉之城.」使仲由爲季氏宰, 將墮三都. 於是叔孫氏先墮郈. 季氏將墮費, 公山不狃·叔孫輒率費人襲魯. 公與三子入于季氏之宮, 登武子之臺. 費人攻之, 弗克, 入及公側. 孔子命申句須·樂頎下伐之, 費人北. 國人追之, 敗諸姑蔑. 二子奔齊, 遂墮費. 將墮成, 公斂處父謂孟孫曰:「墮成, 齊人必至于北門. 且成, 孟氏之保鄣, 無成是無孟氏也. 我將弗墮.」十二月, 公圍成, 弗克.

定公十四年, 孔子年五十六, 由大司寇行攝相事, 有喜色. 門人曰:「聞君子禍至不懼, 福至不喜.」孔子曰:「有是言也. 不曰'樂其以貴下人'乎?」於是誅魯大夫亂政者少正卯. 與聞國政三月, 粥羔豚者弗飾賈; 男女行者別於塗; 塗不拾遺; 四方之客至乎邑者不求有司, 皆予之以歸.

齊人聞而懼, 曰:「孔子爲政必霸, 霸則吾地近焉, 我之爲先幷矣. 盍致地焉?」黎鉏曰:「請先嘗沮之; 沮之而不可則致地, 庸遲乎!」於是選齊國中女子好者八十人, 皆衣文衣而舞康樂, 文馬三十駟, 遺魯君. 陳女樂文馬於魯城南高門外, 季桓子微服往觀再三, 將受, 乃語魯君爲周道游, 往觀終日, 怠於政事. 子路曰:「夫子可以行矣.」孔子曰:「魯今且郊, 如致膰乎大夫, 則吾猶可以止.」桓子卒受齊女樂, 三日不聽政; 郊, 又不致膰俎於大夫. 孔子遂行, 宿乎屯. 而師己送, 曰:「夫子則非罪.」孔子曰:「吾歌可夫?」歌曰:「彼婦之口, 可以出走; 彼婦之謁, 可以死敗. 蓋優哉游哉, 維以卒歲!」師己反, 桓子曰:「孔子亦何言?」師己以實告. 桓子喟然歎曰:「夫子罪我以群婢故也夫!」

孔子遂適衛, 主於子路妻兄顔濁鄒家. 衛靈公問孔子:「居魯得祿幾何?」對曰:「奉粟六萬.」衛人亦致粟六萬. 居頃之, 或譖孔子於衛靈公. 靈公使公孫余假一出一入. 孔子恐獲罪焉, 居十月, 去衛.

將適陳, 過匡, 顔刻爲僕, 以其策指之曰:「昔吾入此, 由彼缺也.」匡人聞之, 以爲魯之陽虎. 陽虎嘗暴匡人, 匡人於是遂止孔子. 孔子狀類陽虎, 拘焉五日. 顔淵後, 子曰:「吾以汝爲死矣.」顔淵曰:「子在, 回何敢死!」匡人拘孔子益急, 弟子懼. 孔子曰:「文王旣沒, 文不在茲乎? 天之將喪斯文也, 後死者不得與于斯文也. 天之未喪斯文也, 匡人其如予何!」孔子使從者爲甯武子臣於衛, 然後得去.

去卽過蒲. 月餘, 反乎衛, 主蘧伯玉家. 靈公夫人有南子者, 使人謂孔子曰:「四方之君子不辱欲與寡君爲兄弟者, 必見寡小君. 寡小君願見.」孔子辭謝, 不得已而見之. 夫人在絺帷中. 孔子入門, 北面稽首. 夫人自帷中再拜, 環珮玉聲璆然. 孔子曰:「吾鄕爲弗見, 見之禮答焉.」子路不說. 孔子矢之曰:「予所不者, 天厭之! 天厭之!」居衛月餘, 靈公與夫人同車, 宦者雍渠參乘, 出, 使孔子爲次乘, 招搖市過之. 孔子曰:「吾未見好德如好色者也.」於是醜之, 去衛, 過曹. 是歲, 魯定公卒.

孔子去曹適宋, 與弟子習禮大樹下. 宋司馬桓魋欲殺孔子, 拔其樹. 孔子去. 弟子曰:「可以速矣.」孔子曰:「天生德於予, 桓魋其如予何!」

孔子適鄭, 與弟子相失, 孔子獨立郭東門. 鄭人或謂子貢曰:「東門有人, 其顙似堯, 其項類皐陶, 其肩類子産, 然自要以下不及禹三寸. 纍纍若喪家之狗.」子貢以實告孔子. 孔子欣然笑曰:「形狀, 末也. 而謂似喪家之狗, 然哉! 然哉!」

孔子遂至陳, 主於司城貞子家. 歲餘, 吳王夫差伐陳, 取三邑而去. 趙鞅伐朝歌. 楚圍蔡, 蔡遷于吳. 吳敗越王句踐會稽.

有隼集于陳廷而死, 楛矢貫之, 石砮, 矢長尺有咫. 陳湣公使使問仲尼. 仲尼曰:「隼來遠矣, 此肅愼之矢也. 昔武王克商, 通道九夷百蠻, 使各以其方賄來貢, 使無忘職業. 於是肅愼貢楛矢石砮, 長尺有咫. 先王欲昭其令德, 以肅愼矢分大姬, 配虞胡公而封諸陳. 分同姓以珍玉, 展親; 分異姓以遠方職, 使無忘服. 故分陳以肅愼矢.」試求之故府, 果得之.

孔子居陳三歲, 會晉楚爭彊, 更伐陳, 及吳侵陳, 陳常被寇. 孔子曰:「歸與歸與! 吾黨之小子狂簡, 進取不忘其初.」於是孔子去陳.

過蒲, 會公叔氏以蒲畔, 蒲人止孔子. 弟子有公良孺者, 以私車五乘從孔子. 其爲人長賢, 有勇力, 謂曰:「吾昔從夫子遇難於匡, 今又遇難於此, 命也已. 吾與夫子再罹難, 寧鬪而死.」鬪甚疾. 蒲人懼, 謂孔子曰:「苟毋適衛, 吾出子.」與之盟, 出孔子東門. 孔子遂適衛. 子貢曰:「盟可負邪?」孔子曰:「要盟也, 神不聽.」

衛靈公聞孔子來, 喜, 郊迎. 問曰: 「蒲可伐乎?」 對曰: 「可.」 靈公曰: 「吾大夫以爲不可. 今蒲, 衛之所以待晉楚也, 以衛伐之, 無乃不可乎?」 孔子曰: 「其男子有死之志, 婦人有保西河之志. 吾所伐者不過四五人.」 靈公曰: 「善.」 然不伐蒲.

靈公老, 怠於政, 不用孔子. 孔子喟然歎曰: 「苟有用我者, 朞月而已, 三年有成.」 孔子行.

佛肹爲中牟宰. 趙簡子攻范·中行, 伐中牟. 佛肹畔, 使人召孔子. 孔子欲往. 子路曰: 「由聞諸夫子, '其身親爲不善者, 君子不入也'. 今佛肹親以中牟畔, 子欲往, 如之何?」 孔子曰: 「有是言也. 不曰堅乎, 磨而不磷; 不曰白乎, 涅而不淄. 我豈匏瓜也哉, 焉能繫而不食?」

孔子擊磬. 有荷蕢而過門者, 曰: 「有心哉, 擊磬乎! 硜硜乎, 莫己知也夫而已矣!」

孔子學鼓琴師襄子, 十日不進. 師襄子曰: 「可以益矣.」 孔子曰: 「丘已習其曲矣, 未得其數也.」 有閒, 曰: 「已習其數, 可以益矣.」 孔子曰: 「丘未得其志也.」 有閒, 曰: 「已習其志, 可以益矣.」 孔子曰: 「丘未得其爲人也.」 有閒, (曰)有所穆然深思焉, 有所怡然高望而遠志焉. 曰: 「丘得其爲人, 黯然而黑, 幾然而長, 眼如望羊, 如王四國, 非文王其誰能爲此也!」 師襄子席再拜, 曰: 「師蓋云文王操也.」

孔子既不得用於衛, 將西見趙簡子. 至於河而聞竇鳴犢·舜華之死也, 臨河而歎曰: 「美哉水, 洋洋乎! 丘之不濟此, 命也夫!」 子貢趨而進曰: 「敢問何謂也?」 孔子曰: 「竇鳴犢·舜華, 晉國之賢大夫也. 趙簡子未得志之時, 須此兩人而從政; 及其已得志, 殺之乃從政. 丘聞之也, 刳胎殺夭則麒麟不至郊, 竭澤涸漁則蛟龍不合陰陽, 覆巢毀卵則鳳皇不翔. 何則? 君子諱傷其類也. 夫鳥獸之於不義也尙知辟之, 而況乎丘哉!」 乃還息乎陬鄉, 作爲陬操以哀之. 而反乎衛, 入主蘧伯玉家.

他日, 靈公問兵陳. 孔子曰: 「俎豆之事則嘗聞之, 軍旅之事未之學也.」 明日, 與孔子語, 見蜚鴈, 仰視之, 色不在孔子. 孔子遂行, 復如陳.

夏, 衛靈公卒, 立孫輒, 是爲衛出公. 六月, 趙鞅內太子蒯聵于戚. 陽虎使太子絻, 八人衰絰, 僞自衛迎者, 哭而入, 遂居焉. 冬, 蔡遷于州來. 是歲魯哀公三年, 而孔子年六十矣. 齊助衛圍戚, 以衛太子蒯聵在故也.

夏, 魯桓釐廟燔, 南宮敬叔救火. 孔子在陳, 聞之, 曰: 「災必於桓釐廟乎?」已而果然.

秋, 季桓子病, 輦而見魯城, 喟然歎曰: 「昔此國幾興矣, 以吾獲罪於孔子, 故不興也.」顧謂其嗣康子曰: 「我卽死, 若必相魯; 相魯, 必召仲尼.」後數日, 桓子卒, 康子代立. 已葬, 欲召仲尼. 公之魚曰: 「昔吾先君用之不終, 終爲諸侯笑. 今又用之, 不能終, 是再爲諸侯笑.」康子曰: 「則誰召而可?」曰: 「必召冉求.」於是使使召冉求. 冉求將行, 孔子曰: 「魯人召求, 非小用之, 將大用之也.」是日, 孔子曰: 「歸乎歸乎! 吾黨之小子狂簡, 斐然成章, 吾不知所以裁之.」子贛知孔子思歸, 送冉求, 因誡曰「卽用, 以孔子爲招」云.

冉求旣去, 明年, 孔子自陳遷于蔡. 蔡昭公將如吳, 吳召之也. 前昭公欺其臣遷州來, 後將往, 大夫懼復遷, 公孫翩射殺昭公. 楚侵蔡. 秋, 齊景公卒.

明年, 孔子自蔡如葉. 葉公問政, 孔子曰: 「政在來遠附邇.」他日, 葉公問孔子於子路, 子路不對. 孔子聞之, 曰: 「由, 爾何不對曰'其爲人也, 學道不倦, 誨人不厭, 發憤忘食, 樂以忘憂, 不知老之將至'云爾.」

去葉, 反于蔡. 長沮·桀溺耦而耕, 孔子以爲隱者, 使子路問津焉. 長沮曰: 「彼執輿者爲誰?」子路曰: 「爲孔丘.」曰: 「是魯孔丘與?」曰: 「然.」曰: 「是知津矣.」桀溺謂子路曰: 「子爲誰?」曰: 「爲仲由.」曰: 「子, 孔丘之徒與?」曰: 「然.」桀溺曰: 「悠悠者天下皆是也, 而誰以易之? 且與其從辟人之士, 豈若從世之士哉!」耰而不輟. 子路以告孔子, 孔子憮然曰: 「鳥獸不可與同群. 天下有道, 丘不與易也.」

他日, 子路行, 遇荷蓧丈人, 曰: 「子見夫子乎?」丈人曰: 「四體不勤, 五穀不分, 孰爲夫子!」植其杖而芸. 子路以告, 孔子曰: 「隱者也.」復往, 則亡.

孔子遷于蔡三歲, 吳伐陳. 楚救陳, 軍于城父. 聞孔子在陳蔡之閒, 楚使人聘孔子. 孔子將往拜禮, 陳蔡大夫謀曰: 「孔子賢者, 所刺譏皆中諸侯之疾. 今者久留陳蔡之間, 諸大夫所設行皆非仲尼之意. 今楚, 大國也, 來聘孔子. 孔子用於楚, 則陳蔡用事大夫危矣.」 於是乃相與發徒役圍孔子於野. 不得行, 絶糧. 從者病, 莫能興. 孔子講誦弦歌不衰. 子路慍見曰: 「君子亦有窮乎?」 孔子曰: 「君子固窮, 小人窮斯濫矣.」

子貢色作. 孔子曰: 「賜, 爾以予爲多學而識之者與?」 曰: 「然. 非與?」 孔子曰: 「非也. 予一以貫之.」

孔子知弟子有慍心, 乃召子路而問曰: 「詩云'匪兕匪虎, 率彼曠野.' 吾道非邪? 吾何爲於此?」 子路曰: 「意者吾未仁邪? 人之不我信也. 意者吾未知邪? 人之不我行也.」 孔子曰: 「有是乎! 由, 譬使仁者而必信, 安有伯夷·叔齊? 使知者而必行, 安有王子比干?」

子路出, 子貢入見. 孔子曰: 「賜, 詩云'匪兕匪虎, 率彼曠野'. 吾道非邪? 吾何爲於此?」 子貢曰: 「夫子之道至大也, 故天下莫能容夫子. 夫子蓋少貶焉?」 孔子曰: 「賜, 良農能稼而不能爲穡, 良工能巧而不能爲順. 君子能脩其道, 綱而紀之, 統而理之, 而不能爲容. 今爾不脩爾道而求爲容. 賜, 而志不遠矣!」

子貢出, 顔回入見. 孔子曰: 「回, 詩云'匪兕匪虎, 率彼曠野'. 吾道非邪? 吾何爲於此?」 顔回曰: 「夫子之道至大, 故天下莫能容. 雖然, 夫子推而行之, 不容何病, 不容然後見君子! 夫道之不脩也, 是吾醜也. 夫道旣已大脩而不用, 是有國者之也. 不容何病, 不容然後見君子!」 孔子欣然而笑曰: 「有是哉顔氏之子! 使爾多財, 吾爲爾宰.」

於是使子貢至楚. 楚昭王興師迎孔子, 然後得免.

昭王將以書社地七百里封孔子. 楚令尹子西曰: 「王之使使諸侯有如子貢者乎?」 曰無有. 王之輔相有如顔回者乎? 曰無有. 王之將率有如子路者乎? 曰無有. 王之官尹有如宰予者乎? 曰無有. 且楚之祖封於周, 號爲子男五十里. 今孔丘述三五之法, 明周召之業, 王若用之, 則楚安得世世堂堂方數千里乎? 夫文王在豐, 武王在鎬, 百里之君卒王天下. 今孔丘得據土壤, 賢弟子爲佐, 非楚之福也.」昭王乃止. 其秋, 楚昭王卒于城父.

楚狂接輿歌而過孔子, 曰:「鳳兮鳳兮, 何德之衰! 往者不可諫兮, 來者猶可追也! 已而已而, 今之從政者殆而!」孔子下, 欲與之言. 趨而去, 弗得與之言.

於是孔子自楚反乎衛. 是歲也, 孔子年六十三, 而魯哀公六年也.

其明年, 吳與魯會繒, 徵百牢. 太宰嚭召季康子. 康子使子貢往, 然後得已.

孔子曰:「魯衛之政, 兄弟也.」是時, 衛君輒父不得立, 在外, 諸侯數以爲讓. 而孔子弟子多仕於衛, 衛君欲得孔子爲政. 子路曰:「衛君待子而爲政, 子將奚先?」孔子曰:「必也正名乎!」子路曰:「有是哉, 子之迂也! 何其正也?」孔子曰:「野哉由也! 夫名不正則言不順, 言不順則事不成, 事不成則禮樂不興, 禮樂不興則刑罰不中, 刑罰不中則民無所錯手足矣. 夫君子爲之必可名, 言之必可行. 君子於其言, 無所苟而已矣.」

其明年, 冉有爲季氏將師, 與齊戰於郎, 克之. 季康子曰:「子之於軍旅, 學之乎? 性之乎?」冉有曰:「學之於孔子.」季康子曰:「孔子何如人哉?」對曰:「用之有名; 播之百姓, 質諸鬼神而無憾. 求之至於此道, 雖累千社, 夫子不利也.」康子曰:「我欲召之, 可乎?」對曰:「欲召之, 則毋以小人固之, 則可矣.」而衛孔文子將攻太叔, 問策於仲尼. 仲尼辭不知, 退而命載而行, 曰:「鳥能擇木, 木豈能擇鳥乎!」文子固止. 會季康子逐公華·公賓·公林, 以幣迎孔子, 孔子歸魯.

孔子之去魯凡十四歲而反乎魯.

魯哀公問政, 對曰:「政在選臣.」季康子問政, 曰:「舉直錯諸枉, 則枉者直.」康子患盜, 孔子曰:「苟子之不欲, 雖賞之不竊.」然魯終不能用孔子, 孔子亦不求仕.

孔子之時, 周室微而禮樂廢, 詩書缺. 追迹三代之禮, 序書傳, 上紀唐虞之際, 下至秦繆, 編次其事. 曰:「夏禮吾能言之, 杞不足徵也. 殷禮吾能言之, 宋不足徵也. 足, 則吾能徵之矣.」觀殷夏所損益, 曰:「後雖百世可知也, 以一文一質. 周監二代, 郁郁乎文哉. 吾從周.」故書傳·禮記自孔氏.

孔子語魯大師:「樂其可知也. 始作翕如, 縱之純如, 皦如, 繹如也, 以成.」「吾自衛反魯, 然後樂正, 雅頌各得其所.」

古者詩三千餘篇, 及至孔子, 去其重, 取可施於禮義, 上采契后稷, 中述殷周之盛, 至幽厲之缺, 始於衽席, 故曰「關雎之亂以爲風始, 鹿鳴爲小雅始, 文王爲大雅始, 淸廟爲頌始.」三百五篇孔子皆弦歌之, 以求合韶武雅頌之音. 禮樂自此可得而述, 以備王道, 成六藝.

孔子晩而喜易, 序彖·繫·象·說卦·文言. 讀易, 韋編三絶. 曰:「假我數年, 若是, 我於易則彬彬矣.」

孔子以詩書禮樂教, 弟子蓋三千焉, 身通六藝者七十有二人. 如顔濁鄒之徒, 頗受業者甚衆.

孔子以四教: 文, 行, 忠, 信. 絶四: 毋意, 毋必, 毋固, 毋我. 所愼: 齊, 戰, 疾. 子罕言利與命與仁. 不憤不啓, 擧一隅不以三隅反, 則弗復也.

其於鄕黨, 恂恂似不能言者. 其於宗廟朝廷, 辯辯言, 唯謹爾. 朝, 與上大夫言, 誾誾 如也; 與下大夫言, 侃侃如也.

入公門, 鞠躬如也; 趨進, 翼如也. 君召使儐, 色勃如也. 君命召, 不俟駕行矣.

魚餒, 肉敗, 割不正, 不食. 席不正, 不坐. 食於有喪者之側, 未嘗飽也.

是日哭, 則不歌. 見齊衰·瞽者, 雖童子必變.

「三人行, 必得我師.」「德之不脩, 學之不講, 聞義不能徙, 不善不能改, 是吾憂也.」使人歌, 善, 則使復之, 然後和之.

子不語: 怪, 力, 亂, 神.

子貢曰:「夫子之文章, 可得聞也. 夫子言天道與性命, 弗可得聞也已.」顔淵喟然歎曰:「仰之彌高, 鑽之彌堅. 瞻之在前, 忽焉在後. 夫子循循然善誘人, 博我以文, 約我以禮, 欲罷不能. 旣竭我才, 如有所立, 卓爾. 雖欲從之, 蔑由也已.」達巷黨人(童子)曰:「大哉孔子, 博學而無所成名.」子聞之曰:「我何執? 執御乎? 執射乎? 我執御矣.」牢曰:「子云'不試, 故藝.'」

魯哀公十四年春, 狩大野. 叔孫氏車子鉏商獲獸, 以爲不祥. 仲尼視之, 曰:「麟也.」取之. 曰:「河不出圖, 雒不出書, 吾已矣夫!」顔淵死, 孔子曰:「天喪予!」及西狩見麟, 曰:「吾道窮矣!」喟然歎曰:「莫知我夫!」子貢曰:「何爲莫知子?」子曰:「不怨天, 不尤人, 下學而上達, 知我者其天乎!」

「不降其志, 不辱其身, 伯夷·叔齊乎!」謂「柳下惠·少連降志辱身矣.」謂「虞仲·夷逸隱居放言, 行中淸, 廢中權」.「我則異於是, 無可無不可.」

子曰:「弗乎弗乎, 君子病沒世而名不稱焉. 吾道不行矣, 吾何以自見於後世哉?」乃因史記作春秋, 上至隱公, 下訖哀公十四年, 十二公. 據魯, 親周, 故殷, 運之三代. 約其文辭而指博. 故吳楚之君自稱王, 而春秋貶之曰'子'; 踐土之會實召周天子, 而春秋諱之曰「天王狩於河陽」: 推此類以繩當世. 貶損之義, 後有王者擧而開之. 春秋之義行, 則天下亂臣賊子懼焉.

孔子在位聽訟, 文辭有可與人共者, 弗獨有也. 至於爲春秋, 筆則筆, 削則削, 子夏之徒不能贊一辭. 弟子受春秋, 孔子曰:「後世知丘者以春秋, 而罪丘者亦以春秋.」

明歲, 子路死於衛. 孔子病, 子貢請見. 孔子方負杖逍遙於門, 曰:「賜, 汝來何其晩也?」孔子因歎, 歌曰:「太山壞乎! 梁柱摧乎! 哲人萎乎!」因以涕下. 謂子貢曰:「天下無道久矣, 莫能宗予. 夏人殯於東階, 周人於西階, 殷人兩柱閒. 昨暮予夢坐奠兩柱之閒, 予始殷人也.」後七日卒.

孔子年七十三, 以魯哀公十六年四月己丑卒.

哀公誄之曰:「旻天不弔, 不憖遺一老, 俾屛余一人以在位, 煢煢余在疚. 嗚呼哀哉! 尼父, 毋自律!」子貢曰:「君其不沒於魯乎! 夫子之言曰: '禮失則昏, 名失則愆. 失志爲昏, 失所爲愆.' 生不能用, 死而誄之, 非禮也. 稱'余一人', 非名也.」

孔子葬魯城北泗上, 弟子皆服三年. 三年心喪畢, 相訣而去, 則哭, 各復盡哀; 或復留. 唯子贛廬於冢上, 凡六年, 然後去. 弟子及魯人往從冢而家者百有餘室, 因命曰孔里. 魯世世相傳以歲時奉祠孔子冢, 而諸儒亦講禮鄕飮大射於孔子冢. 孔子冢大一頃. 故所居堂·弟子內, 後世因廟, 藏孔子衣冠琴車書, 至于漢二百餘年不絕. 高皇帝過魯, 以太牢祠焉. 諸侯卿相至, 常先謁然後從政.

孔子生鯉, 字伯魚. 伯魚年五十, 先孔子死.

伯魚生伋, 字子思, 年六十二. 嘗困於宋. 子思作中庸.

子思生白, 字子上, 年四十七. 子上生求, 字子家, 年四十五. 子家生箕, 字子京, 年四十六. 子京生穿, 字子高, 年五十一. 子高生子愼, 年五十七, 嘗爲魏相.

子愼生鮒, 年五十七, 爲陳王涉博士, 死於陳下.

鮒弟子襄, 年五十七. 嘗爲孝惠皇帝博士, 遷爲長沙太守. 長九尺六寸.

子襄生忠, 年五十七. 忠生武, 武生延年及安國. 安國爲今皇帝博士, 至臨淮太守, 蚤卒. 安國生卬, 卬生驩.

太史公曰: 詩有之:『高山仰止, 景行行止.』雖不能至, 然心鄕往之. 余讀孔氏書, 想見其爲人. 適魯, 觀仲尼廟堂車服禮器, 諸生以時習禮其家, 余祗迴留之不能去云. 天下君王至于賢人衆矣, 當時則榮, 沒則已焉. 孔子布衣, 傳十餘世, 學者宗之. 自天子王侯, 中國言六藝者折中於夫子, 可謂至聖矣!

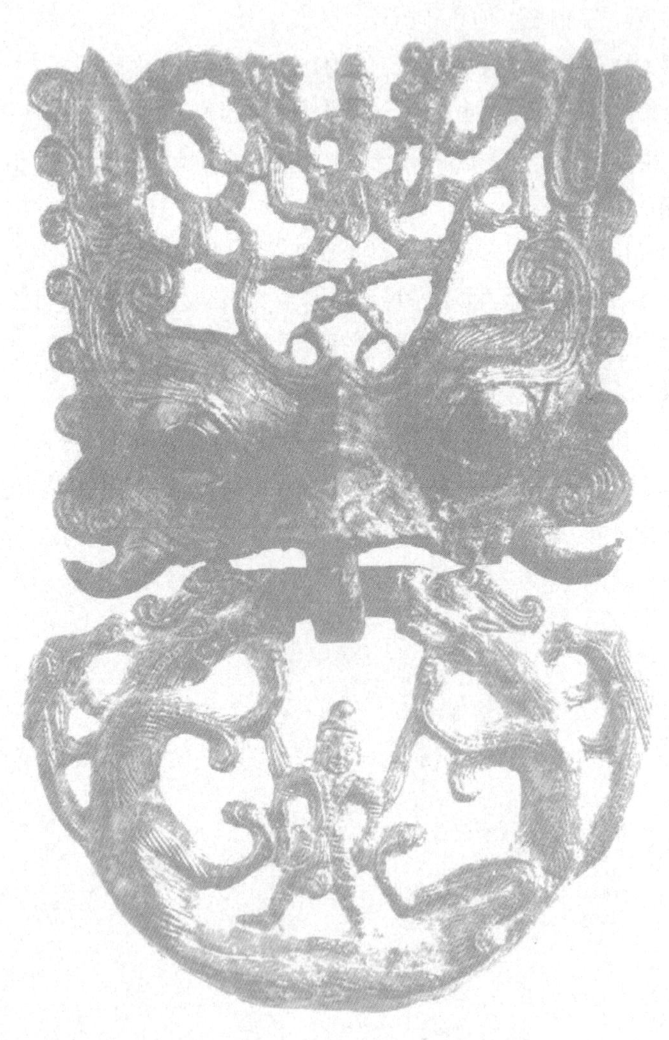

임동석(茁浦 林東錫)

慶北 榮州 上茁에서 출생. 忠北 丹陽 德尙골에서 성장. 丹陽初中 졸업. 京東高 서울教大 國際大 建國大 대학원 졸업. 雨田 辛鎬烈 선생에게 漢學 배움. 臺灣 國立臺灣師範大學 國文硏究所(大學院) 博士班 졸업. 中華民國 國家文學博士(1983). 建國大學校 敎授. 文科大學長 역임. 成均館大 延世大 高麗大 外國語大 서울대 등 大學院 강의. 韓國中國言語學會 中國語文學硏究會 韓國中語中文學會 會長 역임. 저서에《朝鮮譯學考》(中文)《中國學術槪論》《中韓對比語文論》. 편역서에《수레를 밀기 위해 내린 사람들》《栗谷先生詩文選》. 역서에《漢語音韻學講義》《廣開土王碑硏究》《東北民族源流》《龍鳳文化源流》《論語心得》〈漢語雙聲疊韻硏究〉 등 학술 논문 50여 편.

임동석중국사상100

공자가어 孔子家語

王肅 撰 / 林東錫 譯註

1판 1쇄 발행/2009년 12월 12일

3쇄 발행/2014년 7월 1일

발행인 고정일

발행처 동서문화사

창업 1956. 12. 12. 등록 16-3799

서울강남구도산대로163(신사동,1층) ☎546-0331~6 (FAX)545-0331

www.dongsuhbook.com

잘못 만들어진 책은 바꾸어 드립니다.

*

*

사업자등록번호 211-87-75330

ISBN 978-89-497-0588-0 04080

ISBN 978-89-497-0542-2 (세트)